DALE LA VUELTA AL AUTISMO

Mary Lynch Barbera

Dale la vuelta al autismo

Una guía para padres de niños pequeños
con síntomas tempranos de autismo

URANO

Argentina – Chile – Colombia – España
Estados Unidos – México – Perú – Uruguay

Título original: *Turn Autism Around*
Editor original: Hay House, Inc.
Traducción: Marta García Madera

1.ª edición Mayo 2021

ISBN: 978-84-17694-68-5
E-ISBN: 978-84-19029-80-5
Depósito legal: B-4.896-2022

Fotocomposición: Ediciones Urano, S.A.U.

Impreso por: Rotativas de Estella – Polígono Industrial San Miguel
Parcelas E7-E8 – 31132 Villatuerta (Navarra)

Impreso en España – *Printed in Spain*

Dedico este libro a mis hijos,
Lucas y Spencer, que me enseñaron:

que lo «normal» no existe,

que la vida no es un esprint… sino una
maratón en una montaña rusa,

y, por último… que no hay línea de meta
para mí como madre. Nunca
dejaré de aprender cómo ser
mejor profesora, defensora y madre de mis hijos.

¡Os quiero!

ÍNDICE

PRÓLOGO

Cuando tenía 3 años, mi madre se dio cuenta de que me pasaba algo. Yo no hablaba ni me comportaba como la niña de los vecinos. Cuando los adultos de mi alrededor hablaban deprisa, para mí sonaban como un galimatías. Yo pensaba que tenían una lengua especial propia. Recuerdo que me sentía frustrada por no poderme comunicar y que por eso gritaba y tenía rabietas.

El autismo no era ampliamente reconocido en 1949, cuando yo tenía 2 años, así que inicialmente un neurólogo me etiquetó como «persona con daño cerebral» y sugirió a mi madre que me llevara a un logopeda para que me enseñara a hablar. Mi madre también contrató a una niñera para que me mantuviera activa todo el día, e incluso descubrió cómo impedir que tuviera rabietas y aprendió a enseñarme a esperar y a jugar por turnos. Y, como ella no se rindió conmigo, llegué a ser totalmente verbal.

Siempre me gustaron el arte y los animales, y esos intereses fueron estimulados desde una corta edad gracias a mi madre y a mis profesores. Obtuve una licenciatura en Psicología y un doctorado en Ciencia Animal. Soy profesora de Ciencia Animal en la Colorado State University desde hace años y, a través de mis inventos y mi trabajo, he hecho mejoras importantes en la industria ganadera.

Debido a mis libros sobre autismo, a las conferencias que he dado y a la película sobre mi vida, ganadora de un Emmy, hay gente que me considera la persona autista más famosa del mundo. Muchas veces los padres me preguntan qué hacer cuando su hijo de 2 o 3 años no habla o muestra otras señales de autismo y puede pasar un año antes de que puedan conseguir un diagnóstico o servicios profesionales. Intento darles esperanza, poniéndome como ejemplo de lo que es posible.

Sin embargo, lo más importante que les digo es que tienen que actuar deprisa y enseñar a sus hijos pronto. Creo firmemente en la intervención temprana para los niños pequeños que tienen retraso. La terapia suele ser muy similar en autismo, en el retraso en el habla o en el trastorno del procesamiento sensorial. Lo peor que puedes hacer es esperar sin hacer nada.

El libro de Mary Barbera te enseñará a empezar esas intervenciones con o sin diagnóstico de autismo. Será realmente útil para cualquier padre de un niño pequeño que no habla o que tiene otro retraso del desarrollo. Mary es madre de un niño con autismo grave y también enfermera y analista de comportamiento, así que entiende cómo ayudar a las madres de niños pequeños. A lo largo del libro leerás cómo fue su transición de madre agobiada a profesional del autismo.

Una de las estrategias que Mary recomienda en el libro es decir las palabras despacio y de forma divertida y amena. También anima a padres y terapeutas a asociar palabras con objetos e imágenes. La combinación de decir las palabras más despacio y hacer corresponder palabras con representaciones visuales funcionó de verdad para mí y ha funcionado para muchos otros niños.

Si tu hijo no habla o dice muy pocas palabras o muestra algún tipo de retraso, este libro le ayudará. Los padres también me preguntan siempre cómo enseñarles a ir al baño, a comer, a dormir, a controlar las rabietas y muchas otras cosas. El libro de Mary te dará instrucciones paso a paso para todas esas cuestiones.

Ya sospechas que tu hijo tiene un problema, así que alguien tiene que empezar a trabajar con él o ella ahora. El libro de Mary te muestra que ese «alguien» puedes ser tú.

—Temple Grandin, Ph.D., autora de
Pensar con imágenes: Mi vida con el autismo y otros libros

1

Los signos tempranos de autismo son una emergencia. Entonces, ¿por qué esperamos?

Si has escogido este libro, es probable que te estresen, te agobien y te preocupen ciertos retrasos de tu hijo. Aún peor, quizás te frustre lo mucho que hay que esperar para una evaluación o para el servicio de intervención. Y, si tu hijo ya ha sido diagnosticado con autismo, puede que estés enfadado porque nadie te ofrece formas de hacer que las cosas mejoren. Tanto si te sientes impotente por las rabietas descontroladas, preocupado porque tu hijo no habla o confundido porque tu pediatra o terapeuta no te da respuestas, lo entiendo. Como madre he pasado por lo mismo.

Quizás incluso te hayas preguntado:

¿Mi hijo es simplemente testarudo?

¿Ha empezado a hablar tarde y cogerá el ritmo de los demás por sí mismo?

¿Esto es una señal temprana de TDAH?

¿Esto es la palabra temida: autismo?

¿Puedo hacer algo para ayudar a mi hijo, sea cual sea el diagnóstico?

Tras más de 20 años como experta internacional en autismo y madre de un hijo con este diagnóstico ya me he hartado. El sistema para detectar y tratar los primeros signos de autismo y otros trastornos de desarrollo no funciona. Y me parte el alma ver a tantas familias sufriendo y sin saber qué hacer.

Las listas de espera para acudir a los profesionales adecuados para las evaluaciones son demasiado largas. Incluso si tu hijo ya ha sido diagnosticado con autismo, es probable que aún sigas haciendo cola para llegar a la terapia o el tratamiento adecuados. Pero hay buenas noticias: no tienes que esperar. De hecho, *no deberías hacerlo.*

Puede que estas frases sean las más importantes de todas las que leas en el libro:

> *Los retrasos sociales y en el habla (que suelen ser las señales más tempranas de autismo) son una emergencia.*
>
> *No necesitas un diagnóstico ni un equipo de profesionales para empezar el tratamiento.*
>
> *Es importante que enseñemos a nuestros niños a comunicarse y a reducir los problemas de comportamiento antes de que se queden aún más retrasados.*

Esto es algo que no saben la mayoría de los padres: los trastornos de desarrollo son bastante comunes. De hecho, 1 de cada 6 niños con edades comprendidas entre los 3 y los 17 años (el 17,8 por ciento) tiene un diagnóstico de uno o más trastornos de desarrollo[1] que incluye trastorno por déficit de atención e hiperactividad (TDAH), trastorno del espectro autista (TEA), parálisis cerebral (PC), pérdida auditiva, discapacidad intelectual (DI), trastornos de aprendizaje y trastornos del habla y el lenguaje. Por lo tanto, si te preocupa que tu hijo tenga un retraso en el habla, problemas de atención o rabietas excesivas tienes razones para preocuparte, y no estás solo.

Además de la tasa alarmante de trastornos de desarrollo, la tasa de autismo se ha disparado y ahora afecta a alrededor de 1 de cada 50 niños. Cuando mi hijo Lucas fue diagnosticado, en 1999, la tasa de autismo era de 1 de cada 500. En la década de 1970 se pensaba que el autismo se daba

---

1. Centros para la Prevención y el Control de Enfermedades, «Increase in Developmental Disabilities Among Children in the United States», accedido el 28 de julio de 2020, https://www.cdc.gov/ncbddd/developmentaldisabilities/features/increase-in-developmental-disabilities.html.

en 1 de cada 10.000, tal y como ilustra el gráfico siguiente. Existe mucho debate sobre por qué tantos niños son diagnosticados con autismo, TDAH y otros trastornos de desarrollo, pero está claro que las cifras son alarmantes.

En mi trabajo durante las dos últimas décadas como BCBA-D (analista de comportamiento certificada de nivel doctorado) he visto el surgimiento de una emergencia sanitaria. Mientras las tasas de autismo y otros trastornos del desarrollo han aumentado drásticamente, hay una escasez grave de profesionales de la salud (concretamente, pediatras de desarrollo, neurólogos, psiquiatras infantiles y psicólogos con formación especializada) que puedan evaluar y diagnosticar a niños con autismo. Se puede tardar entre 9 meses y 2 años en conseguir cita para una evaluación para determinar si «solo» es un retraso o si es algo más serio como autismo o TDAH. Y como los síntomas de todos los trastornos de desarrollo a menudo se solapan, algunos médicos que evalúan a niños cuando son muy pequeños dicen a los padres que esperen otros seis meses antes de volver. También conozco a muchos niños que reciben un diagnóstico equivocado (el médico dice que «solo es un retraso» cuando en realidad es autismo) o varios diagnósticos a lo largo del tiempo. Por ejemplo, un niño recibe un diagnóstico de retraso en el habla y trastorno del procesamiento sensorial a los 2 años, TDAH a los cuatro y autismo a los seis.

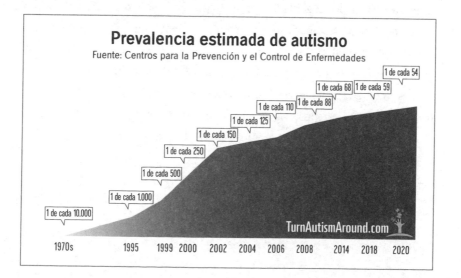

Prevalencia estimada de autismo
Fuente: Centros para la Prevención y el Control de Enfermedades

En casi todos los casos, los padres se ven obligados a esperar y a preocuparse. Imagínate la situación siguiente: te preocupa que tu hijo pueda tener cáncer, el pediatra te remite a un oncólogo… pero tienes que esperar nueve meses para que hagan una evaluación. Después te dan un diagnóstico de cáncer y entonces tienes que esperar más tiempo para empezar la quimioterapia. Es desgarrador ver a familias esperando mientras a los niños se les niega el diagnóstico y el tratamiento de una forma temprana y precisa.

Según la investigación, de media, los niños no son diagnosticados con autismo hasta que tienen 4 o 5 años, pese a que las señales de alarma aparezcan años antes. La realidad es que alrededor del 50 por ciento de todos los niños con autismo no obtienen terapia ni tratamiento hasta que empiezan la escuela elemental. Para entonces, muchos de ellos tienen trastornos del lenguaje y de comportamiento graves y, en algunos casos, discapacidad intelectual (con coeficientes intelectuales por debajo de 70). Esto se debe principalmente a que sus síntomas de autismo no se detectaron ni se trataron lo suficientemente pronto.[2]

Por desgracia, la situación es mucho más crítica para los niños de color porque, de media, son diagnosticados y tratados incluso más tarde que los niños blancos en Estados Unidos. En un reciente trabajo, se indicaba que el 27 por ciento de niños blancos con trastorno del espectro autista (TEA) también tenían discapacidades intelectuales (DI), mientras que el 47 por ciento de niños afroamericanos y el 36 por ciento de niños hispanos con TEA también tienen discapacidades intelectuales.[3]

En conferencias recientes a las que he asistido, así como en un trabajo publicado en 2020 que escribió junto a varios colegas, el doctor Ami Klin ha afirmado que, aunque los rasgos del autismo sean altamente genéticos, si los niños con retrasos o señales de autismo son tratados de forma temprana, a

---

2. A. Klin y W. Jones, «An Agenda for 21st Century Neurodevelopmental Medicine: Lessons from Autism», *Revista de Neurologia* 66, S01 (marzo de 2018): S3–S15.

3. A. Klin et al., «Affording Autism an Early Brain Development Re-definition», *Development & Psychopathology* (septiembre de 2020): 1–15. https://doi.org/10.1017/S0954579420000802.

veces se puede evitar o reducir la gravedad de las discapacidades intelectuales, los trastornos del lenguaje y los problemas de comportamiento que suelen acompañar al autismo grave. El doctor Klin y los coautores sugieren que la mejor forma de hacerlo es no esperar a tener un diagnóstico de autismo antes de formar a los padres para que puedan reparar las interacciones sociales y la comunicación de ida y vuelta entre padres e hijo en cuanto descarrile.[4]

Otros estudios muestran que, si el autismo se coge lo suficientemente pronto y se trata intensivamente, algunos niños se pueden recuperar o puede llegar a ser imposible de distinguirlos de sus compañeros de desarrollo típico.[5] Según la Red Interactiva para el Autismo del Kennedy Krieger Institute, dos grandes estudios a nivel nacional muestran que entre el 4 y el 13 por ciento de los niños pierden su diagnóstico de autismo a los 8 años pero a menudo conservan otros diagnósticos como retraso en el habla o TDAH.[6] *Los niños diagnosticados antes de los 30 meses con síntomas menos graves tenían mayor probabilidad de recuperarse del autismo.*

Cuando mi hijo Lucas empezó a mostrar señales de autismo, a finales de la década de 1990, yo no sabía prácticamente nada sobre el tema y no era consciente de que era yo quien tenía que tomar medidas para ayudarlo. Tampoco sabía que dar la vuelta al autismo fuera una posibilidad. Ahora mi misión es cambiar el destino de todos los niños que tienen autismo o de los que muestren señales de tenerlo.

---

4. Ibid; A. Klin, «Recent Advances in Research and Community Solutions Focused on Early Development of Social Responding in Infants and Toddlers with Autism», National Autism Conference, 3 de agosto de 2020, https://sched.co/cYfb.

5. O. I. Lovaas, «Behavioral Treatment and Normal Educational and Intellectual Functioning in Young Autistic Children», *Journal of Consulting & Clinical Psychology* 55 (1987): 3–9.

6. M. Sarris, «"Recovery" by the Numbers: How Often Do Children Lose an Autism Diagnosis», Interactive Autism Network at Kennedy Krieger Network, última modificación el 27 de enero de 2016, https://iancommunity.org/ssc/recovery-numbers-how-often-do-children-lose-autism-diagnosis.

NOTA SOBRE LA CONFIDENCIALIDAD Y EL USO DEL GÉNERO

Es cuatro veces más probable que un niño sea diagnosticado con autismo que una niña.[7] Por esta razón, me referiré a los niños de este libro como «él». De forma parecida, como la mayoría de los cuidadores principales, profesores y terapeutas de niños pequeños con autismo son mujeres, me referiré a dichas personas como «ella». El objetivo es simplificar el proceso de escritura. De ninguna manera se niegan las necesidades de las niñas pequeñas con diagnóstico o señales de autismo ni la defensa y los cuidados increíbles que ofrecen los hombres en este ámbito.

Asimismo, me referiré a quien lee el libro como «la lectora» porque parto de la base de que quien lo lee es madre de un niño pequeño o de edad preescolar de entre 1 y 5 años diagnosticado con autismo o que muestra señales del trastorno. Pero este libro también te ayudará si eres una profesional de la intervención temprana o de otro tipo que trabaja con niños de cualquier edad que no mantienen conversaciones (y tienen la capacidad del lenguaje de un niño de menos de 5 años) o con niños con problemas de comportamiento o dificultades para dormir, comer y aprender a ir al baño. Las estrategias también funcionan bien para niños con desarrollo típico, niños pequeños y de preescolar. Por lo tanto, si conoces a un niño de entre 1 y 5 años o trabajas con uno o quieres a uno (edad cronológica y/o de desarrollo) con o sin retraso, lo que aprendas en este libro te ayudará a dar la vuelta a las cosas.

Cabe señalar también que algunas de las familias y los niños de los que se habla en el libro han solicitado que se cambiaran sus nombres para respetar su intimidad.

---

7. M. J. Maenner et al., «Prevalence of Autism Spectrum Disorder Among Children Aged 8 Years—Autism and Developmental Disabilities Monitoring Network, 11 Sites, United States, 2014», *MMWR Surveillance Summaries* 69, no. SS-4 (marzo de 2020): 1–12. https://doi.org/10.15585/mmwr.ss6706a1.

TRES MITOS PELIGROSOS

Hay tres mitos peligrosos clave en el mundo del autismo y los retrasos en el desarrollo que evitan que los padres consigan la intervención que necesita su hijo.

Mito 1: el futuro de tu hijo está fuera de tu control y no hay esperanza de que tenga una vida «normal». Así que no tienes más remedio que esperar.

La verdad es que, si intervienes ahora, tu hijo puede hacer mejoras importantes y posiblemente incluso evitar un diagnóstico de autismo y/o discapacidad intelectual. Algo que he aprendido con los años es que el niño «normal» no existe; cada ser humano tiene unas fortalezas y unas dificultades únicas.

Mito 2: necesitas un equipo de profesionales, un diagnóstico oficial, y/o cobertura de seguro para empezar el tratamiento.

No tienes que esperar ninguna de esas cosas. Puedes y debes empezar hoy en tu propia casa, usando materiales que ya tienes. No necesitas un diagnóstico ni profesionales para empezar a ayudar a tu hijo. Solo tienes que evaluar sus necesidades, y yo te daré herramientas sencillas para hacerlo. Si tu hijo ya tiene un diagnóstico y un equipo de profesionales, igualmente necesitas esta información. Mi enfoque «Da la vuelta al autismo» (TAA en inglés) puede ser utilizado por cualquier persona y en cualquier sitio, no es necesario que tenga experiencia ni un título de estudios. Las estrategias funcionan porque mi sistema paso a paso se basa en la ciencia del análisis conductual aplicado (ABA) y el análisis de la conducta verbal de B. F. Skinner, y ambos análisis están respaldados por décadas de investigación. Lo mejor es que mis métodos están adaptados a los niños y son divertidos y fáciles de implantar.

Mito 3: no hay horas suficientes en un día para cambiar nada.

Con tan solo 15 minutos de ejercicios simples cada día puedes cambiar la trayectoria de la vida de tu hijo. No tienes que empezar con 20 o 40 horas de terapia por semana (al menos, no ahora mismo) para enseñar a tu hijo y empezar a recuperar sus retrasos de desarrollo.

EL ENFOQUE «DA LA VUELTA AL AUTISMO»

La investigación muestra que algunos niños pueden perder el diagnóstico de autismo y que incluso las formas más graves (acompañadas por trastornos cognitivos y de comportamiento) a veces pueden atenuarse. Personalmente, lo he visto muchas veces. Conozco a familias que creen realmente que, usando el enfoque «Da la vuelta al autismo», han revertido retrasos en el habla, han reducido los principales problemas de comportamiento y, en muchos casos, han reducido la gravedad del autismo de su hijo.

En mis años como BCBA-D he visto que mi enfoque único ha funcionado una y otra vez. He tratado a niños con o sin diagnóstico que tenían rabietas tan descontroladas que no podían salir con su familia a eventos sociales. Algunos incluso eran expulsados de la guardería o de la escuela de párvulos. Sin embargo, con mis estrategias, estos niños empezaron a hablar, a señalar, a responder a sus nombres y a socializar en cuestión de semanas… o *días*, en algunos casos. Inclusos niños que no progresaban —o lo hacían muy poco— con terapia tradicional durante meses o años hacían avances.

Como madre, y no en mi papel profesional como analista de comportamiento, también he conocido a familias de niños de más edad que se desarrollan típicamente a pesar de que muchos profesionales pensaban que tenían autismo cuando eran muy pequeños. Por supuesto, nadie, yo incluida, tiene una bola de cristal. Pero no importa cómo lo llames tú o los profesionales, todo el mundo puede cambiar y aprender. No existe una línea de meta, y diagnosticar y tratar el autismo es complicado.

Hay gente que no cree en la recuperación del autismo y considera que es un regalo. Dichas personas (que normalmente son adultos totalmente conversacionales con autismo de alto funcionamiento) sugieren que no deberíamos intentar cambiar a los niños ni hacer que «encajen» en nuestro mundo. Pero mi enfoque no intenta cambiar la personalidad del niño ni eliminar lo que hace que cada uno de ellos sea especial, sino que empodera a los padres para que ayuden a su hijo a que se comunique, duerma mejor, coma comida más sana, aprenda a ir al baño más fácilmente y esté más calmado y más feliz. A fin de cuentas, quiero que todos los niños con o sin diagnóstico de autismo logren todo su potencial y estén tan seguros y sean tan felices e independientes como sea posible.

La información que daré aquí se basa en décadas de investigación de tratamiento de análisis conductual aplicado (ABA) para niños con autismo, así como en mi experiencia durante las dos últimas décadas de trabajo con miles de niños con autismo y trastornos relacionados. Sin embargo, hay algunas distinciones clave entre mi enfoque y los programas de ABA más tradicionales.

El enfoque «Da la vuelta al autismo» está completamente adaptado a los niños y es positivo. Se centra en el niño en su conjunto, así como en la familia, para mejorar la calidad de vida de todos. No recomiendo el castigo ni el uso de la fuerza para conseguir que un niño haga algo, y me opongo a la práctica de «dejarlo llorar». He aplicado todo lo que he aprendido sobre el ABA y el análisis del comportamiento verbal del psicólogo del comportamiento B. F. Skinner, así como mi experiencia como enfermera, analista de comportamiento y madre. El resultado es un conjunto de prácticas simples que he diseñado para que los padres cojan el timón del camino de su hijo como «capitanes del barco».

Déjame que te hable de algunos de los niños que han hecho un gran progreso. Mi clienta Faith pasó de tirarse en el suelo gritando hasta diez veces al día cuando tenía 2 años a prosperar en el aula de la guardería un año después sin ningún problema de comportamiento. Otro cliente llamado Andrew, que no decía ninguna palabra en absoluto, logró hablar con frases cortas un año más tarde.

Incluso niños a los que no he conocido nunca han hecho avances significativos. Los padres de Parker estaban preocupados porque no hablaba, pero, después de aprender mi enfoque *online* e implantar las estrategias, vieron que empezaba a hablar espontáneamente en cuestión de semanas.

Un niño pequeño llamado Chino fue uno de mis clientes más memorables. Cuando lo conocí tenía veinte meses y, de los cientos de clientes con los que he trabajado directamente, era el que más me recordaba a mi hijo Lucas. Cuando Lucas tenía 21 meses, mi marido sugirió por primera vez que quizá tuviera autismo. Pero en aquel momento yo no conocía la efectividad de la intervención temprana e intensiva en el comportamiento, por lo que Lucas no recibió la ayuda adecuada tan pronto como debería haberlo hecho. En cambio, Chino empezó a recibir mi ayuda antes de cumplir los 2 años y experimentó una transformación notable.

Cuando la conocí, la madre de Chino tenía tres niños de menos de 3 años. Estaba abrumada e increíblemente preocupada por el retraso de Chino y no sabía qué hacer. Cuando concertó una terapia de intervención temprana, la terapeuta que fue a su casa fui yo.

Cuando conocí a Chino, además de llevar a cabo las evaluaciones que verás en el capítulo 4, también le hice el examen estandarizado STAT (herramienta de detección del autismo en bebés y niños pequeños). Este análisis interactivo, desarrollado por la Dra. Wendy Stone, incluye una serie de doce actividades que miden las habilidades de comunicación social y el riesgo de autismo de un niño. Esta evaluación da información sobre los puntos fuertes y las necesidades del niño, y puede utilizarse para identificar objetivos y actividades para mejorar habilidades.

Uno de los puntos del examen STAT evalúa el interés y la capacidad de un niño pequeño para jugar con una muñeca. Cuando se le da una muñeca y una cama, una silla, un biberón y una taza de juguete a un niño de 2 años con un desarrollo típico, coge la muñeca, habla con ella, hace como si le diera de comer, hace que duerma una siesta, se acurruca con ella y hace todas las cosas que los adultos hacen con sus bebés. En cambio, cuando le di la muñeca a Chino durante la evaluación, enseguida la apartó a un lado. Nunca la miró y, durante la media hora que duró la prueba, no habló, jugó ni interactuó conmigo ni con ninguno de los materiales que usé durante la evaluación. Chino estaba en su pequeño mundo. Era obvio que mostraba señales de autismo y que necesitaba ayuda inmediata.

Seis meses después fue diagnosticado con autismo de moderado a grave, y rápidamente su familia recibió financiación del seguro para pagar 20 horas a la semana de terapia ABA. Seguí trabajando con ellos, enseñándoles mis métodos de evaluación, la intervención de comportamiento y el desarrollo de la habilidad social, mientras supervisaba su programa ABA. Un año más tarde (casi exactamente el mismo día), después de pasar muchas horas usando las herramientas y las estrategias incluidas en este libro, repetí la prueba STAT. Chino no había visto la muñeca ni ninguna de mis otras herramientas de evaluación desde aquella prueba original. Esa vez, cuando se la di, enseguida la acostó en la cama y le dijo «buenas noches». La besó, la despertó y le dijo: «Ya es hora de levantarse» mientras su madre lloraba de felicidad y de alivio. En segundo de primaria, Chino era totalmente conversacional y bilingüe, y seguía un programa educativo prácticamente normal en el colegio. (Para recursos gratuitos y para ver vídeos de la transformación de Chino visita TurnAutismAround.com.)

MI CAÍDA EN EL MUNDO DEL AUTISMO

A pesar de que los síntomas de mi hijo Lucas eran iguales que los de Chino a los veinte meses, su trayectoria fue bastante distinta. En aquel entonces, cuando Lucas era un bebé, a finales de la década de 1990, era cariñoso y mimoso conmigo, pero hablaba poco y tenía una obsesión rara con las letras. Yo estaba embarazada de nuestro segundo hijo, Spencer, cuando Lucas empezó a sufrir una regresión y a mostrar signos de autismo poco después de su primer cumpleaños. Muy poco a poco dejó de saludar, dejó de decir «hola» a la gente, dejó de hacer movimientos con las manos al oír las canciones, empezó a ser quisquilloso con la comida, se hizo más adicto al chupete y a la TV y empezó a tener problemas para dormir. Como era madre primeriza, pensaba que simplemente estaba atravesando una fase. No era consciente de que se estaba desviando del camino o haciendo una regresión.

Mientras se acercaba a los dieciocho meses, Lucas no era consciente de la inminente llegada de su hermano pequeño. Y después del nacimiento de Spencer, mi marido, Charles, médico de urgencias, se alarmó en secreto porque nuestro hijo no se enteró de que había un bebé nuevo en casa. Yo seguía sin darme cuenta de que el hecho de que Lucas no supiera que su hermano estaba allí era un problema. Podríamos haber sustituido a Spencer con un muñeco de plástico y Lucas no lo habría notado.

Tiempo después, cuando Lucas tenía veintiún meses, Charles soltó la bomba al decir la palabra que empieza por «a» por primera vez. «¿Crees que Lucas tiene autismo?», me preguntó.

Me quedé petrificada y horrorizada, porque ni se me había pasado por la cabeza que Lucas tuviera algo. Miré a Charles y le dije: «No quiero volver a oír la palabra *autismo* nunca más».

Yo no sabía demasiado sobre el autismo, sobre todo cómo sería en un niño pequeño. No sabía que había tratamiento eficaz disponible ni que pudiera hacer algo para dar la vuelta al autismo, y por eso enseguida me puse a la defensiva. *No tiene sentido emitir un diagnóstico que es una sentencia de muerte en mi niño pequeño*, pensé.

Durante más de un año, Charles acató mis deseos y no sacó el tema. Pero la palabra que empezaba por «a» se había grabado en mi cabeza. Yo me planteé en la posibilidad del autismo cuando Lucas perdía palabras o habilidades, o cuando no empezó a hablar con frases a los 2 años pese a empezar parvulitos, y logopedia unos meses después. Me sentía impotente mientras mi hijo iba quedándose cada vez más rezagado.

Después de más de un año de preocuparme sola, de rezar para que fuera cualquier cosa menos autismo, al final investigué y descubrí qué era la hiperlexia, la capacidad para leer letras y palabras antes de ser capaz de hablar. A través de aquella investigación conocí a una mujer que tenía un hijo con autismo e hiperlexia. Me sugirió que buscara terapia ABA para Lucas, a pesar de que yo pensara que solo era un retraso en el lenguaje. «Si recuperan a niños con autismo grave —dijo—, tratar a tu niño con retraso en el habla debería ser fácil».

También me recomendó el libro de Catherine Maurice *Let Me Hear Your Voice*, de 1993. En cuanto empecé a leerlo reconocí a mi hijo en las descripciones de autismo. «Oh, Dios mío», pensé, «no he querido reconocerlo durante más de un año y no he hecho nada». No tenía ni idea de que hubiera esperanza para los niños con autismo, pero ese libro, que subrayaba el poder de la terapia ABA, me enseñó que hasta la mitad de los niños podrían «llegar a ser imposibles de distinguir» de niños con desarrollo típico con una intervención de comportamiento intensiva. En consecuencia, de inmediato hice un giro de 180 grados.

Puse a Lucas en una lista de espera de tres meses para una evaluación en el Children's Hospital de Filadelfia, y fue diagnosticado el día antes de su tercer cumpleaños.

A pesar de que, de alguna manera, estábamos preparados, fue devastador oír la respuesta definitiva. Además, Charles y yo esperábamos un diagnóstico de autismo leve, pero cuando el pediatra de desarrollo dijo que era de moderado a grave, mi peor temor se hizo realidad.

Le pregunté si se podía recuperar con el ABA, pero el médico no se mostró optimista. Explicó que, durante su larga carrera, no había visto a niños con retraso en el desarrollo como el de Lucas recuperarse del todo. Aunque no lo dijo directamente, el hecho de que yo me negara a que Lucas fuera evaluado y tratado había sido un gran error.

Mientras volvíamos a casa, después de ver al pediatra, Lucas estaba completamente en silencio. Estaba atado a su asiento del coche, mirando fijamente por la ventana. No hablaba, ni balbuceaba. Solo había silencio.

Lloré mientras mi marido tachaba de la lista las cosas que Lucas nunca haría: *nunca iría a la universidad, nunca se casaría, nunca...*

«Por favor, cállate», le supliqué.

Incluso en mi tristeza, me aferré a la esperanza de que se recuperara.

Era lo que yo buscaba, y no estaba dispuesta a renunciar a aquella esperanza. Iba a trabajar al máximo para ayudar a Lucas a recuperar todo lo que pudiera. Me sentía muy culpable por mi autoengaño. Digo que «caí» en el mundo del autismo porque era como si me hubiera caído en un agujero oscuro y profundo con Lucas y tenía que descubrir cómo salir de allí a arañazos y ayudar a mi hijo, porque sabía que su vida dependía de ello.

No tenía ni idea de cómo empezar, pero me empleé a fondo. Le conseguí terapeutas, y al descubrir que no había suficientes me convertí en analista de comportamiento para poder ayudar más a Lucas, y, con el tiempo, a otras personas.

Desde 2003 he trabajado con cientos de niños directamente, he formado a miles de padres y profesionales de todo el mundo y he educado a pediatras y profesionales sanitarios sobre las señales de alarma tempranas del autismo. Empecé varios grupos para concienciar sobre el autismo en general, y, después, más concretamente, para abogar por el diagnóstico y el tratamiento temprano. Escribí el libro *The Verbal Behavior Approach: How to Teach Children with Autism and Related Disorders* sobre lo que había aprendido. Dicho libro ha sido utilizado por padres, abuelos, terapeutas y educadores durante más de una década y ahora está disponible en más de una docena de idiomas.

Sin embargo, en aquel libro yo no hablaba mucho sobre el hecho de entender las señales de alarma tempranas del autismo, la prevención del trastorno, el cambio de los síntomas o la recuperación. A medida que empecé a tratar a más niños a edades más tempranas vi a cientos de ellos mejorar a pasos agigantados gracias a un tratamiento muy temprano. Y algunos de ellos eran igual que Lucas cuando empezó a mostrar señales de autismo a los 21 meses. Esto ocurrió sobre todo en niños de entre 1 y 5 años que tenían al menos a un progenitor proactivo y entregado a su lado que actuaba en cuanto se detectaban los primeros retrasos y señales de alerta.

Mi trabajo hizo patente que la intervención de comportamiento intensiva y temprana usando mi enfoque «Da la vuelta al autismo» también ayudó a niños diagnosticados solo con retrasos en el habla a coger el ritmo más deprisa. Cuanto antes recibían el tratamiento, antes algunos de ellos lograron los mismos hitos de desarrollo que sus compañeros. Y los que tenían autismo, pero no pudieron coger el ritmo, pudieron hacer grandes progresos. *El hecho de esperar simplemente hace que los niños se queden cada vez más atrás.*

¿Qué pasó con Lucas? Progresó mucho en cuanto empezó un programa ABA intensivo y cambió al enfoque de comportamiento verbal. Sin embargo, su tratamiento se vio retrasado por mi negación y por las listas de espera posteriores durante casi 2 años desde el momento en el que empezó a mostrar señales de autismo. Así que su progreso fue constante... pero lento.

Es obvio que no puedo estar segura de si un tratamiento más temprano habría hecho que Lucas fuera imposible de distinguir de sus iguales con desarrollo típico, o si hubiera progresado al mismo nivel que Chino. Pero estoy segura de que habría avanzado más si yo no hubiera malgastado más de un año negando la posibilidad de autismo.

Creo que la vida de Lucas habría sido más fácil hoy con una intervención más temprana. Al tener autismo moderado-grave y una leve discapacidad intelectual, necesita mucha supervisión y cuidado. Sin embargo, puede pedir lo que necesita, ducharse, hacerse el desayuno, atarse los zapatos, responder preguntas, cantar canciones y más cosas. Todo por haber tenido el tipo de tratamiento adecuado. Mi objetivo es que, ahora que Lucas es adulto, continúe estable y tan seguro, independiente y feliz como sea posible. Es el mismo objetivo que tengo para mi hijo menor, Spencer, que también es adulto, y para todos los niños con o sin autismo.

Por esta razón defiendo tanto empoderar a los padres para que tomen medidas y *no esperen.* Quiero que los padres tengan esperanza y no escondan la cabeza debajo del ala. Esperar que los problemas de Lucas se resolvieran solos no revirtió su autismo, y tampoco lo hará en el caso de tu hijo.

De todas formas, recuerda que «dar la vuelta al autismo» es distinto para cada niño. Los resultados serán grises, no blancos o negros. Así que no te puedo prometer que un diagnóstico de autismo se pueda evitar o que el retraso en el habla de tu hijo se vaya a revertir. Tu hijo quizás sea como Lucas, diagnosticado con autismo grave y discapacidad intelectual, lo que puede significar cuidados de por vida. O puede ponerse al día del todo y no recibir ningún diagnóstico. El diagnóstico definitivo podría ser un retraso en el habla, una discapacidad de aprendizaje, TDAH o autismo, y el diagnóstico puede cambiar con el tiempo. Tu hijo quizás sea extremadamente sensible y tenga excesivas rabietas. Sin embargo, independientemente del diagnóstico o la falta de este, ponerse a toda marcha ahora solo mejorará vuestra vida. Usar mi enfoque «Da la vuelta al autismo» adaptado a los niños ayuda en cualquier etapa y a cualquier edad, y adelantarse a los comportamientos difíciles y ponerse al día con las habilidades lingüísticas y sociales es mucho más importante que el diagnóstico en sí.

LA PALABRA QUE EMPIEZA POR «A»

Algo que vas a tener que superar es utilizar la palabra que empieza por «a». La mujer que sugirió que Lucas probara el ABA aunque solo tuviera un retraso en el habla me dio el permiso que yo necesitaba para ver qué era el autismo.

Las estrategias que se señalan en este libro deberían funcionar cuando las emplean cuidadores o profesionales que intentan ayudar a un niño pequeño con retraso en la comunicación social, problemas de procesamiento sensorial, rabietas graves o dificultad para dormir, comer, aprender a ir al baño o estar en la comunidad.

Así que si has elegido este libro y no quieres usar ni leer la palabra *autismo*, lo entiendo.

Pero sigue leyendo, por favor.

HERMANOS, GEMELOS Y PROBLEMAS MÉDICOS

Puede que estés leyendo este libro porque ya tienes un niño con autismo y te preocupan los retrasos o posibles señales de autismo en sus hermanos menores. Los estudios muestran que los hermanos tienen entre un 16 y un

36 por ciento de probabilidad de tener autismo.[8] Esto significa que, como mínimo, uno de cada cinco niños que tienen un hermano mayor con autismo también tendrán este diagnóstico. Los hermanos también tienen más riesgo de tener retrasos en el desarrollo que no entran en el umbral de diagnóstico de autismo. De todas formas, como los retrasos se pueden presentar de formas muy distintas entre los hermanos, los padres que tienen un hijo con TEA suelen tener que vigilar a sus hijos más pequeños con atención para detectar cualquier signo que indique la necesidad de la intervención temprana, aunque dichos comportamientos sean muy distintos a los de sus hijos mayores. A veces diagnostican primero a un niño pequeño y entonces la familia se da cuenta de que el hermano mayor tiene una forma de trastorno más leve.

Hay estudios de investigación sobre hermanos en instituciones y hospitales grandes. Si vives cerca de alguno de ellos y quieres que los profesionales te ayuden a controlar de cerca a tu bebé para detectar señales de autismo, puedes apuntar a su hermano recién nacido de forma gratuita. Una de las ventajas directas de apuntar a un hermano más pequeño a un estudio es que los investigadores pueden hacer pruebas de desarrollo cada pocos meses e identificar retrasos. Esto te permitirá empezar intervenciones lo antes posible si tu bebé muestra retrasos.

He trabajado con muchas familias en las que más de un niño recibía un diagnóstico de autismo. En un caso, la familia tenía tres niños con el diagnóstico, pero las señales y los síntomas se mostraban de formas muy diferentes. El mediano, Jeremy, era el que tenía necesidades más importantes. Cuando empecé a trabajar con él, a los 4 años, su coeficiente intelectual estaba por debajo de 70 y fue diagnosticado oficialmente con discapacidad intelectual además de autismo. Después de usar mi enfoque durante un año, su coeficiente intelectual aumentó 30 puntos y dejó de tener discapacidad intelectual. En aquel año, Jeremy pasó a ser totalmente

---

8. N. M. McDonald et al., «Developmental Trajectories of Infants with Mulitiplex Family Risk for Autism: A Baby Siblings Research Consortium Study», *JAMA Neurology* 77, no. 1 (enero de 2020): 73–81. https://doi.org/10.1001/jamaneurol.2019.3341.

conversacional y ahora está en una escuela secundaria tradicional, tiene amigos, es una estrella del deporte y va camino de la universidad. A sus dos hermanos también les fue muy bien y el autismo ha dejado de ser el diagnóstico principal para ellos.

En el caso de los gemelos, ¿también es más probable que sean diagnosticados con autismo? La investigación sobre este tema apunta a que hay un fuerte componente genético, pero incluso en gemelos idénticos la tasa de autismo en ambos no es del 100 por ciento, lo que sugiere que también hay factores ambientales.

Otro elemento importante: mi hijo y casi todos mis clientes con autismo han tenido problemas médicos que pueden haber contribuido o complicado su autismo, como problemas gastrointestinales (estreñimiento, diarrea, reflujo ácido), alergias, asma, eczema, convulsiones y trastornos autoinmunes, entre otros. Pese a ser enfermera registrada y estar casada con un médico, no soy experta en la evaluación y el tratamiento médico de los niños, así que no cubriré demasiado estos temas en este libro. Pero sí quiero decir algo: tu hijo necesita un profesional sanitario que no subestime problemas médicos ni que eche la culpa de problemas como la diarrea al autismo o al TDAH. Si el pediatra de tu hijo no está abierto a abordar sus necesidades médicas, puede que tengas que encontrar especialistas y/o profesionales de la medicina funcional que te puedan orientar respecto a los problemas médicos que podrían contribuir a sus retrasos.

EL TIEMPO ES DE VITAL IMPORTANCIA

El quid de la cuestión es que hay una epidemia de niños que esperan tanto el diagnóstico como el tratamiento. La media de edad de los que son diagnosticados y empiezan el tratamiento ahora es de cuatro o cinco años. Es decir, como mínimo 3 años después de cuando puedes usar mi enfoque con más efectividad para tratar los comportamientos que te preocupan y enseñar habilidades lingüísticas y de juego.

Realmente es urgente para niños pequeños que empiezan a mostrar señales.

Pero si tu hijo es más mayor y/o tiene una discapacidad importante, no es culpa tuya, y está bien no dejarse llevar por el pánico y no sentirse culpable. En mi primer libro escribí que si todo dependiera del empeño que le pusiera yo, Lucas ya no tendría autismo. Ahora sé que a veces el daño neurológico es grave y permanente, y eso no significa que fallaras a tu hijo o que él no pueda hacer un progreso significativo.

En las siguientes páginas te guiaré a través del enfoque «Da la vuelta al autismo», que te ayudará a que tu hijo coma, duerma, aprenda a ir al baño, hable, imite, juegue, esté seguro y elimine problemas de comportamiento. Conocerás a personas que han visto mejorar a sus hijos y sabrás de algunos casos en los que estamos seguros de que se evitó un diagnóstico de autismo. Descubrirás cómo evaluar rápidamente las habilidades de tu hijo, crear un plan, empezar a enseñarle en pequeñas sesiones de 15 minutos a diario, encontrar a los profesionales adecuados y defenderlo.

Por eso, independientemente de la edad de tu hijo y de su nivel de funcionamiento ahora mismo, este libro es para ti. Quiero empoderarte para que avances y te conviertas en su mejor profesora y defensora para siempre. Quiero equiparar las condiciones del juego todo lo posible dándote a ti y a los padres de todo el mundo un camino claro para empezar a detectar y tratar el autismo y otros trastornos de desarrollo lo antes posible.

Puede que empieces a subir la montaña, o que ya hayas recorrido la mitad del camino. Quizás tengas que avanzar un poco o tal vez debas subir una ladera empinada. Pero no importa en qué punto de la montaña estés, estoy aquí para guiarte.

Sé que puedes hacerlo, porque hace más de 20 años yo subía esa misma montaña como madre con un hijo al que le dieron un diagnóstico que me aterrorizó. Yo no tenía con qué guiarme, así que tuve que hacer un mapa: este libro.

Si tu hijo tiene problemas de comportamiento, retraso en el habla, problemas para dormir o cualquier otra cosa que te preocupe, empieza a ayudarlo ahora. Sustituyamos el miedo por la esperanza y el *statu quo* por el progreso. Vamos a ayudarte a convertirte en la madre o el padre más empoderado y proactivo que puedas ser. ¡Detectemos y tratemos las señales más tempranas de autismo y cambiemos el rumbo de la vida de tu hijo!

2

¿Es autismo, TDAH o «solo» retraso en el habla?

Cuando sientes que tu hijo puede estarse retrasando respecto a sus iguales es natural estar confundida. ¿Es retrasado? ¿Son solo los «terribles 2 años» que han empezado antes o que han seguido hasta los 3 años? ¿Tiene autismo? ¿El problema se «arreglará solo»?

Lo que se considera «normal» varía mucho. Además, hay muchos factores que pueden hacer que un niño se retrase en una o más áreas. Los prematuros están retrasados automáticamente en ciertas áreas. Los que tienen varios hermanos tienen modelos de buen o mal comportamiento. También hay niños que son hijos únicos. Los niños suelen hablar un poco después que las niñas.

Los niños con autismo suelen tener rabietas, pero también los niños con desarrollo típico. Y cada uno tiene su temperamento y personalidad. Me acuerdo que yo decía que si mi hijo pequeño, Spencer, tuviera autismo, habríamos estado muy ocupados, porque siempre fue más sensible y de «alto mantenimiento» que Lucas, que desde el principio tuvo una personalidad despreocupada.

Muchos niños con retrasos en el habla o de otro tipo se ponen al día por su cuenta o con un poco de terapia de intervención temprana. Incluso niños con coeficientes intelectuales altos y sin retrasos en el desarrollo suelen tener diferencias sensoriales y sociales respecto a sus iguales. Entretanto, algunas señales de autismo y TDAH en niños pequeños son casi idénticas, como la falta de atención, la hiperconcentración en temas concretos, la hiperactividad, la impulsividad y el hecho de que se nieguen a esperar, compartir o hacer turnos.

He aprendido que hay un fuerte solapamiento entre signos tempranos de autismo, TDAH, retrasos en el habla y trastornos de salud mental. Para complicar aún más la cuestión, está el problema de la regresión que mencioné en el capítulo 1 con la historia de mi hijo Lucas. Quizás tu hijo antes saludaba con la mano pero de repente ha dejado de hacerlo o no lo hace casi nunca. Puede que sus habilidades lingüísticas hayan hecho una regresión. Según los datos de la Red de Control del Autismo y las Discapacidades de Desarrollo (Autism and Developmental Disabilities Monitoring Network), se estima que al menos el 20 por ciento de los niños con autismo experimentaron alguna pérdida de habilidades en algún punto de su desarrollo. Un pequeño estudio indicó que el 86 por ciento de los niños que reciben un diagnóstico de autismo tienen una reducción de habilidades sociales entre los 6 meses y los 3 años.[9]

Entonces, ¿cómo narices puedes saber si lo que tiene tu hijo es autismo, TDAH, «solo» retraso en el habla o las típicas rabietas de un niño pequeño? ¿Cómo puedes estar segura de que debes tomar medidas?

En este capítulo se incluye una lista de comportamientos/síntomas que hay que vigilar. Sé que leer esta lista puede ser perturbador, sobre todo si reconoces a tu hijo en alguna de las descripciones. Pero no es algo definitivo ni es un diagnóstico. El hecho de que estés leyendo este libro significa que estás lista para la acción y para defender a tu hijo.

Sin importar los problemas a los que se enfrenta tu hijo, estás a punto de descubrir lo que necesita. Recuerda: para cada comportamiento/síntoma de la lista que hay a continuación, aprenderás intervenciones y estrategias

---

9. S. Deweerdt, «Regression Marks One in Five Autism Cases, Large Study Finds», Spectrum News, última modificación del 17 de agosto de 2016, https://www.spectrumnews.org/news/regression-marks-one-five-autism-cases-large-study-finds/.

a lo largo de estas páginas para ayudarlo a mejorar o posiblemente incluso a aliviar dicho síntoma.

Veamos el ejemplo de uno de mis antiguos clientes, Max. Su familia vivía cerca de la playa en Nueva Jersey y, un día, a los 15 meses, de repente, se asustó y no quería tocar la arena. Tenía casi 2 años, y sus padres estaban alarmados porque no hablaba, no establecía contacto visual y tenía rabietas descontroladas muchas veces al día. Después de un año de esperar y preocuparse, su madre pidió hora para una evaluación, pero el médico no le pudo hacer la prueba porque Max chilló de forma incontrolable durante una hora y media.

Un mes después, la familia se fue a vivir a Pensilvania y yo me convertí en la terapeuta de intervención temprana del niño. Durante nuestras sesiones, Max solo decía una palabra, *pizza*, que usaba para todo, a pesar de que su madre decía que la pizza no le gustaba. Pedía el biberón diez veces cada hora y pegaba a su madre siempre que le decía que no. Poco después del traslado, Max suspendió el test STAT (herramienta de detección del autismo en bebés y niños pequeños). Por eso, su pediatra creía que le harían un diagnóstico clínico de autismo.

Cuando tenía 2 años y medio, y no había superado el test STAT, empecé a tratarlo durante cuatro meses tres horas a la semana, y también estuve enseñando a su madre las técnicas que he creado. Los resultados fueron profundos y Max experimentó una transformación notable. Empezó a hablar y a señalar con el dedo, y las rabietas se redujeron. En consecuencia, nunca recibió un diagnóstico de autismo. A los 5 años se había recuperado del retraso de desarrollo y era típico en todos los aspectos. Empezó la guardería sin necesitar ningún servicio, y sus padres estaban aliviados y encantados.

«Sin la ayuda de Mary cuando Max tenía 2 años —dice su madre— estoy prácticamente segura de que habría sido diagnosticado con autismo y hubiéramos tenido una vida muy distinta».

Es obvio, como aclaré en el capítulo 1, que no puedo prometer los mismos resultados de Max a todo el mundo. Sin embargo, estoy segura de que con el enfoque «Da la vuelta al autismo» muchos niños pueden mejorar notablemente.

¿QUÉ ES EL TRASTORNO DEL ESPECTRO AUTISTA (TEA)?

El trastorno del espectro autista es un trastorno de desarrollo cuyos síntomas suelen aparecer a los 3 años o antes, a pesar de que los diagnósticos puedan darse mucho después. Cuando un niño o un adulto es diagnosticado, los profesionales a menudo preguntan si hubo retraso en el habla o intereses repetitivos en sus primeros años.

Cuando Lucas fue diagnosticado, el Manual diagnóstico y estadístico de los trastornos mentales (DSM, *Diagnostic and Statistical Manual of Mental Disorders*) iba por la versión 4. En aquel momento, el trastorno generalizado del desarrollo no especificado (TGD-NE), el síndrome de Asperger (SA) y el trastorno autista pertenecían al trastorno del espectro autista (TEA). Ahora, en la versión DSM-5, todas las personas que tienen estos trastornos reciben el diagnóstico de trastorno del espectro autista (TEA). Si tienes un niño que haya sido diagnosticado previamente con el síndrome de Asperger o TGD-NE nadie te va a obligar a dejar de usar esos términos, pero ya no son categorías diagnósticas individuales.

El DSM-5, que fue publicado en 2013, divide el autismo en tres niveles: las personas del nivel 1 solo necesitan un poco de apoyo; las del nivel 2, más apoyo, y las del nivel 3 tienen un autismo grave con necesidades significativas. Estos niveles son bastante subjetivos y, sin duda, el nivel de un individuo puede cambiar con el tiempo. Tu hijo podría empezar como Nivel 3. Después, con la terapia adecuada, podría pasar al nivel 1. Lo he visto muchas veces, sobre todo si un niño es considerado alto o bajo a una edad temprana. Los niños también pueden empeorar con el tiempo, sobre todo si los retrasos no se cogen pronto y se tratan. Como puedes ver, el autismo es, sin duda, un trastorno de espectro.

En el mundo del autismo se habla mucho de bajo y alto funcionamiento. Muchos padres quieren saber si es posible predecir cómo le irá a un niño de 2 años cuando sea mayor, y mi respuesta a esa pregunta es no. De todas formas, como dije en el capítulo 1, es cierto que un niño pequeño con síntomas leves tiene mayor probabilidad de evitar el diagnóstico de autismo o de recuperar el ritmo con intervención. He conocido personalmente a muchos niños que empezaron con muy pocas habilidades y parecían tener bajo funcionamiento pero avanzaron muy bien. Por ejemplo, algunos de mis antiguos clientes están aprendiendo a conducir y van a la universidad.

Aunque no podamos predecir cómo le irá a un niño, podemos mejorar su probabilidad de lograr todo su potencial empezando nuestras intervenciones lo antes posible.

SIGNOS A LOS QUE PRESTAR ATENCIÓN

Los comportamientos o síntomas que se detallan a continuación son señales de alerta de autismo, pero, por favor, no saques conclusiones precipitadas ni te dejes llevar por el pánico. Dicho esto, si tu hijo muestra estos síntomas, te insto a que tomes las medidas que recomendaré más adelante en este capítulo.

Aunque tu hijo ya haya sido diagnosticado con autismo, conocer estas señales puede ayudarte a evaluarlo respecto a cada síntoma. Ese conocimiento te ayudará a fijar objetivos, comprender qué enseñarle mientras sigues leyendo el libro y elegir a los mejores profesionales para ayudarlo.

- **Señalar.** A pesar de ser enfermera, cuando mi hijo Lucas era pequeño yo no tenía ni idea de la importancia de señalar. Poco después de que fuera diagnosticado, aprendí que no señalar es un síntoma de alarma crucial de autismo. Cuando evalúo a un niño de 18 meses o 2 años, lo primero que pregunto es: ¿el niño señala cosas? También es importante que responda cuando tú le señalas algo. Por ejemplo, si señalas a la otra punta de la habitación a un animal de peluche o al televisor y dices «¡Mira, Johnny!», ¿la atención del niño va en esa dirección general? Cuando un niño cumple 15 o 18 meses, o, sin duda, a los 2 años, debería señalar con el dedo índice constantemente. Los niños de esa edad deben señalar cosas que quieren como zumo o un juguete y también señalar para enseñarte cosas, como un avión que esté volando en el cielo.

También es posible que el niño deje de señalar, como le pasó a Lucas alrededor de los 15 meses. Después de eso, en lugar de señalar, Lucas solía coger la mano de un adulto y colocarla en el objeto que quería. Este comportamiento se llama «conducir la mano», y, además de no señalar y no responder cuando le señalan algo, es otra señal de alarma de autismo.

De todas formas, ten en cuenta que algunos niños con autismo sí señalan cosas cuando tienen 18 meses. Es decir, aunque sea una señal de alarma importante, por sí sola no basta para hacer un diagnóstico. Una vez conocí a una logopeda cuyo hijo fue diagnosticado con autismo grave a los 3 años. La primera señal fue cuando él tenía un año y ella se fijó en que el niño no se interesaba por los juguetes. Al poco tiempo notó los retrasos en el lenguaje. Cuando mencionó sus preocupaciones durante una visita de control al pediatra, el doctor le dijo: «Si señala, no es autista». Simple y llanamente, se equivocaba. Pero, si tu hijo no señala entre los 18 meses y los 2 años, es importante actuar y enseñarle esta habilidad crítica usando las técnicas que aprenderás a medida que avances en la lectura de este libro.

- **Retrasos en el habla y el lenguaje.** Incluso antes de que el niño empiece a hablar, cuando es un bebé o un niño pequeño debe sonreír, balbucear y gorjear a los adultos. Esto es el comienzo del lenguaje social. El balbuceo, las sonrisas y la atención limitados hacia las caras podría ser una señal de alarma temprana que indique autismo en bebés. Los niños muy pequeños también deberían empezar a entender el lenguaje.

Cuando Lucas tenía 2 años encargué una sesión de fotos de la familia. El fotógrafo que vino a casa dio a Lucas una cosa y le dijo «Venga, campeón, tírala aquí», pero Lucas no tenía ni idea de lo que le decía. El hombre se quedó perplejo. Era evidente que pensaba que el niño era lo bastante mayor para entenderlo.

En aquel momento no le di importancia porque no sabía si él debía saber algo así a los 2 años. Más tarde, descubrí que su incapacidad para seguir instrucciones estaba relacionada con su lenguaje receptivo, es decir, la capacidad para comprender el lenguaje cuando otras personas le hablan. Un retraso en el lenguaje receptivo es distinto a uno del lenguaje expresivo relacionado con el habla. Es importante determinar si tu hijo tiene un retraso del lenguaje expresivo, un problema en el habla y/o si le cuesta comprender el lenguaje. Un retraso mixto del lenguaje receptivo y expresivo es mucho más común en niños pequeños con autismo.

Algunos niños tienen habla, pero parece diferente o no es funcional. Puede que tu hijo cuente hasta 10 y pueda identificar letras, pero que no te dé una cosa que le pides. Puede que no te llame «mamá» o que repita con frecuencia frases de películas o cosas que has dicho tú. Landon tenía 3 años cuando su madre, Nicole, empezó a usar mi enfoque. El niño hablaba con frases cortas formadas sobre todo con trozos que memorizaba de películas; por eso, mucho de lo que decía era repetitivo. Sus habilidades de lenguaje y de juego estaban retrasadas para su edad. En cuanto Nicole comenzó a utilizar mis estrategias pudo empezar a dar la vuelta a los problemas de retraso en el lenguaje de su hijo.

También hay problemas más sencillos que causan o contribuyen a los retrasos en el habla, como el uso excesivo de chupetes. Amy, de 2 años, no hablaba mucho porque era adicta al chupete y se «tapaba» constantemente. Su retraso en el habla se resolvió cuando su madre aprendió mis métodos para quitarle el chupete.

Hay personas que echan la culpa de los retrasos en el habla a los hermanos mayores que hablan en nombre del pequeño o a los adultos que enseguida dan al niño pequeño lo que creen que quiere en cuanto empiezan las lágrimas. La verdad es que pueden ser factores. A medida que avances en el libro obtendrás más información sobre cómo evaluar si tu hijo tiene retraso en el habla y el lenguaje y qué medidas puedes tomar.

- **Exceso de rabietas.** Muchos niños con desarrollo típico tienen rabietas. Sin embargo, los que tienen autismo suelen tener demasiadas. Esto se debe principalmente a su falta de habilidades de comunicación. Cuando un niño no puede comunicar lo que quiere a los adultos que le rodean, como es natural, se frustra y puede que recurra a las rabietas. Aunque *rabieta* sea una palabra que signifique distintas cosas para cada persona, en el caso de los niños con autismo suele ser sinónimo de gimotear, llorar, gritar, tirarse al suelo e incluso volverse agresivos. Algunos niños incluso pueden lanzar cosas, romper papel o escribir en las paredes, lo que en el mundo ABA se llama «destrucción de propiedad». Algunos incluso tienen conductas autolesivas en las que se golpean o se muerden a sí mismos. Si tu hijo tiene algún problema de comportamiento serio como agresión grave, destrucción de propiedad o conducta autolesiva que sea peligrosa o potencialmente mortal debes buscar atención médica inmediatamente. Incluso aunque no muestre problemas de comportamiento serios en este momento, es crucial que aprendas a enseñarle habilidades sociales y de lenguaje para evitar este tipo de problemas antes de que sea más mayor.

- **No responder a su nombre.** Es otra señal de alarma de autismo habitual. De hecho, a veces hay niños que no responden cuando alguien dice su nombre que al principio son tomados por sordos, hasta que responden a algún otro sonido. Descartar la pérdida auditiva es importante con cualquier retraso en el habla y el lenguaje, pero la mayoría de los niños pequeños con señales de autismo suelen estar en su propio mundo y a menudo tienen «audición selectiva». Me preocupaba que Lucas tuviera pérdida auditiva cuando tenía 2 años, pero unos días antes de hacerle el test de audición oyó la canción principal de su programa favorito de la TV que sonaba bajo y vino corriendo a la sala para verlo. A medida que avances en el libro aprenderás métodos para conseguir que tu hijo responda a su nombre de una forma fácil y divertida (aunque le hayan diagnosticado autismo).

- **Comportamientos de juego.** Su modo de jugar también puede ser una señal de alerta. ¿El niño juega con varios juguetes de forma adecuada? ¿O se concentra mucho en un objeto o un conjunto de objetos que tiene que llevar siempre a todas partes? ¿Juega con los mismos juguetes sin parar, por ejemplo, apilando bloques o poniendo coches en fila durante minutos u horas?

  Otra subprueba del test STAT consiste en dar a un niño un pompero con la tapa muy bien cerrada. La mayoría de los niños con desarrollo típico te lo devuelven mientras balbucean y hacen contacto visual, intentando comunicarte que necesitan ayuda para abrirlo. Un niño con autismo puede que te lo devuelva, pero sin balbucear ni hacer contacto visual, y puede que se quede mirándote fijamente la mano sin mirarte a la cara en absoluto. La falta de contacto visual durante las interacciones en los juegos puede ser una de las primeras señales de autismo en bebés y niños pequeños.

  A los 3 o 4 años, la mayoría de los niños comparten juguetes y juegan a juegos de fantasía a lo largo del día. Mientras lo hacen negocian con otros niños. Los juegos de fantasía y el interés por sus iguales normalmente están muy retrasados en niños con autismo. Puede que estén atascados en modo de juego paralelo, en el que juegan separados de otros niños que están cerca sin hacerlo con ellos. También es posible que les cueste compartir.

- **Comportamientos repetitivos.** Un niño con autismo puede agitar las manos delante de la cara, poner objetos en fila o dar vueltas a todo el cuerpo o a juguetes que en general no son para eso. Trabajé con un niño que llevaba y acumulaba figurillas y con otro que se balanceaba y se golpeaba la cabeza contra superficies blandas y duras a lo largo del día. Pero en algunos niños, como Lucas, el comportamiento repetitivo no era tan obvio. Le gustaba ver los mismos programas de la TV una y otra vez, pero al principio no tenía ningún comportamiento repetitivo preocupante.

  En el capítulo 1 mencioné la «hiperlexia», la capacidad para reconocer letras y leer antes de poder hablar. En algunos niños se manifiesta como un interés extremo en las letras y los números, reordenando obsesivamente bloques de letras para deletrear palabras o cantar la canción del alfabeto.

  Algunos niños con más lenguaje pueden tener hiperconcentración con trenes, mapas, ver los mismos vídeos de YouTube repetitivamente o, como hacía Landon en el ejemplo de antes, repetir o decir literalmente frases de películas.

- **Invariabilidad.** La insistencia en que las cosas sean siempre igual puede ser un indicador. Por ejemplo, querer comer en el mismo bol, llevar la misma camiseta todos los días o seguir siempre el mismo camino para ir al parque. A los niños con autismo no les suelen gustar los cambios, y a veces tienen rabietas cuando los hay porque les causa estrés.

- **Problemas sensoriales.** Los niños con trastornos sensoriales y los que tienen autismo suelen ser sobrerreactivos o subreactivos a estímulos sensoriales. Algunos tienen aversión a las luces brillantes, por ejemplo, y son sobrereactivos al sentido de la vista. También pueden serlo al *input* sensorial, y por eso se tapan los oídos o tienen rabietas cuando hay demasiada gente a su alrededor o cuando el entorno es ruidoso. A mi hijo Lucas le molesta el ruido y suele llevar auriculares para ahogar el exceso de sonido.

Sin embargo, algunos niños pueden ser subreactivos al lenguaje y el ruido. Por ejemplo, no responden a su nombre, como hemos mencionado antes.

Algunos no soportan que los toquen, o pueden llegar a ser sobrerreactivos por las etiquetas de la ropa que la mayoría de nosotros ni siquiera notamos. Otros niños son subreactivos al tacto y necesitan una presión fuerte. Suelen saltar o buscar *input* chocando contra las paredes o apretándose entre los cojines del sofá.

También es posible que tengan problemas de reactividad para comer, y pueden reaccionar a la apariencia, el color, el sabor, la textura o la temperatura de la comida. Por ejemplo, el aspecto de las distintas marcas de macarrones con queso pueden causar una reacción.

- **Retrasos motores y andar de puntillas.** Los estudios han mostrado que, de media, los niños con autismo caminan más tarde que los que tienen un desarrollo típico, y algunos andan de puntillas cuando son pequeños. Los que tienen trastornos y retrasos en el desarrollo también muestran retraso en la motricidad fina y problemas con la planificación motora, que pueden afectar a muchas habilidades de cuidado personal, como abrocharse la ropa y utilizar cubiertos. Uno de mis clientes, Cody (verás más información sobre él en el capítulo 5), antes de cumplir un año empezó terapia física y ocupacional para problemas motores y fue diagnosticado con autismo a los 18 meses.

- **Imitación.** Por último, la imitación de acciones sencillas suele empezar alrededor de los 8 meses, y a los 2 años la mayoría de los niños lo imitan todo. De esta forma se suelen desarrollar normalmente el lenguaje y el juego. En prácticamente todos los niños pequeños con autismo que he tratado ha habido un gran retraso con la imitación.

Si reconoces a tu hijo en alguna de las descripciones de este apartado, ¿qué debes hacer? Lo más importante es evitar esconder la cabeza debajo del ala como hice yo, incluso si tu hijo parece tener un progreso adecuado en todo salvo uno o dos retrasos. Es posible que, igual que me pasó a mí, haya profesionales y familiares que te den una falsa tranquilidad, pero las intervenciones de este libro ayudarán a tu hijo a aumentar su desarrollo. Si has estado autoengañándote durante meses o años como hice yo, no te martirices. Estás aquí ahora y voy a guiarte para que des la vuelta al autismo (o a sus señales) a partir de hoy mismo.

Hay tres pasos clave que recomiendo que hagan los padres, tanto si su hijo ya tiene un diagnóstico como si están empezando a evaluar lo que ocurre.

TRES PASOS QUE PUEDES DAR EN ESTE PRECISO INSTANTE

Tanto si estás preocupada como si estás en una lista de espera para una evaluación como si tu hijo ya ha sido diagnosticado e incluso está recibiendo varias terapias en este momento, puedes dar estos pasos para mejorar tu situación.

Paso uno: acaba de leer este libro y aprende mi enfoque.

Así, tendrás una base sólida no solo para empezar a trabajar y ayudar a tu hijo en casa, sino también para evaluar mejor a los profesionales y las terapias que tienes a tu disposición. A medida que leas los siguientes capítulos sobre seguridad y evaluaciones tempranas, estrategias para comportamientos específicos y defensa, te formarás una idea mejor respecto a qué profesionales ayudarán a tu hijo.

Al principio de mi carrera como analista de comportamiento recomendaba a todo el mundo ir al pediatra al detectar las primeras señales de retraso de desarrollo y que todos los niños fueran referidos a intervención temprana y a un proveedor de ABA lo antes posible. Pensaba que el ABA y cualquier tipo de servicio de intervención temprana era mejor que nada. Sin embargo, con los años, he descubierto que no es verdad. He aprendido de sobras que cualquier tipo de terapia, tratamiento o profesional puede ser bueno, mediocre o incluso malo para tu hijo.

El pediatra que descartó equivocadamente la posibilidad de autismo porque un niño sabía señalar demuestra que muchos profesionales sencillamente no saben lo suficiente. Médicos, analistas BCBA, terapeutas ocupacionales, logopedas, familiares, amigos y otras personas con buena intención puede que te den (o te hayan dado) consejos contradictorios —y, a menudo, equivocados—. He oído a muchos profesionales decir cosas como estas a los padres:

Espera y ya verás.
Necesita el chupete para calmarse.
Déjalo llorar hasta que se tranquilice.
Mándalo al rincón de pensar si te pega.
Necesita guardería o parvulario para relacionarse con otros niños.
No te preocupes, se pondrá al día por su cuenta.
Déjaselo todo a los profesionales.

Por desgracia, todas estas afirmaciones te pueden dejar en el mismo lugar en el que estaba yo con mi hijo: sin tomar acciones importantes a la primera señal de retraso. O peor: recibir terapias inefectivas o incluso dañinas.

Una de las madres de nuestra comunidad *online* conducía más de una hora con su hijo de 2 años para ver a una logopeda. Según su «política», tenía que esperar en la sala de espera y no le dejaban acompañar a su hijo a la sala de terapia para observar y aprender. No podía asegurarse de que el niño estuviera bien atendido ni de que le enseñaran de una forma positiva. Ella estaba especialmente preocupada porque todavía no sabía hablar y chillaba todo el camino hasta la sala y durante la mayoría de las sesiones. Cuando planteó estas preocupaciones a la terapeuta, le dijeron que se fuera «a comprar» mientras su hijo recibía terapia. «Con el tiempo dejará de llorar», le dijeron. Poco después, esta madre aprendió a trabajar con su hijo mediante el enfoque «Da la vuelta al autismo» y dejó de hacer ese largo trayecto. El niño dejó de llorar mientras le estaban enseñando. *Ningún niño debería llorar ni gritar durante la terapia, y los padres deberían ser participantes activos en el aprendizaje de su hijo. Si el niño odia el aprendizaje, algo no va bien con ese método de enseñanza.*

En otro caso, un padre pasó un año yendo a una consulta de terapeutas muy caros mientras su hijo lloraba durante las sesiones. Su único progreso en aquel período de doce meses fue aprender a dar palmas. Pero lo hacía cuando alguien le decía cualquier cosa, no solo cuando le decían «aplaude». Por lo tanto, en realidad no había progreso. Mientras tanto, durante todo un año, asoció aprender con algo que odiaba.

Por desgracia, muy pocos padres y profesionales saben cómo implantar el enfoque «Da la vuelta al autismo». Puede y debe añadirse a los tratamientos que tengas disponibles localmente, sobre todo si tu hijo tiene un diagnóstico de autismo ahora o en el futuro. Cuando aprendas mi enfoque serás el «capitán del barco» y sabrás qué terapia y qué profesionales necesita tu hijo el mes siguiente, el año siguiente y más allá.

A lo largo de los capítulos aprenderás muchísimo sobre lo que necesita tu hijo en términos de terapia y cómo elegir al mejor equipo para él. También sabrás cómo defenderlo mejor. Pero antes de entrar en ese debate más profundo quiero darte algunos consejos sobre cómo empezar a abogar por él:

- Seguramente habrás oído la expresión «no quemes las naves». Recomiendo que lo tengas en cuenta cuando entres en el mundo de la intervención y la defensa del autismo. Evita la mentalidad «nosotros contra ellos». Tienes que ser asertiva y lista, pero no agresiva.

- El plan y los objetivos de tu hijo deberían basarse en sus habilidades. He visto a terapeutas intentar que los niños hicieran tareas que estaban muy alejadas de su capacidad actual. No hay tiempo para objetivos como aprender preposiciones, pronombres o colores si tu hijo no expresa sus necesidades básicas.

- Tienes que aprender cómo enseñar a tu hijo. Solo entonces podrás dejar de confiar exclusivamente en las opiniones de los demás.

- El centro de atención debería ser tu hijo. Cuando haya demasiadas opciones, y te quedes desconcertada, da un paso atrás y obsérvalo. Después, escoge la opción que sea mejor para él.

Paso dos: aprende hitos de desarrollo típicos y compáralos con el desarrollo de tu hijo.

El sitio web de los CDC (Centros para la Prevención y el Control de Enfermedades) incluye un índice de hitos de desarrollo respecto a lenguaje, cuidado personal, autorregulación (capacidad para calmarse) y otras áreas. Evidentemente, no hay dos niños iguales, así que el índice solo ofrece un rango de edad de los hitos que deberías esperar.

Tanto si tu hijo tiene 8 o 18 meses como si tiene 3 años o más, puedes ver qué se supone que debe hacer física y cognitivamente en lo que respecta al habla y otras áreas. Por ejemplo, ¿es capaz de comer solo, beber de un vaso sin tapa y calmarse dentro del rango de edad que señala esa página web? ¿O tiene rabietas frecuentes y problemas de comportamiento porque no entiende el mundo que le rodea?

Si ves que tu hijo de 2 años llega a todos los hitos de un niño de 18 meses típico pero todavía no a los hitos de un niño de su edad, podría ser que solo vaya un poco retrasado. Pero si ya ha cumplido los 2 años y aún no tiene algunas de las habilidades de un niño típico de 12 o 15 meses podría indicar un retraso más serio.

Si tu hijo ya va a la guardería o a parvulitos, habla con sus profesores para ver si se ha quedado retrasado en la clase. Un profesor te podrá decir si responde al grupo y si se ha retrasado en hitos importantes.

Si hay algún retraso respecto a lo que hace tu hijo y los hitos de desarrollo, sin duda continúa con las estrategias del libro y adopta las medidas recomendadas.

Paso tres: empieza tu propia evaluación.

En cuanto una de las madres de nuestra comunidad *online* se dio cuenta de que había regresión en las habilidades de su hijo, enseguida pidió una evaluación temprana profesional y lo puso en tres listas de espera para una evaluación. Sí, sé que he dicho que es una emergencia, pero no te dejes llevar por el pánico y lo hagas todo de golpe. Como he dicho, el primer paso es acabar de leer este libro. Si tu hijo solo tiene un leve retraso, las técnicas que se exponen aquí puede que basten. Si te precipitas y acudes a profesionales antes de saber qué necesita realmente tu hijo, y son «de la vieja escuela» con sus estrategias de evaluación, podrías recibir algún mal consejo como los que ya he mencionado.

A partir del capítulo 4 hablaremos más de cómo abordar las necesidades de evaluación temprana de tu hijo y empezar a acudir a los profesionales adecuados. Pero ahora te recomiendo que completes la M-CHAT, una herramienta de detección que suelen utilizar los pediatras en la visita de «control» de los 18 meses y/o 24 meses y que puedes descargar y completar gratis en https://mchatscreen.com/wp-content/uploads/2015/05/M-CHAT-R_F_Spanish_Spain.pdf. Es válido para niños de entre 16 y 30 meses y se puede rellenar en unos minutos.

La M-CHAT incluye 23 preguntas como «¿Tu hijo señala con el dedo índice para enseñarte cosas?, «¿Tu hijo juega a juegos de simulación o imaginación?», «¿Establece contacto visual contigo?», «¿Disfruta de rebotar en tus rodillas y cantar canciones?» o «¿Tiene o ha tenido retraso al caminar?». Muchas de las preguntas exigen un simple sí o no por respuesta, pero es un punto de partida excelente que te ayudará a determinar la mejor línea de acción.

RECUPERA TU PODER COMO PADRE O MADRE

Mientras empiezas a observar a tu hijo o evalúas el paso que viene después en lo referente a su tratamiento, mi objetivo es que puedas ayudarlo a avanzar. Antes de pasar a los datos sobre la evaluación temprana quiero comentar un tema más urgente: cómo mantener a salvo a tu hijo.

3

Mantén a tu hijo a salvo en casa, en el colegio y en la comunidad

Chino todavía no tenía 3 años el día que su madre entró en su cuarto para vestirlo, como siempre. Pero cuando abrió los cajones de la cómoda vio que estaban vacíos.

«¿Dónde está la ropa de Chino?», preguntó al padre del niño.

«No sé, no la he tocado.»

Enseguida descubrieron que Chino había conseguido abrir la ventana de la habitación del segundo piso y había lanzado toda la ropa a la azotea. Después había cerrado la ventana él solo.

Sam, de cinco años, que había sido diagnosticado con autismo moderado-severo, fue a Nueva York de vacaciones con sus padres. Mientras esperaban haciendo cola para embarcar en el ferry para visitar la estatua de la Libertad, el cinturón del padre de Sam hizo saltar los detectores de metal. Tuvo que quitárselo para pasar y, con la confusión, Sam se fue corriendo sin que lo vieran sus padres. Solo pasaron unos segundos hasta que se dieron cuenta de que se había ido, pero se asustaron mucho. Estaban en un sitio que no conocían bien. ¿Se habría metido por alguna calle? ¿Habría embarcado en el ferry sin ellos? Por suerte, lo encontraron al cabo de 10 minutos. Pero fueron los 10 minutos más largos de su vida, y el resultado podría haber sido muy distinto.

Cuando mi hijo Lucas era pequeño e íbamos a alguna reunión familiar como una barbacoa, a veces pedía a un pariente que lo vigilara mientras yo iba al baño. Por supuesto, decían que lo harían. Pero era inevitable que, cuando yo volvía del baño, él se hubiera alejado sin que nadie se hubiera dado cuenta.

Vigilaban a Lucas igual que habrían hecho con un niño con desarrollo típico, pero la verdad es que los niños con autismo o retrasos de desarrollo exigen mucha más atención. Aunque puedas confiar en que, en general, un niño de 3 o 4 años se quede en la acera contigo, un niño con un retraso importante en el habla no entenderá los conceptos de calle, bordillo o señal de stop, ni de por qué no debe meterse una carretera en la que hay tráfico. Muchos de nuestros niños con retrasos sencillamente no tienen la capacidad para entender el peligro o evaluar si la situación es segura. Y esto seguirá siendo cierto hasta que sea adulto para casos de autismo de moderado a grave.

No te cuento estas historias para asustarte, pero sé por un estudio que hice en mi comunidad de padres de niños con autismo o retrasos que la seguridad era uno de los temas más complicados. Por eso este capítulo viene antes que el resto del libro. Sé que mantener a tu hijo a salvo es tu prioridad número uno.

Primero, como padres, tenemos que evaluar a nuestros niños de forma realista y no suponer que entienden lo que entendería un niño típico a la misma edad cronológica. Por ejemplo, quizás pueda hablar pero no sea capaz de entender del todo el significado de lo que te contesta al repetir algo o de lo que les dices. Para garantizar su seguridad es necesario que tenga una buena comprensión del lenguaje, no solo la capacidad de hablar. Muchos niños pequeños también tienen problemas de atención, y algunos son muy impulsivos. Debido a sus retrasos, no siempre tienen capacidad para pensar antes de actuar.

Lucas, por ejemplo, no tenía sensación de peligro cuando era pequeño. Cuando tenía 2 o 3 años se alejaba de nosotros cuando estábamos en casa o en el centro comercial. Una vez, mi marido lo llevaba en un cochecito doble con Spencer en un centro comercial. Lucas salió del carrito de un salto, se fue corriendo de la tienda y se perdió durante 20 minutos.

Incluso los niños que tienen capacidades de lenguaje más elevadas y son menos impulsivos tienen problemas de seguridad para identificar el peligro. A medida que Lucas se hacía mayor podríamos haberle enseñado a llamar al número de emergencias, pero no podíamos enseñarle a evaluar si había una emergencia que justificara hacer esa llamada.

A pesar de que haya riesgos específicos de educar a un niño que tiene retraso o autismo, la buena noticia es que hay muchas estrategias para que tu hijo evite el peligro en casa, en el colegio o en centros de atención y en la comunidad. Empecemos con la casa.

LA SEGURIDAD EN CASA

«Necesitáis una valla», me dijo mi vecina un día después de verme intentar evitar que Lucas, de 2 años (que no estaba diagnosticado) y Spencer, de uno (que pasó de gatear a correr en cuestión de dos meses), salieran corriendo de nuestro jardín.

«Oh, no —dije yo—, mi marido no la quiere poner». Pero yo sudaba tinta todos los días persiguiendo a mis hijos, que corrían en sentidos opuestos.

«¡La necesitáis!», volvió a decir con empatía.

Mi vecina tenía mucha razón. Yo me estaba volviendo loca. Al final nos rendimos y pusimos una valla, y hubo un antes y un después. Una valla es solo una de las muchas cosas que puedes y debes considerar añadir para aumentar la seguridad.

Es importante tener en cuenta que, a medida que tu hijo crezca, sus capacidades físicas pueden aumentar más rápido que su capacidad para evaluar situaciones peligrosas. Por ejemplo, se hará más alto y llegará a los pomos de las puertas y a los armarios. Su destreza física también aumentará, de forma que podría ser capaz de abrir botellas o botes. Podría arrastrar una silla y usarla para llegar a un armario que está más alto.

A continuación te recomiendo algunas medidas para que aumentes la seguridad en casa:

- **Instala cierres y alarmas.** Un estudio mostró que casi la mitad de los niños con autismo se alejan y se exponen a situaciones de poca seguridad,[10] así que puede que necesites barreras físicas para impedir que salga. Para ello, instala cierres que no se puedan abrir desde dentro o alarmas/timbres que se activen cada vez que alguien abra la puerta.

- **Pon protectores de pomos y ganchos y presillas en las puertas de dentro de casa.** Instala protectores de pomos que tu hijo no pueda manipular. Resultan útiles para impedir que entren en el baño y la cocina, donde podría acceder a jabones, cuchillos o bien otros cubiertos aparentemente inofensivos. Algunos niños con autismo comen cosas no comestibles como champú u objetos pequeños (por una enfermedad llamada «pica»). Uno de mis clientes iba al cuarto de su hermano y comía objetos no comestibles. Sus padres instalaron ganchos y presillas en lo alto de las puertas para asegurarse de que no pudiera entrar en las habitaciones sin supervisión.

- **Instala cierres en armarios y cajones.** Pon cierres en todos los armarios y cajones desde los que tu hijo pueda llegar a algo peligroso (ten presente la posibilidad de que pueda ponerse de pie en una silla). Podría tirarse algo por encima o llegar a medicamentos, herramientas puntiagudas o productos de limpieza tóxicos. Ninguno de estos objetos debería estar a su alcance. También recomiendo comprar productos de limpieza que no sean tóxicos. Son menos peligrosos para toda la familia y también mejores para el medio ambiente.

- **Pon protectores en las tomas de corriente.** Hacer que sean inaccesibles es preferible a decir constantemente «Deja de tocar el enchufe».

---

10. «Study Confirms: Autism Wandering Common and Scary», Autism Speaks, última modificación del 20 de agosto de 2018, https://www.autismspeaks.org/news/study-confirms-autism-wandering-common-scary.

Ese tipo de reacción negativa hará que sea más difícil conseguir que tu hijo responda al refuerzo positivo. Al hacer que le sea imposible tocar los enchufes puedes estar el máximo de positiva con él.

- **Avisa a tus vecinos y a la policía local de que tu hijo tiene autismo o un retraso.** Si tus vecinos y los agentes de policía saben que tu hijo puede que salga de casa, lo vigilarán y estarán preparados para ayudarte.

- **Adquiere una pulsera de alerta médica y/o banda GPS.** Este tipo de pulsera puede ser útil para identificar a tu hijo si se pierde, y los sistemas GPS con pulsera o tobillera pueden localizarlo, y así podrás localizarlo si se aleja de casa. Estas medidas dependen de que alguien lo encuentre antes de que pase algo. Sin embargo, aún es más importante impedirle que salga fuera para empezar.

- **Compra bloqueadores de ventana.** Tal como dejó claro la historia inicial de Chino, también hay que aumentar la seguridad de las ventanas. Incluso un niño de menos de 3 años puede sorprenderte y abrirlas. He oído hablar de niños que han trepado desde las ventanas al tejado. Es evidente que tienes que asegurarte de que el niño no pueda manipular los bloqueos que coloques. Al mismo tiempo, es imprescindible que todas las ventanas de tu casa se puedan abrir en caso de incendio.

- **Ten un plan de seguridad contra incendios.** Debes asegurarte de que los adultos y los niños grandes sin retrasos puedan abrir las ventanas. Además, es crucial tener un plan de seguridad contra incendios y practicar dicho plan con toda tu familia. Los detectores de humo y monóxido de carbono, los extintores y las escaleras de incendios deben funcionar y deben poderse guardar debajo de la cama. Esto es importante para todas las familias, sobre todo si tienen un niño con autismo.

- **Pon puertas en las escaleras.** Si es probable que tu hijo suba o baje las escaleras cuando estás durmiendo o no estás en casa, quizás tengas que poner puertas en la parte de abajo y/o de arriba de los peldaños.

- **Fija los muebles a la pared.** Todos los niños corren el riesgo de tirarse muebles pesados encima, pero cuando un niño típico llega a cierta edad probablemente entenderá que no debe hacerlo. Un niño con un retraso en el habla o autismo puede que no entienda ese riesgo, así que recomiendo fijar a la pared cualquier mueble que se pueda caer. Puedes comprar unos cables antivuelco para evitar estos percances.

- **Cuidado en la cocina.** Siempre que Lucas estaba en la cocina, yo cocinaba con los fuegos de más atrás. También resulta útil poner tapas en los fuegos y controlar a tu hijo cuando se acerca a todas las fuentes de calor, lo que incluye parrillas y chimeneas.

- **Instala dispositivos antiquemaduras.** Puede ser que tu niño pequeño no sea capaz de abrir el agua caliente cuando está solo, pero estarás más tranquila si bajas la temperatura máxima del calentador de agua o si instalas un dispositivo antiquemaduras que impida que la temperatura del agua suba a un nivel peligroso. Cuando Lucas llegó a la edad en la que se podía duchar solo instalamos uno de esos dispositivos en el baño para que el agua nunca estuviera demasiado caliente.

Además de estas sugerencias, da una vuelta por tu casa y busca cualquier cosa que pudiera ser un peligro. Incluso las bombillas pueden ser un problema para algunos niños, que podrían tocarlas y quemarse. Sé que, como padres, detestamos anticipar lo peor, pero realmente es mejor prevenir que curar.

SEGURIDAD EN LA ESCUELA O LA GUARDERÍA

El hijo mayor de Kelsey, Brentley, fue diagnosticado con autismo a los 2 años. Antes de que Kelsey encontrara mi programa *online* «Da la vuelta al autismo» conducía una hora de ida y otra de vuelta tres veces por semana para ir a una clínica ABA, donde a veces Brentley salía corriendo y se iba hacia la calle. Como madre soltera, estaba muy ocupada porque no solo tenía que preocuparse de mantener a salvo a Brentley, sino que tenía otro hijo, Lincoln, de solo un año, que también empezaba a mostrar signos de autismo.

Puede que en las noticias hayas oído historias sobre niños como Brentley que salen corriendo a la calle y niños mayores con autismo que se alejan del colegio y acaban desapareciendo. Es la peor pesadilla de cualquier padre. Por desgracia, algunas escuelas y centros de atención no están equipados para tratar con niños que tienen la tendencia a salir corriendo de repente. Si tu hijo corre el riesgo de escaparse, puede que debas asegurarte de que tenga un apoyo individual de un adulto mientras esté en la escuela, guardería o cualquier otro centro en el que no estás tú para vigilarlo. Además de enseñarle habilidades lingüísticas, un ayudante individual formado también puede ayudar a que tu hijo se mantenga involucrado y seguro proporcionando indicaciones, refuerzo y orientación para jugar con otros niños.

Resulta útil evaluar los riesgos que puede haber en la escuela o el centro en cuestión. Aquí tienes varias preguntas que puedes hacer para revisar las áreas en las que tu hijo puede estar a lo largo del día:

• Los cerrojos y los cierres son tan importantes en las escuelas y otros centros como en casa, pero las escuelas se rigen por normas distintas, así que las puertas y los cierres a menudo están prohibidos. Si no es posible usar una barrera baja o la puerta de la clase, ¿es posible que siempre haya un miembro del personal colocado entre la puerta y tu hijo?

- ¿Las ventanas se dejan abiertas o son fáciles de abrir sin el conocimiento de algún miembro del personal?

- ¿Hay algún objeto en la clase que podría ser peligroso para tu hijo si él lo coge antes de que un adulto se dé cuenta?

- ¿Los baños son seguros? ¿Tu hijo estará supervisado cuando esté ahí?

- ¿Tu hijo irá a un patio de recreo?¿Ese lugar está vallado? ¿Hay algún peligro dentro del patio?¿Cómo lo supervisarán mientras esté ahí?

- Si tu hijo coge un autocar escolar, ¿estará supervisado dentro de él y cuando vaya del autocar al edificio de la escuela?

Si alguno de estos puntos es un problema que pueda afectar a tu hijo, debes asegurarte de que haya suficiente apoyo en el lugar en cuestión para evitar el peligro. Sé que puede parecer abrumador, pero son problemas de seguridad importantes que hay que solucionar.

AUTISMO Y AGUA

Por desgracia, el ahogamiento es la primera causa de muerte de niños con autismo. Por alguna razón, parecen sentirse atraídos por el agua, cosa que era indudablemente cierta en el caso de Lucas. Conozco a una persona cuyo hijo de 6 años se alejó de casa y se ahogó cuando la puerta de un vecino estaba entreabierta. El niño había entrado en el jardín y se había metido en la piscina cuando no había nadie. Desde entonces, esa madre lucha para impedir que otros padres pasen por lo mismo que ella.

Por ejemplo, si tu hijo solo ha experimentado el agua con flotadores, enséñale cómo nadar sin flotadores lo más pronto posible. De esa forma, si alguna vez acaba en una piscina o cualquier masa de agua sin supervisión, podrá nadar. Debe saber cómo ir al borde de la piscina y cómo meter la cabeza en el agua. Si es posible, consigue instrucción individual de un profesional para que le enseñe a estar seguro en el agua, a flotar de espaldas y, con el tiempo, a nadar. Si tienes una piscina pon una verja alrededor. Si tus vecinos tienen piscinas o jacuzzis, pídeles que se aseguren de mantener las puertas cerradas.

También es importante la supervisión atenta de los niños pequeños en todas las fuentes de agua, no solo las piscinas. Si tu hijo tiene discapacidades más significativas, como es el caso de Lucas, estas medidas de seguridad son cruciales tenga la edad que tenga. Además de retrasos del lenguaje receptivo, los niños con autismo también tienen un riesgo mayor de convulsiones, así que incluso una convulsión en una bañera o una piscina pequeña infantil puede ser peligrosa.

Insisto, sé que estas historias son aterradoras, pero si tomas precauciones no hay razón para que tu hijo con autismo no sea capaz de disfrutar en el agua estando supervisado.

SEGURIDAD EN LA COMUNIDAD

Brentley salía corriendo a menudo cuando estaba con Kelsey y no respondía cuando ella le llamaba por el nombre o le gritaba «¡para!» o «¡vuelve!». Así que tenía que llevar a Brentley en una mochila portabebés y a Lincoln delante, o llevar al bebé y usar arnés y correa para tener a Brentley con ella cuando estaban en la comunidad. Igual que Kelsey, algunos padres sienten que no tienen más remedio que usar mochilas y correas que sus niños pequeños no puedan quitarse o carros grandes, incluso para niños mayores.

La buena noticia para Kelsey y Brentley es que después de implantar las estrategias «Da la vuelta al autismo» fue capaz de retirar progresivamente el arnés de la mochila. Implicó varios meses de trabajo, pero Brentley empezó a responder a su nombre y dejó de escaparse corriendo. A veces, gracias a la prueba y error, podemos descubrir a qué orden responde tu hijo. Una de mis clientes tiene un hijo que no responde a «para», pero sí que va hacia ella cuando le dice «dame la mano».

Los padres suelen preguntarme «¿Cómo puedo enseñar a mi hijo seguridad en la calle? ¿Cómo le puedo enseñar cuándo pararse y cuándo cruzar? ¿Cómo puedo enseñarle a evitar a desconocidos?». Puedes intentar enseñarle estas cosas, pero tienes que ser realista respecto a lo que puede comprender realmente. Recuerda que puede que repita lo que le has enseñado sin entenderlo. Quizás veas que para tu hijo simplemente no es posible entender ese tipo de peligros todavía.

Los expertos afirman que los niños con desarrollo típico no deberían poder cruzar la calle solos hasta que cumplan 10 años. Eso es una media, por supuesto. Algunos niños típicos puede que no tengan todavía la capacidad de tomar decisiones como esas a los 10 años.

Sin embargo, incluso con niños mayores que funcionan de forma muy parecida a niños muy pequeños, sin duda, puedes intentar enseñarles a tener una conciencia de la seguridad general, sobre todo a pararse en las calles, a tener cuidado con los coches y los aparcamientos, a no salir corriendo de repente y a no soltarse de la mano del adulto. De todas formas, tienes que vigilarlo de cerca. Además de no tener la capacidad de tomar la decisión para cruzar la calle, puede que sean impulsivos y se pongan a correr entre los coches.

Además, lo antes posible, cuando tu hijo hable, deberías enseñarle su nombre, dirección y número de teléfono por si se pierde. Esta información debería estar disponible también en una pulsera de alerta médica o localizador GPS.

Otro consejo útil: cuando estés fuera con tu hijo lleva refuerzos de comida o algo divertido que lo mantenga ocupado y entretenido al máximo. (Los refuerzos son elementos que *refuerzan* y aumentan el «buen» comportamiento. En este caso, tener los reforzadores a mano y dárselos con frecuencia debe aumentar la probabilidad de que tu hijo se quede contigo.)

Eso ayudará a evitar que se distraiga y se ponga a correr de repente cuando está contigo. Así que, cuando se quede a tu lado, ¡felicítalo!

Para oportunidades de jugar al aire libre busca parques en tu zona que estén vallados. Puede que valga la pena desplazarse un poco para encontrar un parque de este tipo, porque así tu hijo no saldrá corriendo de la zona delimitada.

Cuando viajes a un entorno nuevo, por ejemplo, durante las vacaciones, tienes que prestar más atención aún, ya que es probable que no tengas las mismas garantías que tienes en casa. Una vez alquilamos una casa en la playa y Lucas salió a la calle. Como le atrae el agua, nos asustamos mucho, pero, por suerte, lo encontramos en la acera cerca de casa.

Si tu hijo tiene una pulsera con localizador GPS, asegúrate de ampliar su cobertura antes de viajar para que funcione allí donde estés. Conozco a una familia cuyo niño se despistó en un crucero enorme y tuvieron que buscarlo en varias cubiertas con el corazón en un puño.

PRECAUCIONES DE SEGURIDAD QUE TE DARÁN TRANQUILIDAD

Quizás te parezca que todas las medidas de seguridad que debes poner en marcha harán que tu casa parezca Fort Knox, pero te alegrará haber hecho todo lo necesario para mantener a tu hijo a salvo todo lo posible. Después, puedes concentrarte en mejorar su *calidad* de vida.

En el capítulo siguiente aprenderás a evaluar rápidamente los puntos fuertes y las necesidades de tu hijo en solo 10 minutos para decidir el mejor punto de partida.

4

Una evaluación fácil para decidir tu punto de partida

«Mary, no he recibido formación. ¿Cómo voy a hacer una evaluación de mi hijo?». Oigo esta pregunta de los padres sin parar.

No solo *puedes* evaluarlo, sino que *debes* hacerlo. Los expertos, profesores y terapeutas vienen y van, pero tú siempre serás el mejor profesor y defensor de tu hijo. Nadie lo ve más que tú y nadie lo conocerá mejor nunca. Tu evaluación importa aunque ahora esté en una lista de espera para que le hagan una evaluación profesional. Incluso aunque ya haya tenido evaluaciones de habla y comportamiento y esté recibiendo tratamiento, importa. Aunque haya tenido numerosas evaluaciones de expertos, con o sin un diagnóstico claro, importa.

Con tus propias evaluaciones regulares aliviarás un problema que veo con frecuencia: una colaboración insuficiente entre la casa, la escuela y los terapeutas. Te permitirá estar segura de que las intervenciones que realizas en casa se complementan con las terapias que tu hijo recibe de otras personas, y viceversa. Solo tú puedes asegurarte de que todo el mundo esté en sintonía.

Es especialmente importante empezar las intervenciones si tu hijo está en una lista de espera para evaluación o terapia. *No puedes* permitirte el lujo de perder ese tiempo. Eso fue lo que le ocurrió a Kelsey y su hijo mayor,

Brentley, que comentamos en el último capítulo. Después de estar en una lista de espera durante un año, al final fue diagnosticado con autismo a los 2 años. Después estuvo en otra lista de espera durante tres meses antes de empezar la terapia. Durante ese período no estaba a salvo y se daba golpes con la cabeza contra superficies duras hasta 100 veces al día. Como he comentado antes, a menudo se iba corriendo a la calle y hacia el agua. Kelsey tenía que parar esos comportamientos peligrosos lo antes posible así que la evaluación, la planificación y el comienzo de sus propias intervenciones eran cruciales.

Poco después de que Kelsey implantara el enfoque «Da la vuelta al autismo» con Brentley se empezó a preocupar por su bebé, Lincoln, justo después de que cumpliera un año. A pesar de que sus señales fueran muy distintas a la de Brentley, esa vez Kelsey tenía las herramientas y sabía qué hacer para evaluar a Lincoln ella misma y empezar a implantar un programa en casa sin ayuda profesional.

Tuvo que esperar un año para que diagnosticaran a Lincoln. Recibió un diagnóstico a los 25 meses, a la misma edad que Brentley. Lincoln cumplía los requisitos para recibir tratamiento para el autismo, pero, para cuando fue evaluado y diagnosticado, su lenguaje estaba puesto al día, gracias a que Kelsey había actuado enseguida.

Con la ayuda de mis sencillo formulario de evaluación
«Da la vuelta al autismo»
podrás hacerte una idea general rápidamente, sin importar tu formación o experiencia. Puedes imprimirlo o acceder a la copia electrónica del formulario y de todos los formularios del libro en

TurnAutismAround.com

Sé que cuesta creerlo, pero solo se tardan unos 10 minutos en hacer esta evaluación. Después puedes identificar cuestiones preocupantes que pueden esconderse bajo la superficie. Por ejemplo, un niño que no puede hablar casi siempre tendrá dificultades para comer y para el juego y la imitación. Si no pueden pedir lo que quieren es probable que también tengan problemas de comportamiento.

Como esta clase de problemas a menudo están relacionados, es vital tener esa gran visión general estratégica enseguida. La gente suele hacer preguntas sobre problemas de comportamiento como «¿Cómo consigo que mi hijo deje de _____?». Rellena el espacio en blanco con cualquier cosa, desde pegar a otros niños hasta darse cabezazos contra el suelo o negarse a comer ciertas comidas. Pero por muy tentador que sea concentrarse en un problema de comportamiento específico, eso casi siempre saldrá mal sin una evaluación que te dé una visión general del niño en cuanto a sus capacidades, lenguaje, problemas para comer, dormir, ir al baño, o atender su cuidado personal o de otra índole.

Así tendrás la confianza de continuar evaluando el progreso de tu hijo y crear nuevos planes a medida que sus habilidades crecen y se desarrollan. Recomiendo completar este formulario de evaluación y crear un plan nuevo de forma regular (que cubriremos en el capítulo siguiente).

Cuando trabajes en tu evaluación tendrás que revisar los hitos típicos comentados en el capítulo 2 para poder comparar las habilidades de tu hijo con lo que se espera para su edad. Esto te ayudará a tener expectativas realistas. No puedes esperar que un niño de 2 años con retraso en el desarrollo sea capaz de hacer lo que un niño de su misma edad pero con desarrollo típico todavía no sabe hacer. He visto que pasaba esto con profesionales que se concentran en enseñar habilidades que no son apropiadas en cuanto al desarrollo y son demasiado avanzadas. Eso resulta muy frustrante para todos y supone un tiempo perdido para tu hijo. Recuerda: tienes que empezar a trabajar con tu hijo no en función de su edad cronológica, sino del punto de desarrollo en el que esté realmente. Por ejemplo, puede que tenga 4 años pero que posea pocas habilidades lingüísticas y funcione solo a un nivel de 18 meses respecto al lenguaje expresivo, mientras tiene rabietas graves durante la comida o cuando aprende a ir al baño. Tu evaluación te ayudará a comprender la importancia de trabajar en las habilidades lingüísticas primero y tu plan podría incluir suspender unos meses habilidades como aprender a ir al baño solo.

FORMULARIO DE EVALUACIÓN

En la parte superior del formulario verás que te pregunta la fecha, tu nombre (la persona que rellena el documento, ya sea el padre, la madre o un profesional), y el nombre, edad y fecha de nacimiento del niño. Como rellenarás el formulario cada ciertos meses, es importante incluir siempre estos datos para tener un registro cronológico preciso de su desarrollo.

INFORMACIÓN MÉDICA

Esta parte corta te permite indicar el diagnóstico de tu hijo si ya lo tiene. Quizás estéis en una lista de espera para una evaluación de autismo, o puede que ya tengas montones de papeles que documentan las múltiples evaluaciones. Solo tienes que escribir la información más importante en este apartado; por ejemplo, si tu hijo actualmente va a parvulitos o a la guardería, si recibe terapias o servicios especiales, si toma medicación, si sufre alergias, si tiene restricciones dietéticas o si tiene problemas de seguridad como alejarse solo, vulnerabilidad ante desconocidos, tráfico y/o agua (como viste en el capítulo 3).

CUIDADO PERSONAL

En este apartado evalúa rápidamente si tu hijo puede comer solo y anota brevemente las texturas y los tipos de comida que come. ¿Usa biberones, chupetes, cañas y cubiertos?

Incluye una frase sobre problemas y patrones de sueño, si los hubiera, y una nota corta sobre si ha aprendido a ir al baño o si tiene dificultades para hacerlo. Veremos cómo hacer evaluaciones más detalladas sobre comer, dormir e ir al baño en otros capítulos.

En general, cuando los padres piensan en retrasos y signos de autismo, piensan en retrasos en el habla, falta de contacto visual y quizás comportamientos raros o exceso de rabietas. Pero gran parte de la evaluación del nivel de desarrollo de un niño y sus necesidades y puntos fuertes conlleva ver sus habilidades respecto al cuidado personal, lo que incluye la independencia para vestirse y lavarse las manos. Por eso, en el formulario de evaluación registrarás si tu hijo se puede vestir solo, si se baja los pantalones, se lava las manos o se cepilla los dientes. (Por supuesto, ten en cuenta que si tu hijo tiene entre 12 y 18 meses algunas de estas habilidades no se esperan todavía para niños pequeños con desarrollo típico.)

Mark Sundberg (Dr., Ph.D., BCBA-D), que escribió el prólogo de mi primer libro, *The Verbal Behavior Approach*, es autor de una evaluación y programa mucho más profundo que se denomina VB-MAPP. Esta evaluación fue publicada en 2008 y la utilizan y la recomiendan muchos profesionales del campo ABA. Además de la evaluación principal VB-MAPP (que veremos brevemente en el capítulo 9), Sundberg también creó unos complementos para VB-MAPP. Ha tenido la cortesía de permitirme reproducir apartados de su lista de comprobación de cuidado personal en cuatro partes dentro de este libro para ayudarte a evaluar mejor a tu hijo y a rellenar el formulario de evaluación TAA («Da la vuelta al autismo»). Lo mejor sobre la herramienta VB-MAPP y la lista de cuidado personal es que Sundberg utilizó tablas de hitos de desarrollo para alinear todo con cuidado para que coincida con cómo los niños de desarrollo típico adquieren y aprenden habilidades nuevas.

Verás partes de la lista de comprobación del Dr. Sundberg de cuidado personal aquí y en capítulos posteriores. (El link para la lista completa de cuidado personal también está disponible en TurnAutismAround.com.)

Formulario de evaluación «Da la vuelta al autismo»
por la Dra. Mary Barbera

Fecha de cumplimentación
del formulario _____
Persona que lo completa _____
Nombre del niño _____
Edad _____ años _____ meses
Fecha de nacimiento_____

Información médica
Diagnóstico (si procede/si se sabe) _____

_____
Edad del diagnóstico ____ años ____ meses
¿Tu hijo va a la escuela y/o recibe terapias o
servicios especiales?
Sí ☐ No ☐ En caso afirmativo, indica el
horario y la ubicación de los servicios (casa,
escuela, clínica) _____

_____
Medicación actual _____
Alergias _____
Dieta especial/restricciones _____

_____

_____
Preocupaciones por su conciencia de
seguridad (marca todas las que procedan)
Alejarse ☐ Desconocidos ☐
Tráfico ☐ Agua ☐

Autocuidado
Describe sus patrones de comer y beber.
Indica si sabe comer solo y qué textura y tipos
de comida come. También debes incluir
posibles problemas con biberones, chupete,
cubiertos, cañas, etc. _____

Describe patrones/problemas para dormir

_____

_____
Describe problemas para aprender a ir al
baño solo _____

_____
Describe problemas para asearse/vestirse
(cepillarse los dientes, lavarse las manos, etc.)

_____

_____

Habla/lenguaje expresivo
¿Tu hijo utiliza algunas palabras? Sí ☐ No ☐
En caso afirmativo, describe la cantidad de
palabras y da ejemplos de lo que dice _____

_____
En caso negativo, ¿tu hijo balbucea? Sí ☐
No ☐ En caso afirmativo, indica sonidos que
hayas oído _____

_____

Pedir/exigir
¿Tu hijo sabe pedir lo que quiere con
palabras? Galleta, zumo, pelota, empújame
en el columpio: Sí ☐ No ☐

En caso afirmativo, indica los objetos/
actividades que pide con palabras _____

En caso negativo, ¿cómo te indica lo que
quiere? Haz un círculo en las opciones
pertinentes: hace gestos/señala/tira de un
adulto/habla por señas/imágenes/llora/agarra

Etiquetado/tacto
¿Tu hijo puede etiquetar cosas de un libro o
de flashcards? En caso afirmativo, estima
cuántas y da ejemplos _____

_____

Imitación verbal/Ecoica
¿Tu hijo puede imitar palabras que tú dices?
Palabras sueltas Sí ☐ No ☐
Frases Sí ☐ No ☐

¿Tu hijo dice cosas que ha memorizado de
películas o cosas que te ha oído decir a ti en
el pasado? Sí ☐ No ☐
En caso afirmativo, indícalas _____

_____

Responder preguntas/intraverbales
¿Tu hijo acaba frases de canciones?
Por ejemplo, si cantas «Un elefante se...»,
tu hijo dice «balanceaba»?
Sí ☐ No ☐

Indica canciones en las que tu hijo sabe
añadir palabras o frases_____

_____
¿Tu hijo acaba frases divertidas o
funcionales? Por ejemplo, si dices
«Mickey...», tu hijo dice «Mouse»?
¿Dice «cama» si le preguntas «Duermes
en una...»? Sí ☐ No ☐

¿Tu hijo responde preguntas en las que hay
que contestar algo más que sí o no (sin
imágenes o pistas visuales). Por ejemplo, si
dices «¿Qué vuela en el cielo?», ¿contesta
«pájaro» o «avión»? ¿Dice al menos tres
animales o colores si se lo pides? Sí ☐ No ☐

Escuchar/lenguaje receptivo
¿Tu hijo responde a su nombre cuando lo
llamas? Marca con un círculo la frecuencia
con la que lo hace: casi siempre/
normalmente/a veces/casi nunca

Si dices a tu hijo que coja los zapatos o que
agarre el vaso, ¿sigue tu instrucción sin que
tengas que hacer gestos? Marca con un
círculo la frecuencia con la que lo hace: casi
siempre/normalmente/a veces/casi nunca

Si dices a tu hijo que dé palmadas o que se
ponga de pie, ¿sigue tu instrucción sin que
tengas que hacer gestos? Marca con un
círculo la frecuencia con la que lo hace: casi
siempre/normalmente/a veces/casi nunca

¿Tu hijo toca partes del cuerpo, por ejemplo,
si le dices «Tócate la nariz»?
Sí ☐ No ☐ En caso afirmativo, indica las
partes que se toca sin que tú hagas gestos___

_____

_____

Imitación
¿Tu hijo copiará tus acciones con muñecos
si le dices «Haz esto»? Por ejemplo, si coges
un coche y lo haces rodar delante y atrás
y le dices «haz esto», ¿tu hijo te copiará?
Sí ☐ No ☐

¿Tu hijo copiará movimientos motores como
aplaudir o dar pisotones si tú lo haces y le
dices «haz esto»? Sí ☐ No ☐

Visual/emparejar
¿Tu hijo emparejará objetos con objetos,
imágenes con imágenes e imágenes con
objetos idénticos si le pides que lo haga?
Sí ☐ No ☐ No estoy segura ☐

¿Tu hijo completará puzles con signos
apropiados? Sí ☐ No ☐ No estoy segura ☐

Cuestiones sociales/de juego
Marca con un círculo lo que proceda:
contacto visual/saludos/jugar con
juguetes/compartir/juego imaginario/
responde a su nombre

Problemas de comportamiento
¿Actualmente tu hijo puede sentarse
a la mesa o en el suelo y hacer tareas
sencillas con un adulto?
Sí ☐ No ☐ No estoy segura ☐

Indica cualquier problema de
comportamiento (llorar, falta de atención,
pegar, morder, poner juguetes en fila,
stimming/guionado) y estima la frecuencia
(100 veces al día, 10 veces por semana, el 80%
del día, una vez al día): _____

_____

_____

_____

_____

_____

Esta lista de comprobación de cuatro partes incluye vestirse, asearse y comer en secuencias de desarrollo que los niños normalmente adquieren a los 18, 30 y 48 meses. El aspecto más útil de esta lista es que te muestra el orden en el que se adquieren las habilidades en general. Rellenar la lista te permitirá hacer una evaluación más detallada de sus habilidades de cuidado personal críticas.

Por ejemplo, usando una parte de la lista de vestirse de Sundberg puedes ver fácilmente los prerrequisitos de una habilidad. Si tu hijo todavía no puede quitarse los calcetines y los zapatos o bajarse los pantalones, que son habilidades que se tienen a los 18 meses, no es el momento de empezar a enseñarle a ponerse los zapatos o los pantalones, que son habilidades que se adquieren un año después para la mayoría de los niños con desarrollo típico.

VESTIRSE, ALREDEDOR DE LOS 18 MESES

___ Se quita el gorro
___ Se quita los calcetines
___ Se quita los guantes
___ Se quita los zapatos (puede que necesite ayuda con cordones, hebillas y tiras de velcro)
___ Se quita el abrigo (puede que necesite ayuda para desabrocharse los botones y bajar la cremallera)
___ Se baja los pantalones (puede que necesite ayuda para desabrocharse los botones y bajar la cremallera)
___ Se sube los pantalones (pero quizás necesite ayuda para ponérselos por encima de un pañal y para abrocharse los botones normales o de presión y subir la cremallera)

VESTIRSE, ALREDEDOR DE LOS 30 MESES

___ Se desata los cordones de los zapatos
___ Se desabrocha los botones de delante
___ Se desabrocha los botones de presión
___ Se pone y se quita el velcro
___ Se baja la cremallera de delante (las más pequeñas pueden ser difíciles de bajar)
___ Se quita la camisa (las que sean más ajustadas puede que requieran ayuda)
___ Se quita los pantalones o la falda (puede que necesite ayuda para bajar la cremallera y desabrochar los botones)
___ Se pone los zapatos (necesita ayuda para diferenciar la derecha de la izquierda y para ponérselos)
___ Se pone los pantalones (puede que necesite ayuda con la cremallera y los botones)
___ Se ajusta la ropa
___ Conjunta los calcetines
___ Conjunta los zapatos
___ Pone la ropa sucia en el cesto

HABLA/LENGUAJE EXPRESIVO

Ahora que has rellenado los apartados médicos y de cuidado personal del formulario de evaluación TAA («Da la vuelta al autismo»), hay que comprobar el lenguaje. Las habilidades lingüísticas constituyen la mayor parte del formulario de evaluación, debido a que la comunicación es algo crucial.

Aquí anotarás si tu hijo utiliza alguna palabra y, de ser así, apuntarás algunos ejemplos de las que dice a menudo. Si no dice ninguna, ¿balbucea? En ese caso, describe los sonidos que hayas oído.

PETICIÓN/MANDO

Un «mando» es un término que significa petición. Fue acuñado por el psicólogo conductista B. F. Skinner en su libro de 1957 *Conducta verbal*. Muchos niños pequeños que tienen autismo o retraso experimentan dificultades para pedir lo que quieren. Producir mandos es una habilidad muy importante, porque el niño tiene algo que ganar al hacerla, tiene una motivación personal. Por ejemplo, los adultos estamos motivados por conseguir un sueldo, y por eso trabajamos. Cuando los niños no pueden pedir lo que quieren, es inevitable que aparezcan problemas de conducta y será difícil pasar a las demás habilidades lingüísticas si tu hijo no produce mandos. No tiene mucho sentido intentar conseguir que el niño etiquete objetos o responda a preguntas sin que sepa pedir lo que quiere.

¿Sabe pedir lo que quiere usando palabras como «galleta» o «agua»? En caso afirmativo, enumera los objetos que suele pedir.

Si tu hijo ahora mismo no produce mandos con palabras, ¿te dice lo que quiere de otra forma? Rodea con un círculo en el formulario cómo te pide las cosas, por ejemplo, mediante gestos o señalando el objeto.

ETIQUETADO/TACTO

El «tacto» es otro término acuñado por Skinner que se refiere a etiquetar. A veces se trata de una habilidad más avanzada que el mando, pero algunos niños con autismo o retrasos en el habla pueden producir tactos o etiquetar cosas antes de saber pedir lo que quieren o necesitan. ¿Tu hijo puede etiquetar objetos reales e imágenes de un libro o de *flashcards*? Puede resultar útil mostrar distintas combinaciones de objetos e imágenes del mismo objeto para asegurarse de que sepa identificar un plátano de verdad, por ejemplo, igual que sabe identificar un plátano dibujado. Escribe en el formulario las palabras que tu hijo sabe etiquetar o, si tiene docenas o cientos de palabras, estima el número de objetos que sabe etiquetar y apunta algunos ejemplos.

IMITACIÓN VERBAL/ECOICA

La «ecoica» es una habilidad de imitación, y cuando un niño empieza a ponerla en práctica a menudo abre las compuertas del lenguaje. Si dices a tu hijo «Di pelota», dice «pelota»? Si dices «plátano», tanto si tienes uno en la mano como si no, ¿él dice «plátano»? ¿Repite frases que ha memorizado de películas o frases que tú has dicho en el pasado? Si tu hijo hace esto, se denomina «ecolalia diferida». Aunque el guionado de frases de películas puede ser una señal de alarma de autismo, si tu hijo habla es algo bueno. Sin embargo, si no repite palabras y frases de forma espontánea o durante la enseñanza, es posible que su lenguaje no crezca. Muchos niños pequeños con autismo o retraso grave del lenguaje no repiten algo espontáneamente pero, más adelante en este libro, aprenderás los secretos para conseguir que tu hijo lo haga. Así que no te angusties cuando apuntes las habilidades ecoicas de tu hijo en el formulario de evaluación.

RESPUESTA A PREGUNTAS/INTRAVERBALES

La habilidad «intraverbal» se refiere a la capacidad para responder preguntas o rellenar huecos de una canción o una frase. ¿Tu hijo puede decir colores o animales cuando se lo pides? ¿Sabe decir «se columpiaba» cuando cantas «Un elefante…» o dice «cama» si le preguntas «Duermes en una…»?

Evalúa también si sabe decir lo que falta en frases como «preparados, listos, ¡YA!» y si puede responder preguntas simples sin dibujos ni pistas visuales, como «¿Qué vuela en el cielo?».

Aprenderás más sobre el lenguaje intraverbal en el capítulo sobre lenguaje avanzado, pero de momento es importante documentar si tu hijo tiene alguna capacidad intraverbal.

ESCUCHA/LENGUAJE RECEPTIVO

El mando, el tacto, la ecoica y la intraverbal son ejemplos de comportamiento verbal o habilidades lingüísticas *expresivas*. Las *habilidades receptivas* se refieren a lo bien que tu hijo comprende lo que le dicen los demás y lo bien que sigue instrucciones sin contar con ayuda visual. Sin embargo, como resulta complejo evaluar estas habilidades, los padres suelen cometer errores durante el proceso.

Antes de que diagnosticaran a Lucas, evalué sin saberlo su capacidad para tocarse las partes del cuerpo tocándomelas siempre yo mientras le cantaba la canción «Cabeza, hombros, rodillas y dedos del pie» despacio. Cuando yo me tocaba la cabeza y cantaba «cabeza», a Lucas no le costaba tocarse la suya porque (1) yo siempre cantaba estas partes en el mismo orden, y (2) yo le servía de modelo con mi acción. Él solo me imitaba. Se aprendió el orden de la canción, pero, en realidad, no aprendió las partes del cuerpo. Cuando le pedían que señalara alguna parte del cuerpo sin la canción y en orden aleatorio, o sin que alguien se señalara su propio cuerpo, era incapaz de hacerlo.

Estas son las cosas que confunden a los profesionales, así que imagínate a los padres si no saben que hay que prestarles mucha atención.

Por lo tanto, en esta parte del formulario evaluarás la capacidad que tiene tu hijo para comprender el lenguaje sin ninguna ayuda. Por ejemplo, ¿responde a su nombre? En caso afirmativo, ¿con qué frecuencia? ¿Es capaz de seguir instrucciones sencillas como que se ponga de pie o que aplauda sin que tú hagas la acción antes? ¿Sabe tocarse las partes del cuerpo si se lo pides cuando tú no le sirves de modelo? Una buena forma de asegurarse de evaluar el lenguaje receptivo correctamente es que te sientes sobre tus propias manos mientras le dices «tócate la nariz» o «coge el abrigo».

IMITACIÓN

La imitación es una de las habilidades más importantes que hay que evaluar, porque los niños de desarrollo típico aprenden la mayor parte de las habilidades sociales y lingüísticas a través de la imitación. ¿Tu hijo copia lo que haces cuando se lo pides, como hacer rodar un coche delante y atrás después de mostrárselo? Si tú aplaudes y le dices «haz esto», ¿él también aplaude? ¿Tu hijo te copia a ti o a sus hermanos espontáneamente?

HABILIDADES VISUALES/DE EMPAREJAMIENTO

¿Tu hijo puede emparejar objetos idénticos con objetos, imágenes con imágenes e imágenes con objetos? ¿Es capaz de acabar puzles que sean adecuados para su edad? Para evaluar esta habilidad puedes poner tres imágenes u objetos en la mesa y coger una imagen u objeto que se corresponda y dices «empareja». Al mismo tiempo, pásale la imagen o el objeto. Puede que necesite un poco de ayuda para entender la idea de que quieres que ponga la imagen correspondiente encima o que coloque los objetos que se correspondan uno junto al otro. Aunque tu hijo sepa hacer puzles, comprueba si también sabe hacer puzles de piezas encajables, porque son estos últimos, más sencillos, los que usarás para mejorar sus habilidades lingüísticas.

CUESTIONES SOCIALES Y JUEGO

Normalmente, las habilidades sociales y de juego son una gran preocupación para los padres de niños pequeños con retraso. En el capítulo 7 veremos con más detalle cómo evaluar y enseñar estas habilidades críticas, pero, de momento, solo rodea con un círculo los puntos que te preocupen. ¿Te preocupa el contacto visual? ¿Tu hijo no responde a su nombre ni muestra interés a la hora de decir «Hola» y «Adiós» a la gente? ¿Te preocupa su capacidad para compartir, jugar a juegos de fantasía y jugar de forma apropiada con los juguetes?

PROBLEMAS DE COMPORTAMIENTO

Tendemos a pensar que los problemas de comportamiento son estrictamente los grandes berrinches, los actos de agresión o las conductas autolesivas, pero pueden incluir cualquier cosa que sea perturbadora. Por ejemplo, trabajé con un niño que no paraba de pedir ir a un restaurante en concreto. Era difícil desviar su atención de ese tema. A otro cliente le encantaba poner cañitas de beber en botellas y alinear juguetes durante horas. Esto es lo que denominamos «comportamiento autoestimulatorio» o *stimming*, y suele ser un problema para niños que tienen pocas habilidades lingüísticas o ninguna. Aunque no sean rabietas, pueden suponer un problema de comportamiento. Por lo tanto, cuando evalúes esta área es importante considerar una amplia gama de comportamientos que suponen un escollo para que tu hijo aprenda.

¿Tu hijo puede sentarse a la mesa y hacer cosas sencillas contigo o con otro adulto? Cuando pasas la aspiradora, ¿grita? Cuando es la hora de bañarse, o cuando quiere caramelos en la tienda, ¿qué hace?

Cuando respondas a estas preguntas sé muy específica. Por ejemplo, no te limites a decir «tiene una rabieta». ¿Grita, se deja caer en el suelo, da golpes, patadas, puñetazos o muerde cuando le dicen que no o cuando tiene que hacer algo que le resulta difícil o que no le gusta? ¿Se cubre las orejas cuando hay ruidos fuertes? Escribe los comportamientos exactos que observes, porque evolucionarán a medida que aprenda más y más, y la información que indiques te ayudará a hacer un seguimiento de su progreso.

GRABA VÍDEOS

Además de hacer la evaluación de una página, te recomiendo que grabes dos vídeos cortos (de 1 minuto) antes de seguir con el plan.

- El vídeo 1 debería ser solo de tu hijo haciendo algo sin que nadie esté interactuando con él.

- El vídeo 2 debería ser de tu hijo y tú haciendo (o tú intentando que él haga) una actividad de aprendizaje.

Además, si tu hijo tiene algún problema de comportamiento, o te preocupa que el comportamiento que ves pueda estar relacionado con un problema médico como convulsiones o tics, te recomiendo grabar un vídeo corto o dos para documentar este punto de referencia (el estado del que parte antes de las intervenciones) de cualquier comportamiento preocupante. Así lo puedes compartir con los profesionales. De forma similar, si tu hijo tiene alguna marca o herida abierta causada por un comportamiento, haz una foto para tenerla como punto de referencia que incluya la fecha y se la enseñas al pediatra.

NOTA IMPORTANTE: tal como aprendiste en el capítulo 3, tu prioridad es mantener a tu hijo a salvo, así que no grabes nada si no es posible hacerlo con seguridad y discreción.

MUESTRA DE REFERENCIA LINGÜÍSTICA

Además de la evaluación TAA («Da la vuelta al autismo») y los dos vídeos, hay una evaluación más que debes hacer antes de proceder con la planificación: una muestra de referencia. La puedes tomar fijando un temporizador durante 10, 15, 30 o incluso 60 minutos. Durante ese tiempo, registrarás la fecha, la hora y todos los sonidos o palabras que oigas decir a tu hijo. Si tomas más de una muestra de lenguaje, puede que empieces a ver patrones, como por ejemplo que habla más por las mañanas o durante el tiempo que pasa fuera.

A continuación, tienes ejemplos de datos de lenguaje de referencia de tres niños muy distintos. No te desanimes si tu hijo es como el Niño 1, que todavía no habla ni balbucea. Esto solo es una foto instantánea y, dado que estás leyendo este libro, tu hijo y tú aprenderéis y avanzaréis.

Nombre: Niño 1 Fecha de nac.: 15/09/XX Edad ____ años ____ meses
1 hora – 15/9/XX, 12–13 H en sala de estar

No se oyen palabras ni sonidos.

Nombre: Niño 2 Fecha de nac. 20/03/XX Edad ___ años ___ meses
15 minutos – 16/06/XX, 8:30-8:45 de la mañana en la sala de estar

Ba ba, mientras intenta llegar al biberón
Ooo
Ahh
Mama (cuando se le enseña foto de la madre)

Nombre: Niño 3 Fecha de nac. 14/05/XX Edad ___ años ___ meses
30 minutos – 17/9/XX, 14-14:30 de la tarde fuera

Palabras oídas:
Tobogán
Empújame
Quiero montarme en el columpio
¡Ya! (si antes se le dice «preparados, listos...»)
Abierto
Mama entra

Sé que muchas tendréis la tentación de saltaros esta parte y seguir adelante para llegar a «lo bueno», donde aprendéis a implantar estrategias. Entiendo que estéis deseando ver el progreso. Sin embargo, os animo a acabar el formulario de evaluación TAA («Da la vuelta al autismo»), los dos vídeos de un minuto y, como mínimo, una muestra corta de lenguaje antes de seguir. Además de utilizar estas evaluaciones para construir el plan que aprenderás más adelante, también tendrás un registro permanente de tu hijo tal y como es hoy.

Te sugiero que grabes estos vídeos cortos y las muestras de lenguaje con regularidad a medida que vas haciendo el formulario de evaluación y planificación. Guarda los formularios rellenados en una carpeta y/o en un archivo digital seguro. Te ayudarán de muchas formas ¡y te alegrarás de tenerlos a medida que tu hijo empiece a avanzar!

AUMENTA TU CONFIANZA

Sé que puede que te pongas nerviosa al tener que evaluar a tu hijo porque te preocupa no hacerlo bien. Pero da el primer paso. Aprenderás sobre la marcha y ganarás confianza sobre tus evaluaciones a medida que apliques las estrategias y veas resultados. Pase lo que pase, estás haciendo que tu hijo vaya a tener días menos estresantes y más productivos.

En el capítulo siguiente aprenderás a usar la evaluación TAA («Da la vuelta al autismo») para crear un plan con el que saber en qué habilidades trabajar primero.

5

Reúne materiales y haz un plan

La madre de Cody, Jenna, era profesora, así que cuando el niño mostró retrasos ella sabía que era importante conseguir servicios de intervención temprana. Antes de cumplir un año había grandes brechas en su desarrollo, sobre todo en la función motora. Lo que más preocupaba a Jenna era el hecho de que Cody no se daba la vuelta, no se sentaba ni se impulsaba para ponerse de pie en su momento. El equipo de evaluación multidisciplinar vio que estaba retrasado en varias áreas, así que cumplía los requisitos para terapeuta físico (TF), terapeuta ocupacional (TO), logopeda y profesor de desarrollo. Cada profesional iba a trabajar con él en casa o en la guardería durante una hora a la semana.

Pero Cody no hacía grandes avances con esos servicios y se estaba quedando más retrasado, así que fue evaluado por un pediatra de desarrollo alrededor de los 18 meses, que (para sorpresa de sus padres) le dio el diagnóstico de autismo y recomendó ABA. Sin embargo, Jenna, que estaba embarazada de su segundo niño, no sabía dónde buscar ABA, así que continuó con los mismos servicios y el mismo plan. Cuando Cody volvió al médico seis meses después, la brecha se había hecho más grande y el médico fue categórico: necesitaba ABA. Por lo tanto, a pesar de que Cody tuviera cuatro horas a la semana de servicios de intervención temprana y muchos objetivos desde su primer año, la brecha siguió creciendo.

Cody es un ejemplo de niño con retrasos en varias áreas que tenía un plan y servicios, pero que no progresaba demasiado hasta que empezó ABA. La mayoría de los padres que tienen un niño pequeño con retraso no saben cómo navegar por el sistema y ayudar a su hijo a ponerse al día. A menudo, el padre o la madre niega la realidad (como hacía yo), y la lista de espera incluso para una simple evaluación del habla puede ser larga.

Como Lucas no tenía ningún retraso físico obvio como Cody, nadie evaluó todas sus áreas de desarrollo hasta que tenía casi 3 años. A pesar de que teníamos objetivos de habla y terapia semanal para abordar sus déficits en el habla, se quedó retrasado, y las diferencias en su desarrollo respecto a los niños típicos eran innegables.

Si la evaluación de tu hijo y sus retrasos actuales te han dejado triste, te entiendo, he pasado por lo mismo que tú. Pero el momento de recuperar el tiempo es ahora.

De todas formas, es importante ser realista. Si tu hijo de 3 años no ha conseguido los hitos de un niño de 9 o 12 meses, habilidades como aprender a ir al baño solo o saberse las preposiciones puede que tengan que esperar de momento. No le intentarías enseñar a andar antes de que sepa gatear o ponerse de pie. Del mismo modo, tienes que empezar desde su nivel de desarrollo real y no desde su edad cronológica. Cuando trates con profesionales, asegúrate de que también sean realistas. A veces, tanto los padres como los profesionales seleccionan objetivos que son demasiado difíciles, y esto puede empeorar la situación. Cuando el hijo de Kelsey, Brentley, empezó las intervenciones de aprendizaje, tenía problemas de comportamiento y no producía mandos ni etiquetaba objetos. Sin embargo, su terapeuta intentó trabajar con él enseguida en la identificación de los colores, y eso estaba muy por encima de sus capacidades.

Algo parecido sucedió cuando Lucas empezó a trabajar con un logopeda a los 2 años. El niño era capaz de pedir pompas, pero ahí acababa básicamente el mando producido. La terapeuta no se dio cuenta de que sus capacidades de producir mandos tenían que mejorar antes de poder pasar a otras habilidades de lenguaje expresivo. Así que intentó que comprendiera el concepto de «uno» frente a «algunos» y frente a «todos» e intentó enseñarle el concepto de «sí» y «no». Sin embargo, eran habilidades demasiado avanzadas para sus capacidades y, de hecho, no consiguió adquirirlas hasta unos años después.

Puede que te preocupe no saber siempre en qué habilidades trabajar primero. Usar la evaluación y plan TAA («Da la vuelta al autismo») te servirá para orientarte. Es crucial que compartas esta información con los profesionales de la vida de tu hijo y que empieces a defender lo que necesita de forma más activa. Recuerda: tienes que convertirte en el capitán del barco, asegurándote de que el tiempo que dedican a tu hijo se utilice para maximizar sus resultados.

Si todavía no has acabado la evaluación de una página, los dos vídeos cortos y la muestra de lenguaje del capítulo 4, por favor, vuelve atrás y hazlo antes de seguir. Tras acabar esas evaluaciones, en este capítulo, te enseñaré cómo asegurarte de que los objetivos y el plan de tu hijo se adaptan a sus necesidades. Rellenarás un formulario de planificación y descubrirás cómo crear un entorno de aprendizaje acogedor. También te daré una lista de elementos sencillos que debes reunir para iniciar el proceso. También adquirirás conocimientos sobre asociación y refuerzo, dos elementos del éxito cruciales para ti y para tu pequeño.

FORMULARIO DE PLANIFICACIÓN: PUNTOS FUERTES Y NECESIDADES

Rellenar el formulario de planificación TAA («Da la vuelta al autismo») solo debería llevarte 10 minutos. Mira la primera columna del formulario: si existen problemas de seguridad para tu hijo —por ejemplo, se aleja o echa a correr de repente en la calle—, será tu primera necesidad del formulario de planificación. Si come comidas variadas, ponlo en el área de puntos fuertes. Sigue con la columna del medio y documenta las necesidades y los puntos fuertes de tu hijo respecto al mando, el tacto, etc.

Puedes obtener un formulario de planificación en blanco en TurnAutismAround.com, y he incluido un formulario de planificación rellenado. Es el que utilicé con una antigua cliente, Faith, que fue diagnosticada con autismo a los 2 años, aunque no empecé a trabajar con ella hasta que cumplió 3. Veo en su formulario de evaluación TAA («Da la vuelta al autismo») de cuando empecé que se negaba a sentarse frente a la mesa de aprendizaje y que no sabía repetir ni imitar verbalmente. Tampoco podía responder preguntas, cantar canciones ni emparejar objetos idénticos. Además, se dejaba caer al suelo unas 10 veces al día.

Por otra parte, Faith tenía varios puntos fuertes importantes apuntados en su evaluación. Era capaz de pedir algunas de sus cosas favoritas cuando quería (mando) y etiquetar objetos (tacto). Decía unas 50 palabras, podía comer sola y dormía toda la noche. Respondía a su nombre la mayoría de las veces y en ocasiones seguía instrucciones, mientras estuvieran acompañadas por gestos.

Cuando sus padres rellenaron el formulario de planificación TAA («Da la vuelta al autismo») anotaron sus necesidades y sus puntos fuertes. Después hicieron un plan sencillo para trabajar en las primeras habilidades que querían ayudarle a desarrollar. Verás que aprender a ir al baño también era una necesidad de su lista, pero como Faith tenía un problema de comportamiento (dejarse caer en el suelo) y habilidades lingüísticas que había que abordar, esa necesidad se aparcó unos meses.

En el caso de Faith hay más puntos fuertes que necesidades, pero es común que suceda justo lo contrario cuando empiezas a enseñarle.

De nuevo te recomiendo encarecidamente comprar un archivador y una perforadora para organizarte, empezando por la evaluación y el plan. Actualizarás los datos cada varios meses a medida que tu hijo progrese. Archivar esos formularios con una buena organización te permitirá consultarlos y ver exactamente cuánto progreso ha hecho tu hijo.

Ahora creemos un entorno acogedor para que tu hijo aprenda.

Ejemplo de formulario de planificación TAA
(«Da la vuelta al autismo»)
por la Dra. Mary Barbera

Nombre del niño/a: Faith   Fecha de nacimiento: 5/1/XX
Fecha de cumplimentación del formulario: 20/4/XX   Edad: 3 años y 2 meses

Puntos fuertes	Necesidades
• Puede decir 50 palabras • Produce mandos y tactos • Come sola • Duerme toda la noche • Responde a su nombre la mayoría de las veces • A veces sigue instrucciones cuando van acompañadas por gestos	• No hace eco/imita • No canta canciones • No empareja objetos idénticos • Se deja caer al suelo varias veces al día • No sabe ir al lavabo

Plan
• Asociar mesa y materiales con refuerzo • Tiempo de aprendizaje en la mesa a diario • Concentrarse en control ecoico y emparejamiento visual • Recabar datos sobre problemas de comportamiento y lenguaje

CÓMO PREPARAR EL ÁREA DE LA MESA DE APRENDIZAJE

Cuando empezamos a enseñar a Lucas utilizamos el sótano de casa como sala de terapia, pero tuvimos que hacer algunos arreglos. Para crear el mejor entorno de aprendizaje tendrás que identificar un espacio con distracciones limitadas, y por eso es importante elegir con cuidado el área en la que enseñarás a tu hijo nuevas habilidades en la mesa. Puede ser una habitación de tu casa o la esquina de un espacio, pero es útil tener una puerta o barrera baja que puedas cerrar, si es posible. Puedes utilizar la habitación de tu hijo, pero es mejor evitarlo si tiene problemas para dormir.

Cuando selecciones la mejor área de aprendizaje tienes que poder «sanear» dicho espacio. No me refiero a que limpies o pases toallitas desinfectantes, sino a que tienes que poder sacar cualquier objeto que distraiga a tu hijo, sobre todo algo que él pueda querer, como un juguete. Por tanto, una habitación llena de juguetes, libros y muchos trastos no es la mejor área para enseñarle, porque te costará evitar que se vaya de esa área para buscar juguetes u otros objetos que lo distraigan. Una de las razones de que quizás necesites una barrera o una puerta, sobre todo al principio de las sesiones de mesa, es evitar la necesidad de sanear toda la casa.

LA IMPORTANCIA DEL TIEMPO EN LA MESA

La concentración en el tiempo en la mesa es una de las diferencias clave entre el enfoque TAA («Da la vuelta al autismo») y los programas tradicionales de intervención temprana para niños pequeños con autismo u otros retrasos en el desarrollo. He elaborado un sistema para asociar materiales y métodos específicos en la mesa para aumentar comportamientos prosociales o «buenos», como sentarse, prestar atención, hablar, imitar, emparejar y seguir instrucciones. Esto no solo es importante para la intervención temprana, sino que proporciona los pilares para todo el aprendizaje futuro.

La mayoría de los profesionales de intervención temprana que no están familiarizados con mi enfoque recomiendan «seguir el ejemplo del niño» y hacer actividades en el suelo, que pueden parecer más «apropiadas para su edad» en la superficie. Por ejemplo, si sigues lo que hace tu hijo y te sientas en el suelo mientras él saca una vaca de una granja de juguete, su profesional de intervención temprana quizás sugiera que tú sostengas la vaca para ver si él repite lo que tú haces y dice «vaca». Pero entonces tu hijo tal vez se levante y corra hasta la ventana. Entonces puede que digas «¡Oh, mira! ¡Un árbol!». Y quizás él se aparte de la ventana sin imitarte esta vez. Después podría agarrar su juguete favorito o un chupete y salir corriendo de la habitación mientras tú lo persigues.

Antes de darte cuenta, ha pasado media hora y el profesional de intervención temprana, tú, y, más importante, tu hijo, apenas habéis obtenido algún beneficio. El tiempo es de vital importancia con niños que tienen retrasos, así que, cuando haces que el tiempo en la mesa sea divertido y enseñes de una forma estructurada, conseguirás muchas más oportunidades de aprendizaje y tu hijo casi siempre progresará más deprisa.

Razones por las que funciona el enfoque TAA («Da la vuelta al autismo») en el tiempo en la mesa:

- Seleccionar una habitación o una esquina de un espacio para el tiempo en la mesa, con materiales específicos que solo se usan para eso, te permite estructurar el tiempo de aprendizaje para ti y tu hijo.

- Hacer que tu hijo se siente en una mesa contigo construye una atención compartida. Cuando él se sienta alegremente y, con el tiempo, pide sus objetos y actividades favoritos y tu atención, ¡pronto se dará cuenta de que tú eres quien le da todas las cosas buenas y de que aprender es divertido!

- Enseñar emparejamiento, imitación, etiquetado, hacer puzles y la mayor parte de las habilidades de los aprendices tempranos son más fáciles con una superficie plana. También puedes cambiar de actividad rápidamente mientras tu hijo se queda en la mesa, lo que permite muchas más oportunidades de aprendizaje.

- Las habilidades que tu hijo y tú aprendéis en la mesa se pueden transferir al entorno natural para que tu hijo pueda aprender durante el baño, en el cuarto de juegos o en una tienda de comida.

¡Lo más importante que hay que recordar sobre el tiempo en la mesa es que tiene que ser divertido! Queremos que nuestros niños vayan corriendo o, como mínimo, vayan con ganas a la mesa y que se sienten voluntariamente para sesiones de aprendizaje cortas. En los capítulos siguientes aprenderás cómo conseguir que a tu hijo le encante (o, al menos, le guste) el tiempo en la mesa.

CÓMO REUNIR MATERIALES PARA ENSEÑARLE

Los materiales que reunirás para tus sesiones de enseñanza cortas deben guardarse en un cubo separado o en un armario cerrado que esté fuera de su alcance, para que solo se utilicen cuando tú puedas interactuar con tu hijo. Las piezas de los puzles y las partes de los juguetes también deben estar bien organizadas en bolsas o contenedores separados. Si él puede jugar con estos objetos siempre que quiera, será más difícil conseguir que se siente quieto y que interactúe contigo durante el tiempo de aprendizaje. Si tu hijo es muy pequeño o se mete objetos en la boca (independientemente de su edad), guarda todas las piezas pequeñas de los juguetes y materiales fuera de su alcance para evitar el riesgo de asfixia.

Básicamente, el área de enseñanza/aprendizaje debería incluir mesa, sillas, materiales de enseñanza y reforzadores que comentaremos en el apartado siguiente.

Recomiendo una mesa para niños y al menos una silla infantil. Tú, o bien otros adultos que trabajen con tu hijo, puedes sentarte en una silla normal, en el suelo o en el sofá, poniendo esta mesa cerca durante el tiempo de enseñanza. El tamaño de la mesa pequeña es importante, porque los pies del niño deben estar en el suelo, no estar colgando, y este debe poder tener la libertad de entrar y salir de la mesa de aprendizaje, a menos que haya problemas de seguridad.

LISTA PARA QUE COMPRUEBES LOS MATERIALES BÁSICOS QUE SUGIERO PARA LAS SESIONES DE TIEMPO EN LA MESA:

- Mesa y silla/s de tamaño infantil
- Elementos de refuerzo (comida, bebida, dispositivo electrónico, burbujas, etc.)
- Una caja de zapatos con un gran corte en la parte de arriba por el que tu hijo pueda meter *flashcards* e imágenes fácilmente

- Dos paquetes idénticos de *flashcards* de primeras palabras
- Dos conjuntos duplicados de imágenes de miembros de la familia y elementos favoritos (mamá, papá, zumo, *tablet*, etc.)
- Cabeza de Señor Patata, con todas las piezas en una bolsa transparente aparte
- Tres o más puzles de piezas encajables
- Juguetes sencillos de causa y efecto, como martillo y bolas, juguetes *pop-up* o juguetes con partes que pueden subir o bajar
- Libro de primeras palabras y libros sencillos con imágenes y hasta una frase por página
- Dos conjuntos de seis elementos idénticos (coches de juguete, cucharas, copas, cuencos, muñecas pequeñas, etc.)

Para que el área de aprendizaje sea divertida, piensa en los refuerzos que puedes usar. Normalmente recomiendo que tengas como mínimo dos cosas de comer cortadas en trozos pequeños, una bebida, un dispositivo electrónico y varios de los juguetes y libros preferidos de tu hijo.

Los dos paquetes de *flashcards* de primeras palabras y copias de fotos de elementos y personas de refuerzo también se utilizarán para el programa de la caja de zapatos y otros programas de alumnos pequeños, como el emparejamiento que comentaremos en el capítulo 8.

Cuando compres las *flashcards* de primeras palabras, intenta que tengan imágenes realistas que no incluyan letras ni palabras en la parte de delante. En caso de que incluyan texto tendrías que modificarlas un poco. Por ejemplo, si aparece la imagen de un gato pero también incluye la letra «g», recomiendo cubrir la letra con una etiqueta en blanco o quitarla, porque hay niños con autismo o retrasos en el habla que solo se concentrarían en ella.

Además de las *flashcards* preimpresas, imprime fotos de elementos de refuerzo de tu hijo, como zumo, una *tablet* y una galleta, así como imágenes de mamá, papá, hermanos, mascotas y cualquier otro miembro de la familia o amigos con los que tu hijo tenga contacto habitualmente. Imprime duplicados de cada foto para poder utilizarlos más adelante para enseñarle habilidades de emparejamiento.

Es importante que las fotos que imprimas *solo* contengan una persona o un elemento de refuerzo sin cosas extrañas. No incluyas una fotos de tu hijo bebiendo de su taza de zumo, ni de él con su mascota, ni de la familia de cuatro miembros, ni de mamá con casco montada en una bici. Son demasiados estímulos y pueden resultar confusos para tu hijo, y; además, tienes que asegurarte de que las imágenes que utilices sean lo suficientemente grandes para que se vea claramente el sujeto de la foto enfocado.

Escoge libros que tengan imágenes sencillas y pocas palabras. Puedes seguir utilizando otros para la hora de acostarse, pero los de la sesión deben estar con el resto de los materiales de la mesa de aprendizaje.

Aprenderás las técnicas de enseñanza en los próximos capítulos. Sé que tienes ganas de empezar, pero quiero darte tiempo para que prepares el área de aprendizaje y reúnas los materiales antes de explicarte cómo usarlos. Es importante que resistas el impulso de saltar al capítulo que corresponda a la habilidad que quieres enseñar primero. Por el bien de tu hijo, hacer mi sistema paso a paso sin seguir el orden fijado es un error que no quieres cometer.

ASOCIACIÓN Y REFUERZO

Asociar significa utilizar cosas que le gustan (por ejemplo, pompas de jabón, cosas para picar, atención, etc.) y entregárselas sin peticiones. Eso hace que cada actividad sea más positiva y divertida. No es una actividad que se hace una sola vez, con lo cual, si tu hijo se resiste a hacer alguna tarea como ponerse los zapatos, tendrás que concentrarte en asociar o volver a asociar la actividad para que sea más fácil.

Además de darle elementos de refuerzo, tienes que asociar todos los refuerzos externos con felicitaciones usando gestos como sonrisas y poner los pulgares hacia arriba y palabras o frases como «¡Genial!». También puedes aplaudir y decir «¡Bien!» cuando tu hijo logre algo. Al principio puede que tengas que darle un refuerzo *cada vez* que haya el mínimo éxito.

Una estudiante vino a una reunión que hice hace años con un niño pequeño y le sorprendió todo el refuerzo positivo que fue necesario para conseguir que este participara en el aprendizaje. Puede parecer que recomiendo una cantidad excesiva de refuerzo, pero te aseguro que no lo es. Así es como ayudas a tu hijo a aprender y a hacer todo el progreso posible.

Muchos padres me han dicho que les preocupa que el refuerzo parezca un soborno, pero hay una clara diferencia. El soborno no es algo planeado, sino que es una reacción a un problema de comportamiento. Si tu hijo empieza a llorar porque quiere caramelos en una tienda y se los ofreces para que se calme es soborno. Aunque eso sirva para que se tranquilice en ese momento, es un cambio a corto plazo que hará que el problema de comportamiento se agrave con el tiempo. Si le ofreces caramelos durante una rabieta, le enseñas que si llora conseguirá cosas buenas. Así que ese soborno en la tienda solo refuerza el problema de comportamiento que no quieres y ese comportamiento casi siempre se extenderá a la hora del baño, a la de acostarse y al tiempo de aprendizaje.

El refuerzo, a diferencia del soborno, es algo planeado. Los buenos comportamientos como sentarse, imitar y hablar se refuerzan a menudo, lo que da como resultado un cambio positivo a largo plazo. Con el soborno, el niño está al mando y consigue lo que quiere. En cambio, con el refuerzo, quien lleva el control es el adulto, que planifica y entrega un refuerzo cuando el niño es «bueno» y muestra el comportamiento que quieres ver más a menudo.

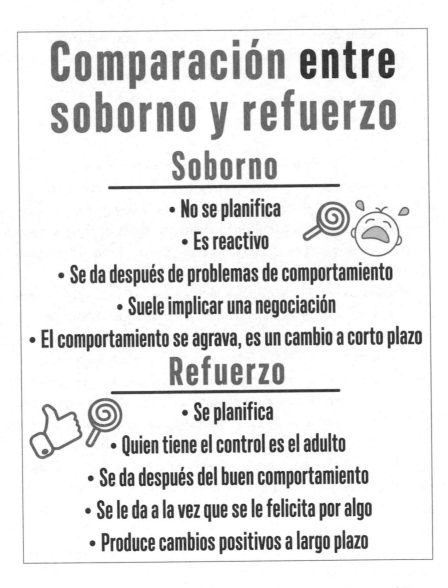

Comparación entre soborno y refuerzo

Soborno

- No se planifica
- Es reactivo
- Se da después de problemas de comportamiento
- Suele implicar una negociación
- El comportamiento se agrava, es un cambio a corto plazo

Refuerzo

- Se planifica
- Quien tiene el control es el adulto
- Se da después del buen comportamiento
- Se le da a la vez que se le felicita por algo
- Produce cambios positivos a largo plazo

Por lo tanto, mientras planificas y empiezas a enseñar a tu hijo no dudes en pasarte y felicitarlo y darle mucho refuerzo positivo. No le hará ningún daño siempre que no refuerces que llore y que tenga otros problemas de comportamiento.

Ahora que has acabado la evaluación y el plan, mientras reúnes los materiales para el tiempo en la mesa, estás lista para aprender una estrategia clave que puedes empezar hoy.

LA ESTRAGEGIA DE ASOCIACIÓN MÁS IMPORTANTE: USA UNA PALABRA TRES VECES

Durante las dos últimas décadas he visto que mi estrategia «una palabra tres veces» es el método de asociación más efectivo para ayudar a aumentar el habla.

Cuando usas esta estrategia, que es crucial para el enfoque TAA («Da la vuelta al autismo»), utilizarás palabras únicas y las dirás despacio con un tono animado hasta tres veces seguidas antes de dar el refuerzo. Digo «hasta» tres veces porque si tu hijo te imita después de la primera o segunda vez que dices la palabra tienes que darle el refuerzo inmediatamente. Si a tu hijo le encantan los plátanos, córtalos en varios trozos. Di «plátano, plátano, plátano» hasta tres veces mientras le das cada trozo. Si él dice «plátano» o «tano», dale el trozo todo lo rápido que puedas. Cuando sostengas el trozo siguiente un minuto o dos después podrías esperar unos segundos antes de decirlo y dárselo para ver si tu hijo lo pide de forma más espontánea. Por último, si tiene problemas de comportamiento o pierde interés cuando dices palabras tres veces seguidas podrías aumentar la velocidad y variar el número de veces que repites las palabras.

Si tu hijo tiene un habla limitada o no habla en absoluto evita decirle frases enteras, porque puede que no te entienda. Al decirle una única palabra, quizás sientas que le estás hablando como si fuera un bebé, pero he visto que, si hablas con palabras sencillas, su comprensión y capacidad lingüística aumenta más rápido. Además, el número de sílabas de una palabra es más importante que lo largas que sean las frases. Usa palabras con pocas sílabas, sobre todo si tu hijo es totalmente no verbal en este momento.

Si tu hija quiere que la cojas en brazos, por ejemplo, evita decir «de acuerdo, te levanto, Susie», que le puede parecer algo confuso si tiene poca comprensión del lenguaje. Es mejor que digas «arriba, arriba, arriba» antes de levantarla. Cuando abras una puerta, di «abrir, abrir, abrir». Cuando ayudes a tu hijo a salir del asiento elevador, di «abajo, abajo, abajo».

Puedes utilizar esta estrategia de una palabra x3 durante todo el día en todos los entornos, incluso antes de empezar formalmente el tiempo en la mesa. Así empezará a asociarte a ti como profesora y a asociar palabras con el refuerzo, e incluso puede aumentar las habilidades lingüísticas de tu hijo.

Pero por favor, no empieces el tiempo en la mesa, ni uses los materiales ni plantees muchas exigencias nuevas a tu hijo hasta leer los próximos capítulos. Si te precipitas para intentar «arreglar» todos los déficits de tu hijo y hacer que se ponga al día de golpe te puede salir el tiro por la culata.

En el próximo capítulo aprenderás a tratar las rabietas y otros problemas de comportamiento. Por favor, lee este capítulo incluso si tu niño no tiene aún ningún problema de comportamiento importante.

6

Acaba con las rabietas y empieza el aprendizaje

Todo niño con y sin retrasos llorará y tendrá alguna rabieta, pero los niños con autismo o signos de autismo, sobre todo los que tienen discapacidades graves en el habla, tienden a tener más problemas de este tipo. Eso se debe a que normalmente no entienden las reglas igual de bien que los niños con desarrollo típico y no tienen la capacidad de usar el lenguaje lo suficientemente bien para cubrir sus deseos y sus necesidades. Por eso, cuando decimos a nuestros niños «no» y seguimos acumulando exigencias que no se basan en su nivel de desarrollo, tienen una rabieta.

Pero antes de ver cómo terminar con los berrinches y otros problemas de comportamiento es importante que leas los dos capítulos anteriores y acabes las evaluaciones y el plan. Son grandes piezas del puzle. Además, aunque creas que tu hijo no tiene ningún problema de comportamiento no te saltes este capítulo, porque te guiaré para que abordes todas las barreras para el aprendizaje, tanto si las llamas «problemas de comportamiento» como si no.

Ya te he hablado antes de Kelsey, y creo que los problemas de comportamiento de su hijo mayor, Brentley, demuestran lo malo que puede llegar a ser el panorama. Como indiqué anteriormente, tuvieron que esperar un año para el diagnóstico de autismo y, después, otros tres meses para que

Brentley entrara en una clínica ABA de autismo. Durante esos 15 meses antes de que Kelsey conociera mi enfoque, Brentley se alejaba de ella de repente, echaba a correr en la calle y hacia el agua tan a menudo que ella sentía que tenía que llevar una correa con arnés para evitar una catástrofe. Además de esos comportamientos peligrosos en la comunidad, cuando Brentley no conseguía lo que quería, chillaba, se dejaba caer en el suelo y se golpeaba la cabeza hasta 100 veces al día. La analista de comportamiento de la clínica ABA estaba tan preocupada por la conducta autolesiva que incluso sugirió que Brentley llevara casco para protegerse la cabeza si iba a seguir asistiendo a las sesiones.

Al final, Kelsey acabó encontrando mis programas «Da la vuelta al autismo» *online* justo antes de que le hicieran la sugerencia del casco. Había esperado mucho tiempo un diagnóstico y un tratamiento profesional y el seguro le pagaba el ABA, pero se dio cuenta de que ir a la clínica solo estaba empeorando las cosas, no mejorándolas. Los terapeutas no estaban usando las estrategias que ella estaba aprendiendo en mi curso. Como estaba trabajando los colores antes de que Brentley fuera capaz de producir un mando de cualquier objeto o sentarse y prestar atención a los materiales aunque fuera 5 minutos seguidos, Kelsey estaba convencida de que la razón del comportamiento extremo de su hijo era la unión de exigencias demasiado altas con un refuerzo demasiado bajo.

Kelsey fue valiente al dejar aquella ayuda profesional que pagaba el seguro, pero sabía que tenía que hacer algo para empezar a cambiar las cosas para su hijo. Al cabo de unos meses, Brentley pasó de golpearse la cabeza 100 veces al día a prácticamente ninguna, aprendió a disfrutar de la mesa de aprendizaje, dejó de salir corriendo de repente cuando estaba con su madre y aumentó su seguridad respecto al agua y los coches.

Evidentemente, no todos los niños tienen grandes problemas como Brentley. Mi antiguo cliente Jack parecía bastante apacible cuando empecé a trabajar con él poco después de que cumpliera 2 años y fuera diagnosticado con autismo. Llegó a la puerta sosteniendo una cañita y me sonrió cuando entré en su casa para hacer la primera consulta.

Su madre y su padre me dijeron que, en general, Jack era agradable y tenía pocos problemas de comportamiento. Sin embargo, le gustaban las cañitas y le encantaba ponerlas en botellas transparentes. También le gustaba alinear cosas. No hablaba, tenía muy pocas habilidades y se resistía mucho a sentarse en la mesa de aprendizaje. ¡Tardé seis horas repartidas entre tres visitas en averiguar cómo animarlo a venir voluntariamente a sentarse a la mesa!

Durante el primer mes de consulta semanal me enteré de que Jack también tenía problemas de alimentación y comida selectiva. Incluso la visión de comida blanda le hacía llorar y tener rabietas. Por eso, para intentar que estuviera calmado y feliz, sus padres solo le ponían comida para tomar con los dedos que él aceptara sin llorar. Aunque Jack no tuviera una conducta agresiva o autolesiva como Brentley, sin duda sus problemas de comportamiento le impedían aprender habilidades sociales y lingüísticas.

Quizás pienses que ser extremadamente quisquilloso con la comida, pasar varias horas al día alineando juguetes o poner cañitas en botellas no hace ningún daño, pero son verdaderos problemas. Durante los primeros años de vida, el cerebro de tu hijo se «conecta». El mejor escenario es que cada hora que esté despierto (alrededor de 100 horas a la semana) esté poniéndose al día en los retrasos sociales y de habla en un entorno positivo y divertido con poco o ningún problema de comportamiento.

Si tu hijo tiene rabietas o cualquier otro problema de comportamiento que le impida aprender habilidades nuevas —tanto si son graves como las de Brentley o más leves como las de Jack—, resolver esos comportamientos debe ser tu prioridad. Es sencillamente imposible enseñar algo a un niño mientras tiene una rabieta, grita o llora. Quizás pienses que la respuesta es abrazar a tu hijo para tratar de calmarlo o intentar cogerlo en brazos y apartarlo de una situación. Sin embargo, estas estrategias casi siempre resultan contraproducentes a largo plazo. Ten presente que, con el tiempo, tu hijo será demasiado grande para que lo puedas tomar en brazos y llevarlo a otro sitio (si no lo es ya), así que es importante abordar los problemas de comportamientos en cuanto aparezcan. El objetivo es reducir los problemas de comportamiento *leves*, como alinear juguetes, llorar o gimotear, y eliminar del todo o todo lo posible los problemas de comportamiento graves, como pegar, darse golpes con la cabeza o dejarse caer al suelo.

En el capítulo 4 he explicado la importancia de averiguar el punto de partida de tu hijo y documentar enseguida sus problemas de comportamiento. En este capítulo aprenderás cómo convertirte en detective para determinar la *causa* del comportamiento para que puedas *evitarlo* en lugar de limitarte a reaccionar cuando aparece.

Recuerda que tu hijo usa ese comportamiento para intentar comunicarse contigo. Es natural que tu primer impulso sea darle un abrazo, cogerlo en brazos o darle lo que quiera para que deje de llorar o para que se acabe el berrinche. Aunque esto pueda funcionar a corto plazo, a la larga se convertirá en un problema de comportamiento. Y si tú o tu pareja, o los abuelos, o sus cuidadores creen que imponer disciplina es la respuesta, debes saber que en general resulta contraproducente. Ten en cuenta que un niño que tiene una rabieta ya está frustrado y enfadado, y es probable que los castigos y las amenazas empeoren ese comportamiento.

Si un niño está llorando o teniendo un berrinche ya no es una situación *win-win*. Tienes dos opciones en ese momento: reaccionar o ignorar el comportamiento, y ambas pueden hacer que dicho problema se intensifique.

La clave es dedicar el 95 por ciento del tiempo a evitar todos los problemas de comportamiento, así que en este capítulo aprenderás a ser proactiva y positiva al máximo.

Considera esta pregunta: si te ofreciera 1.000 dólares para que tu hijo tuviera un buen día sin problemas de comportamiento, ¿qué estarías dispuesta a hacer para que fuera realidad? Probablemente le dejarías hacer prácticamente cualquier cosa que quisiera. Puede que le dejaras comer todas las galletas imaginables de postre o que le dejaras ver los mismos vídeos todo el día. No le pedirías que hiciera algo que no quisiera hacer. No tendría que bañarse, llevar zapatos ni comer con el resto de la familia. En resumen, le darías acceso libre al refuerzo y pocas exigencias.

Aunque parezca ilógico, aquí es donde tienes que empezar a prevenir problemas de comportamiento. Quieres dar mucho acceso libre a cosas que le gustan y pedirle lo mínimo posible. Por supuesto, no importa lo que te esfuerces, es prácticamente imposible no pedirle nada. No se puede dejar que un niño pequeño se coma una caja entera de galletas o que uno de 4 años vaya al colegio sin zapatos. Pero, en general, quieres abrazarlo cuando «se está portando bien» y ser la «abuela que lo mima» dándole mucho refuerzo cuando no haya problemas de comportamiento a lo largo del día. Limita decirle que no y evita tareas difíciles y que no le gustan todo lo que puedas hasta que aprendas más sobre cómo enseñarle a comunicarse y conseguir que los grandes problemas de comportamiento desaparezcan casi por completo.

FUNCIONES DE COMPORTAMIENTO

En mi primer libro, *The Verbal Behavior Approach*, al igual que en mis programas *online*, comento cuatro funciones del comportamiento. Un punto que creo que no destaco lo suficiente es que todo el comportamiento, no solo el problemático, se da debido a una o a más de las cuatro funciones.

Todo el comportamiento «bueno» o prosocial, como hablar o imitar, así como las rabietas y otros problemas de comportamiento, se producen por estas causas:

1. acceder a elementos, atención e información que necesitamos o queremos;
2. evitar tareas difíciles o no deseadas;
3. estimularnos la mente cuando no está sucediendo nada más, y
4. aliviar dolor o malestar.

La primera función es conseguir algo deseable. Es la razón por la que los niños tienen un «buen» comportamiento diciendo «tren» o «leche» o «mal» comportamiento llorando. Ambos comportamientos (hablar o llorar) consiguen llamarte la atención y podrían hacer que el niño consiga acceder a un elemento favorito. Esta función se suele ver cuando los niños tienen que esperar o se les dice que no cuando piden algo. Brentley, por ejemplo, pedía zumo y, cuando su madre le decía que no, empezaba a llorar y a dejarse caer en el suelo.

La segunda función es librarse de hacer algo. Es el motivo por el que los niños discuten, negocian o tienen rabietas. Imaginemos que tu hijo no quiere bañarse. Si tiene una cantidad adecuada de lenguaje puede que discuta y ruegue con voz exigente 30 minutos más de TV antes del baño. Sin embargo, si no habla o tiene un acceso limitado al lenguaje puede que gimotee y llore. Quizás decidas que el baño puede esperar 30 minutos o que esa noche puede no bañarse. Eso puede provocar que tu hijo aprenda que puede librarse del baño (y de otras tareas que no le gustan) si protesta discutiendo, quejándose o llorando.

La tercera función o razón es conseguir estimulación sensorial, que puede dar como resultado un comportamiento bueno o malo. Todas nuestras actividades de ocio nos dan un *input* sensorial. Sin embargo, los niños pequeños con retrasos rara vez tienen la capacidad para participar en un juego adecuado a su edad, así que tienden a tener problemas de comportamiento cuando no se les da mucho refuerzo positivo y no están ocupados. Uno de mis antiguos clientes, Christopher, estaba tan poco estimulado por su niñera bienintencionada que se golpeaba la parte de detrás de la cabeza durante horas todos los días solo porque le gustaba esa sensación. Otros tipos de problema de autoestimulación son mecerse, hacer ruidos, alinear cosas repetidamente o el *stimming verbal*, en el que el niño repite ciertos sonidos, palabras o frases sin entender qué significan.

La cuarta función se suele olvidar y es de naturaleza física o médica. Un niño o adulto que es totalmente conversacional puede entender por qué tiene que tomar un medicamento o por qué le ponen una vía intravenosa. Puede describir el dolor y pedir un medicamento que lo alivie. En cambio, los niños con autismo o retrasos graves en el habla no se pueden comunicar de esta forma, y por eso puede que se muerdan la mano o se pongan agresivos cuando sienten dolor o están estresados. Morderse la mano podría ayudar a aliviar el dolor, como un dolor de cabeza. Puede parecer raro, pero quizás hayas visto películas antiguas en las que alguien hace una operación antes de que existiera la anestesia. Dan una toalla al paciente para que la muerda y así aliviar el dolor de la operación en otra parte del cuerpo. Por tanto, morder es una forma bien conocida de disminuir el dolor.

Si tu hijo muestra una conducta autolesiva, como golpearse la cabeza o morderse a sí mismo, busca enseguida ayuda de profesionales de comportamiento y médicos para evaluar la situación y ayudarlo. Aunque esté intentando simplificar esta cuestión en este capítulo, reducir un problema de comportamiento grave en realidad es bastante complejo. Necesitarás profesionales que recomienden medidas para proteger a tu hijo, a ti y a todas las personas que os rodean mientras trabajas para aliviar el comportamiento. Incluso si no se encuentra un problema médico inmediatamente, sigue buscando. Mientras tanto, reduce las exigencias y da más refuerzo si tu hijo no tiene problemas de comportamiento.

Aunque no tengas que registrar datos sobre funciones, puede ser de ayuda comprender qué función o funciones provocan el comportamiento de tu hijo. Ten presente también que el mismo comportamiento puede tener más de una función. Por ejemplo, quizás veas que la mayoría de las veces tu hijo recurre a las rabietas para librarse de actividades concretas que no le gustan. En cambio, otras veces, los berrinches son solamente para llamar la atención o porque le has dicho que no a algo que ha pedido.

En muchas situaciones, todos nuestros comportamientos se dan debido a más de una función. Eso es particularmente cierto durante la transición de una actividad de alta preferencia a algo que sea difícil, nuevo o que le dé miedo. Un ejemplo es un niño que llora cuando le decimos «se ha acabado el ordenador» (acceso a algo que le encanta) y justo después le decimos «ahora a bañarse» (tarea difícil/no preferida). Pero no te preocupes: comentaremos estrategias para abordar los problemas de transición más adelante en este capítulo.

EVALUACIÓN DE PROBLEMAS DE COMPORTAMIENTO UTILIZANDO DATOS ABC

Esperemos que veas que la causa de los problemas de comportamiento no tiene nada que ver con el autismo ni con los retrasos. Puedes utilizar esta información para ayudar a cualquier niño (o adulto) a reducir sus problemas de comportamiento.

Además, sin importar la función o funciones de comportamiento, mi enfoque se concentra en enseñarte cómo pasar el 95 por ciento del tiempo evitando problemas de comportamiento. Las estrategias de prevención de este capítulo tienen por objetivo conseguir que tu hijo responda, aprenda y se sienta más feliz en general. En casi todos los casos, trabajar en los comportamientos buenos que deseas hará que los problemas de comportamiento disminuyan y a veces desaparezcan del todo.

La clave para aprender a evitar y manejar cualquier problema de comportamiento es descubrir el patrón que lo ha provocado. Los analistas conductuales profesionales utilizan los datos ABC, que corresponden a *antecedente, comportamiento* y *consecuencia (antecedent, behavior, and consequence,* en sus siglas en inglés). Te voy a enseñar cómo puedes utilizar esta herramienta.

El desencadenante que sucede justo antes del comportamiento se denomina «antecedente». Algunos se escapan a tu control como, por ejemplo, que suene una alarma de incendios que asuste a tu hijo. En general, el antecedente es que le has dicho que no a tu hijo o que le has pedido algo que no quiere hacer. Esto sucede también con niños con desarrollo típico. Sin embargo, como he mencionado, los niños con autismo o retrasos en el habla normalmente tienen una capacidad reducida para comprender reglas o consecuencias y comunicarte lo que les gusta y lo que no.

Los antecedentes podrían ser que pidas a tu hijo que se calce, que se bañe o que vaya al coche. Cuando llamaban a mi cliente Annie para que fuera a la cocina a comer se ponía a chillar. Mi cliente Faith se dejaba caer en el suelo cuando su madre le decía que se pusiera los zapatos porque o bien le costaba calzarse o bien no quería ir al sitio al que iban. Trabajé con un niño, Jacob, cuyo desencadenante aparecía siempre que intentábamos hacer la transición del parque a andar las cuatro manzanas hasta casa. Jacob lloraba y a veces llegaba a mostrar una conducta autolesiva, como golpearse la cabeza con las manos o contra superficies duras.

La parte del *comportamiento* de los datos ABC, evidentemente, es cómo se comporta tu hijo como respuesta al antecedente. ¿La rabieta implica dejarse caer al suelo, llorar, gritar, darse golpes en la cabeza con el puño o hacer daño a otra persona? En algunos niños puede que empiece con lloros y gemidos. En general, si los niños no consiguen lo que quieren mostrando problemas de comportamiento leves puede que lleguen a dejarse caer al suelo y, después, a darse golpes en la cabeza o ponerse agresivos con un hermano.

Cuando escribas la información sobre el antecedente y el comportamiento es vital que los describas con todo detalle. Por ejemplo, apuntar «tiene una crisis» no basta, sino que tienes que documentar qué ha hecho exactamente. ¿Se ha dejado caer al suelo? ¿Ha gritado? ¿Te ha pegado? ¿Ha mordido a su hermana? ¿Cuánto ha durado el comportamiento? ¿La duración de la rabieta varía en función de las circunstancias? Si tu hijo grita puede resultar útil anotar el volumen y la duración de los gritos. Si se pone «nervioso», ¿qué implica exactamente? ¿Va de un lado a otro de la habitación? ¿Pone la cabeza encima de la mesa? ¿Empieza a respirar más deprisa? El hecho de «estar nervioso» no se puede ver, pero sí puedes observar y contar el comportamientos de tu hijo cuando está nervioso.

El lugar donde tiene lugar el comportamiento y el momento del día en el que ocurre también son importantes, porque puede que dichos comportamientos ocurran en el mismo sitio y alrededor del mismo momento todos los días. Esos patrones te pueden ayudar a detectar actividades, lugares o momentos difíciles para tu hijo. Puede que los datos sobre los antecedentes y los comportamientos te muestren que tu hijo tiende a tener problemas antes de la comida o solo a la hora de la siesta, lo que te ayudará a concentrarte en estrategias preventivas. ¿Este comportamiento sucede solo en determinados sitios pero nunca o rara vez en otros? ¿Los comportamientos tienden a darse cuando está con una persona concreta? Este es el tipo de información específica que tienes que escribir, porque así tendrás las pistas necesarias para tu trabajo detectivesco.

La *consecuencia* es la última parte de la fórmula ABC. Es sencillamente lo que ocurre justo antes de que se dé el problema de comportamiento. Algunas consecuencias ocurren solas. Por ejemplo, un avión pasa volando y hace mucho ruido, o la alarma estrepitosa de un detector de humo se detendrá con el tiempo. Sin embargo, la mayoría de los problemas de comportamiento que vemos en los niños se «activan» por algo que hace un adulto. Por eso, cuando pienses en un comportamiento común que veas, quiero que pienses en los desencadenantes habituales y en lo que haces para detener esos problemas, en caso de hacer algo. Si tu hijo se deja caer al suelo, normalmente, ¿te vas? ¿Lo levantas?

Probablemente, las consecuencias variarán dependiendo de las circunstancias. Si no tienes que ir a ningún sitio puede que no hagas caso de que se haya tirado al suelo, pero si tienes que ir a una cita probablemente hagas algo para detenerlo. Si este comportamiento se da en presencia de tu pareja, en la guardería o en la escuela, ¿cuáles son las consecuencias? Responder de formas distintas al mismo comportamiento casi siempre supone un refuerzo, lo que significa que el comportamiento continuará en el futuro e influirá en cómo reacciona tu hijo la próxima vez. Por ejemplo, pongamos que le dices que se ponga el abrigo para ir a pie a la parada del bus para recoger a su hermano mayor. Cuando oye esta demanda (antecedente) llora y se deja caer en el suelo (comportamiento). Como tienes prisa y no quieres que se enfade más, decides ir en coche hasta la parada del bus y le dices que puede subir sin abrigo. Para endulzar la oferta y conseguir que se levante también le dices que puede llevar su juguete favorito. A corto plazo esto puede tener lógica pero, créeme, tu hijo está aprendiendo. La próxima vez que no quiera hacer algo (ponerse el abrigo, bañarse o probar una comida nueva), es probable que grite y se deje caer en el suelo, porque con ese comportamiento consigue resultados.

A partir de ese ejemplo puedes ver fácilmente cómo te pueden ayudar los datos ABC a descubrir cómo prevenir problemas de comportamiento. A continuación encontrarás un formulario sencillo que puedes utilizar para registrar los datos de comportamiento a partir de ABC. (Puedes obtener más formularios ABC en blanco en TurnAutismAround.com.)

Esquema ABC (antecedente, comportamiento y consecuencia)

Fecha/hora	Actividad	Antecedente	Conducta	Consecuencia
Cuándo se dio el comportamiento	Qué actividad había en curso cuando se dio el comportamiento	Qué pasó justo antes del comportamiento qué pudiera haberlo provocado	Descripción del comportamiento	Qué sucedió después del comportamiento como resultado del comportamiento
Ejemplo 1: 8 de enero, XX 10.10 h	En la cola para pagar en la tienda vio caramelos	Quiso coger caramelos y le dijeron que no	Gritó y se dejó caer en el suelo	Le dieron caramelos
Ejemplo 2: 10 de enero, XX, 20 h	Hora de cenar	Se le llamó para que fuera a la mesa	Lloró y dijo que no	Le dejamos comer en la sala de estar

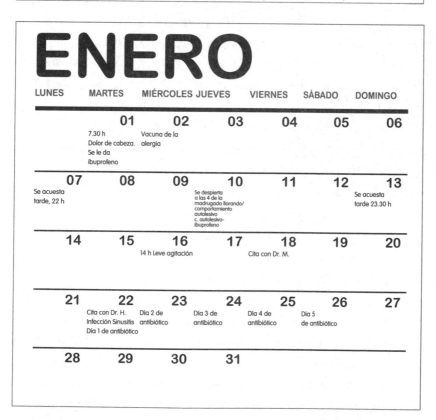

ENERO

LUNES	MARTES	MIÉRCOLES	JUEVES	VIERNES	SÁBADO	DOMINGO
	01 7.30 h Dolor de cabeza. Se le da ibuprofeno	**02** Vacuna de la alergia	**03**	**04**	**05**	**06**
07 Se acuesta tarde, 22 h	**08**	**09**	**10** Se despierta a las 4 de la madrugada llorando/ comportamiento autolesivo c. autolesivo- ibuprofeno	**11**	**12**	**13** Se acuesta tarde 23.30 h
14	**15**	**16** 14 h Leve agitación	**17**	**18** Cita con Dr. M.	**19**	**20**
21	**22** Cita con Dr. H. Infección Sinusitis Día 1 de antibiótico	**23** Día 2 de antibiótico	**24** Día 3 de antibiótico	**25** Día 4 de antibiótico	**26** Día 5 de antibiótico	**27**
28	**29**	**30**	**31**			

EL SISTEMA DEL CALENDARIO

Muchos niños muestran problemas de comportamiento menores y de bajo nivel todos los días y tienen problemas de comportamiento más serios con mucha menos frecuencia, como una vez por semana o incluso una vez al mes. Lucas no tuvo problemas de comportamiento graves hasta alrededor de los 6 años, cuando empezó a mostrar conductas autolesivas (golpearse la cabeza con la mano) y agresivas. Recuerdo que pensé que no había mordido a nadie desde que tenía 2 años, así que me preocupé cuando me mordió a mí y a su hermano la misma semana cuando tenía 6 años. Aproximadamente en el mismo momento también desarrolló un principio de tics motores y vocales repentinos y, con el tiempo, un alergólogo e inmunólogo le diagnosticó trastorno neuropsiquiátrico autoinmune pediátrico. Por suerte, determinamos que los problemas de comportamiento repentinos y graves de Lucas estaban causados por esa enfermedad y a través de la prueba y error averiguamos que los antibióticos no solo le quitaron los tics, sino que también hicieron que su conducta autolesiva y su agresividad fueran casi cero.

En ese momento fue cuando desarrollé el sistema de calendario para que me ayudara a hacer un seguimiento de los problemas médicos y de comportamiento de Lucas. Con el tiempo, la mayoría de mis clientes empezaron a usar el mismo sistema.

Usando el calendario de Lucas como ejemplo, además de escribir cualquier problema de comportamiento importante como su conducta autolesiva a las 4 de la madrugada del 10 de enero, también recomendaría usar el calendario de tu hijo para anotar cualquier medicación, suplemento o cambio en la dieta, así como vacunas de alergia y citas y tratamientos médicos. Los niños con autismo a veces son muy sensibles a las medicaciones, y sus reacciones pueden manifestarse con rabietas u otros comportamientos poco habituales.

Demasiadas veces, incluso los profesionales médicos no hacen caso a los problemas de comportamiento por considerarlos síntoma de autismo o retrasos cuando realmente podría tratarse de un daño físico o de otro problema médico. Podría ser algo tan simple como un dolor de cabeza. Con Lucas, por ejemplo, los datos de mi calendario durante años me ayudaron a ver que los dolores de cabeza y los problemas de comportamiento tendían a aparecer cuando le tenían que poner la vacuna de la alergia. Si crees que los problemas para dormir o ir al baño de tu hijo pueden ser la causa de sus problemas de comportamiento puedes utilizar el sistema de calendario para hacer un seguimiento de dichos problemas, que se cubrirán más adelante en el libro.

Aunque solo use un calendario digital para mi programación personal y profesional, utilizo un calendario en papel para los datos médicos y de comportamiento de Lucas. Además de permitir que cualquier miembro del equipo documente los problemas de comportamiento en su calendario, podemos llevarlo a todas las citas médicas para buscar tendencias y ajustar la medicación. Estoy convencida de que este sistema de calendario es la razón por la que hemos conseguido mejorar la salud de Lucas y reducir sus problemas de comportamiento principales casi a cero.

Por lo tanto, cuando recabes todos los datos asegúrate de analizarlos y de buscar patrones, como por ejemplo la frecuencia con la que se dan los problemas de comportamiento graves y leves. Esta información te ayudará a determinar qué hacer con el comportamiento y crear un plan personalizado que mantendrá a todo el mundo de su vida sincronizado. La concordancia entre todas las personas que lo cuidan (tu pareja, tus padres, la niñera, la profesora, la logopeda, la analista de comportamiento) será de gran ayuda.

A menos que tu hijo muestre un problema de comportamiento grave que cause daño y requiera ayuda profesional inmediata, recomiendo registrar datos como mínimo 2 o 3 días antes de crear el plan. Después, céntrate en estrategias preventivas. Aunque debas tener herramientas reactivas en tu arsenal para la ocasión cuando todavía haya problemas de comportamiento, tu objetivo principal debe ser evitar que se produzcan.

TU PLAN Y TUS INTERVENCIONES: ESTRATEGIAS DE PREVENCIÓN

Tu plan TAA («Da la vuelta al autismo») general de una página seguramente contenga tu deseo de aumentar las habilidades de aprendizaje y lenguaje de tu hijo y de reducir sus problemas de comportamiento. La buena noticia es que un niño feliz y activo tendrá menos problemas de comportamiento. Como he dicho, deberías dedicar la mayor parte del tiempo (el 95 por ciento) a *evitar* problemas de comportamiento haciendo que tu hijo participe en sus actividades preferidas todo lo posible a lo largo del día, fijando rutinas y programando actividades de refuerzo. A continuación, reduce las demandas que le haces poco a poco.

Aunque hacer que el niño interactúe durante todas las horas que esté despierto sea lo ideal, es casi imposible sin ayuda. Si tu hijo tiene un diagnóstico, y vives en Estados Unidos, los 50 estados ahora exigen que las compañías de seguro cubran los servicios ABA. Quizá quieras explorarlo. Con o sin diagnóstico, necesitarás ayuda para mantener a tu hijo ocupado. Piensa en otros recursos y personas que puedan echarte una mano. Quizás quieras solicitar la ayuda de abuelos, hermanos mayores, niñeras a las que pagas o incluso voluntarios de la iglesia que puedan aprender a hacer que tu hijo interactúe con seguridad. Sé que sin los terapeutas ABA de Lucas, mis padres y mis niñeras, yo habría estado mucho más estresada, sobre todo los primeros años.

En el capítulo anterior aprendiste que sanear el entorno, sobre todo para el tiempo de aprendizaje en la mesa, es importante, pero también tendrás que pensar en cómo «asociar» muchas actividades a lo largo del día a medida que uses un refuerzo más denso. Evita estructurar la mañana y después dejar a tu hijo inactivo después de comer (y viceversa). El período sin estar activo es cuando aumenta la probabilidad de que aparezcan problemas de comportamiento. Por eso, si tienes que poner la lavadora o hacer una llamada, deja a tu hijo jugando con juguetes seguros o viendo su vídeo favorito.

Recuerda: si se produce un problema de comportamiento, casi siempre se debe a que las demandas son demasiado elevadas y el refuerzo demasiado bajo. Como madre o padre es trabajo tuyo averiguar qué demandas son demasiado difíciles o estresantes para tu hijo. Al principio, las demandas deben ser tan pequeñas que apenas parezcan demandas. Auméntalas poco a poco, a medida que recuerdas el refuerzo y la prevención de problemas de comportamiento.

¿Cómo puedes simplificar una demanda? Imaginemos que quieres que tu hijo diga «hola». La verdad es que no puedes sacarle las palabras de la boca, pero sí puedes simplificar lo que le pides diciéndole que salude con la mano, que normalmente es más fácil de pedir si le muestras cómo se hace.

Si a tu hijo le cuesta hacer la tarea que le pides puedes ayudarlo. Por ejemplo, le puedes ayudar a meter una tarjeta en la ranura de una caja de zapatos o a recoger los cubos si no responde cuando le pides que lo haga. No pidas algo que no estás dispuesta a ayudarle a acabar. Intenta asegurarte de que tus demandas son factibles para él.

Aunque no puedas eliminar todas las demandas del niño, quieres ser la «abuela que lo mima» cuando tiene un buen comportamiento. Sí, he dicho «mima». ¡Recuerda que el refuerzo positivo funciona! Usa una voz emocionada y animada cuando le digas «¡Genial!» o «¡Bien!» o «¡Lo has conseguido!» cada vez que lo cumpla. Aplaude, sonríe o pon el pulgar hacia arriba o chócale la mano si a tu hijo le gusta. Piensa lo que disfrutas tú cuando alguien te felicita y crea un entorno positivo. Los niños lo necesitan incluso más. El objetivo es proporcionar entre cinco y ocho palabras positivas por cada demanda o palabra negativa. Si ves que dices «no» o «para» mucho, intenta añadir varias cosas positivas y esfuérzate para lograr una relación mejor entre lo positivo y lo negativo.

Además de felicitaciones y gestos positivos, considera usar los siguientes reforzadores externos, sobre todo en la mesa de aprendizaje, pero también para evitar problemas durante otras actividades: trozos pequeños de comida, sorbos de su bebida preferida, clips cortos de su vídeo favorito que puedas reproducir entre 10 y 30 segundos seguidos en un dispositivo electrónico, pompas de jabón y juguetes favoritos.

Hay personas a las que no les gusta la idea de usar reforzadores externos, sobre todo comida y aparatos electrónicos. Pero los niños con retrasos normalmente necesitan este apoyo, además de las felicitaciones, para aumentar su motivación por aprender. Debes reducir los problemas de comportamiento, sobre todo los más graves, para poder enseñar a tu hijo y darle la oportunidad de tener una vida mejor. Si por alguna razón no puedes o no quieres utilizar comida o aparatos electrónicos, no te estreses por ese tema. De todas formas, es importante que tengas varios reforzadores y que no confíes solamente en uno.

A menudo, los niños con retrasos son muy quisquillosos con lo que les gusta y lo que no, tanto si se trata de comida como de otras cosas. Haz una lista de sus comidas, bebidas, vídeos, grabaciones de audio, juguetes y actividades favoritos, e incluye movimientos que le gusten que normalmente pasen lejos de la mesa de aprendizaje, como dar saltos en una pelota de ejercicio o saltar en una cama elástica. Puedes probar ciertos reforzadores colocándolos en una mesa y observando cuáles selecciona. Puede resultar útil poner los reforzadores en tu lista ordenándolos en su orden de preferencia.

Evidentemente, llegará un punto en el que tu hijo se cansará incluso de su cosa preferida, ya sean caramelos o un vídeo en concreto. Además, sus preferencias cambiarán a medida que crezca. Eso significa que la evaluación de los reforzadores de tu hijo irá variando y no será una tarea que se hace una vez y ya está. Normalmente, como madre, tendrás que hacer cierta prueba y error. Es otra razón por la que te resultarán útiles los datos.

También puedes evitar rabietas si piensas cómo hacer que la actividad sea más divertida, tanto si es una actividad de enseñanza como si se trata de una tarea que tu hijo debe hacer para la rutina diaria, como bañarse o comerse la comida. Puede que no le guste la bañera, o que la temperatura del agua esté demasiado fría o caliente. Podrías experimentar con la temperatura para descubrir lo que le gusta y podrías intentar asociar de nuevo la bañera con jabón espumoso o letras que pueda pegar a los lados. Una opción podría ser ponerlo en la bañera vestido del todo, sin agua, para desensibilizarlo a la bañera. Quizás lo que no le guste sea solo lavarse la cabeza. Prestar atención a lo que le gusta o no te ayudará a descubrir los problemas de verdad y encontrar una forma de evitar las rabietas.

Comentaremos más sobre la desensibilización de la hora del baño, las visitas al médico y los cortes de pelo en el capítulo 13. Pero, de momento, por favor, debes saber que asociar y volver a asociar actividades es crucial para evitar problemas de comportamiento.

CÓMO USAR ESTRATEGIAS REACTIVAS PARA «DESACTIVAR» RABIETAS

El 95 por ciento del tiempo estarás concentrada en la prevención, pero también tienes que saber qué hacer con el 5 por ciento del tiempo cuando no puedas evitar una rabieta. Recuerda: si tu hijo está llorando o tiene un berrinche no está aprendiendo, y los lloros o las rabietas significan que la situación ha dejado de ser *win-win*.

Para «desactivar» las rabietas cuando tu hijo está gimoteando, llorando, agarrando algo o dejándose caer en el suelo porque quiere algo, recomiendo el método «Sh, etiquetar y dar» que desarrollé basándome en el trabajo del Dr. Vincent Carbone. Puedes utilizarlo para cualquier niño con lenguaje mínimo o incluso para niños pequeños con desarrollo típico para ayudarlos a reforzar el buen comportamiento y que no lloren o gimoteen.

- Di a tu hijo que guarde silencio y deje de llorar poniéndote el dedo índice sobre los labios y diciendo «sh». O bien no hagas caso del comportamiento (si es seguro) hasta que se calme por su cuenta.
- Cuando se haya calmado al menos tres segundos (cuenta en silencio), etiqueta el elemento hasta tres veces, por ejemplo «caramelo» o «caramelo, caramelo, caramelo» y dale el elemento.

Estas son las cosas más importantes que hay que recordar al usar el método «Sh, etiquetar y dar»: no le des el objeto mientras tiene el problema de comportamiento. Es muy importante que consigas como mínimo tres segundos de tranquilidad antes de decir el nombre del objeto y se lo des. No le expliques por qué no puede tener el objeto. No le des otras opciones.

Y, mientras esté llorando o dejándose caer en el suelo, no le prometas que podrá tener el objeto después.

Si cedes y haces alguna de estas cosas darás refuerzo positivo a los problemas de comportamiento ¡y las rabietas aumentarán, en vez de reducirse! Además, si usas métodos reactivos muchas veces al día tendrás que concentrarte más en la prevención.

¿DEBES USAR EL RINCÓN DE PENSAR Y OTRO TIPO DE CASTIGOS?

Un castigo es una reprimenda o algo que se da o se quita y que reduce un comportamiento. A menudo se abusa del rincón de pensar y de otros castigos con niños con o sin autismo, y no los recomiendo. Por una razón, algunos castigos como un azote o usar restricciones pueden considerarse abusivos, poco éticos o incluso ilegales. Además, décadas de investigación muestran que todos los niños y adultos aprenden mejor en entornos positivos, no punitivos. Incluso castigos leves como gritar o reprimendas verbales pueden provocar que tu hijo se aparte de ti y te evite. Es justo lo opuesto a lo que necesitas para conseguir que participe de forma positiva contigo en las cosas.

Devolver el golpe a tu hijo cuando él te pega *nunca* se recomienda. Pegar o dar un azote no solo es un modelo de comportamiento indeseable, sino que se puede considerar abusivo, y, además, es probable que aumente o empeore la agresión de tu hijo.

¿Y qué hay del rincón de pensar? Con mis dos hijos, rara vez he utilizado este método, incluso antes de ser analista de comportamiento. Y ahora creo firmemente que el rincón de pensar se debería evitar en casi todos los casos. Sencillamente no funciona la mayoría de las veces, porque es un método reactivo en lugar de una estrategia de prevención. Durante los métodos de rincón de pensar estándar de entre 2 y 10 minutos, el niño es llevado a una zona en la que se pueden producir más problemas de comportamiento o bien otros diferentes. Mientras está en dicho rincón no aprende por qué ese comportamiento era inaceptable ni lo que debe cambiar para conseguir el refuerzo que necesita.

Además, algunos niños puede que disfruten del rincón de pensar, sobre todo si significa que ya no tienen que hacer algo que no quieren hacer. Lo que quiere decir que, sin darte cuenta, refuerzas el problema de comportamiento. En general, los padres e incluso los profesionales creen que el rincón de pensar es un castigo que reducirá los problemas de comportamiento; sin embargo, a menudo sirve como reforzador y lo único que hace es agravar dichos problemas.

INTERVENCIONES PARA FACILITAR LAS TRANSICIONES

A todos los niños que aparecen en este libro les cuesta hacer la transición de las actividades de alta preferencia hacia las que no le gustan. Pero, sinceramente, ¿acaso no nos pasa a todos? A nadie le entusiasma pasar de hacer lo que te gusta a lo que no.

Imagina que estás en la playa. Hace buen día, estás disfrutando de una bebida fresquita y leyendo un libro fantástico. En una escala del 1 al 10, en la que 10 es la actividad de mayor refuerzo, probablemente clasificarías estar en la playa con un 10. De repente, sin previo aviso, me acerco a ti y te digo «Venga, ya se ha acabado la playa. Ahora, vamos a cargar estas cajas que pesan muchísimo en un camión». ¿Te gustaría? Probablemente no. Puede que empieces a discutir o que golpees la silla contra la arena. Puede que incluso te niegues a irte.

La clave para facilitar las transiciones para tu hijo es evitar pedirle que pase de un 10 (actividad de preferencia alta) a un 2 (actividad no preferente). Si está jugando o viendo un vídeo y le dices que es hora de acostarse o que ordene los juguetes, esa petición puede provocar una rabieta porque tiene que pasar a una actividad que no prefiere.

Además de las estrategias de prevención y reacción que hemos comentado a lo largo de este capítulo, hay cinco formas de facilitar transiciones:

1. **Ofrece la zanahoria (el refuerzo) antes de que se produzca el problema de comportamiento.** Cuando mi hijo era pequeño le encantaba estar en el mar durante horas. Para evitar problemas de comportamiento le ofrecía algo que le gustara (como pizza) para conseguir que saliera del agua. Sin embargo, es importante ofrecer el refuerzo *antes* de pedirle que haga la transición. No esperes a que se dé el problema de comportamiento como reacción a la demanda. Yo decía «Lucas, ¡hora de la pizza! Sal y sécate».

2. **No muevas físicamente a tu hijo de un sitio a otro.** Ni se me ocurriría sacarte a rastras de la playa para que me ayudaras a cargar cajas pesadas en un camión. No lo hagas con tu hijo (incluso si es tan pequeño que lo puedes llevar en brazos) a menos que su seguridad corra peligro de forma inminente.

3. **Siempre que sea posible, ofrece opciones.** En el ejemplo de la playa, si te dijera que necesito ayuda con unas cajas pesadas y luego te preguntara cuándo te iría bien pasar a hacer eso, probablemente, cooperarías más. Quizás sugieras que carguemos las cajas cuando te acabes la bebida o después de terminar el capítulo que estás leyendo. Elegimos muchas cosas a lo largo del día, sobre todo cuando nos enfrentamos a tareas desagradables. Así pues, da a tu hijo todas las opciones posibles antes de las transiciones y de que empiecen los problemas de comportamiento.

4. **Coloca las actividades más difíciles entre dos de las preferidas y considera la opción de usar horarios y temporizadores.** Es importante que todas las actividades no preferidas estén repartidas a lo largo del día y situadas entre actividades de refuerzo. Coloca las actividades más difíciles entre otras de refuerzo más divertidas.

5. **Asegúrate de que la mesa de aprendizaje está asociada con mucho refuerzo e intenta no usar la palabra** *trabajar.* Según mi experiencia, la palabra *trabajar* se usa pronto y a menudo, sobre todo con niños que tienen retrasos, y suele ir acompañada de demandas difíciles y poca diversión. Con los años he dejado de decir *trabajar* con niños pequeños, y te recomiendo que hagas lo mismo. En lugar de decir «es hora de trabajar», opta por «tiempo de aprendizaje», «tiempo con mamá», o, simplemente, «tiempo en la mesa».

AGUANTA

Mientras implantas estas estrategias de reducción de los problemas de comportamiento sé paciente contigo misma y con tu hijo. Se puede tardar en conseguir resultados, pero he ayudado a bastantes niños para saber que estos métodos son efectivos. Será fácil saber si tu plan funciona, porque los problemas de comportamiento aumentarán o pararán. Si no cambian o si el comportamiento empeora, sabrás reevaluar tus datos, alterar el plan y buscar ayuda profesional.

Independientemente de lo que hagas, si tu hijo tiene una rabieta o muestra otros problemas de comportamiento, conserva la calma durante el berrinche. Tu comportamiento no debe ser reactivo. Si sirves de modelo de comportamiento apropiado para tu hijo, se familiarizará con el hecho de que algo es apropiado. Más adelante puedes ser el capitán que hace un plan para prevenir el siguiente problema de comportamiento.

En los tres próximos capítulos aprenderás cómo enseñar habilidades lingüísticas y sociales hará que controlar los problemas de comportamiento sea aún más fácil. En el capítulo siguiente veremos el desarrollo de habilidades sociales para que tu hijo pueda interactuar y jugar con otros niños más fácilmente.

7

Cómo desarrollar habilidades sociales y de juego

Cuando Lucas tenía 2 años iba a un programa de prescolar del vecindario. Eso fue varios meses después de que mi marido mencionara por primera vez la posibilidad del autismo y yo le hiciera callar. No hablamos del tema en absoluto mientras nos preparamos para mandar a Lucas a parvulitos. Los dos pensamos que el entorno le podría ayudar a interactuar y a jugar con otros niños, y pensábamos que las rutinas y las actividades le ayudarían a desarrollar el lenguaje.

La clase de los pequeños solo se reunía dos mañanas a la semana, y como Lucas y los demás niños solo tenían 2 años, las expectativas eran muy bajas y no se exigía que supieran ir solos al baño. A diferencia de otros niños, a Lucas no le costaba separarse de mí cuando lo llevaba por la mañana. Tampoco tenía problemas para compartir porque no le importaban los juguetes. Si otro niño le quitaba el juguete de la mano, no gimoteaba ni intentaba recuperarlo.

Por eso, al principio, como no causaba alboroto, parecía que hubiera encajado bastante bien. Sin embargo, a mitad de año la profesora y la directora del centro sugirieron que nos reuniéramos para hablar de Lucas. Aunque no usaron la palabra que empieza por «a» en la reunión, sí dijeron cosas como «parece como si estuviera en su mundo casi siempre.

No interactúa con los demás niños y le cuesta entender los conceptos de la hora del círculo. No habla tanto como los demás».

Su preocupación principal era que a Lucas no le iba a ir bien cuando el resto de la clase pasara al aula de 3 años. Explicaron que, a medida que los niños crecen, las expectativas de las clases de los niños mayores aumentan. Por ejemplo, en la de 3 años todos los niños debían saber ir al baño solos y reducían la ratio de profesor de 2 a solo 1 para 15 niños. Nos dijeron que, si Lucas no era capaz de ponerse al día, no podría pasar a la clase de 3 años con sus compañeros de ese momento.

Les dijimos que ya habíamos empezado logopedia y que estábamos esforzándonos al máximo para ayudar a Lucas a ponerse al día. Además, hicimos hincapié en que él era de los pequeños de la clase porque había cumplido 2 años en julio, mientras que otros niños habían cumplido 3 poco después de empezar en otoño. Así que algunos tenían casi un año más que Lucas. Estuvieron de acuerdo en que había un rango amplio de lo que se considera comportamiento «normal» y reconocieron que había ciertas diferencias entre un niño de 2 años y medio y otro de 3 años y medio en cuanto a lenguaje y desarrollo. De todas formas, fue triste que nos llamaran de dirección para reunirse con nosotros y comentar los retrasos de nuestro hijo.

Después de la reunión, mi marido estaba más convencido que nunca de que Lucas tenía autismo, y empecé a aceptar que sus retrasos eran más serios de lo que pensaba. Más o menos en esa época, nuestro seguro iba a dejar de cubrir la logopedia en el hospital, así que hicimos que un especialista en habla de intervención temprana empezara a trabajar con Lucas en casa. No supimos pedir una evaluación multidisciplinar y no les dijimos que nos preocupaba la posibilidad de que tuviera autismo. Por ese motivo, Lucas solo recibió una hora de servicios de un logopeda desde los 2 años y medio hasta los 3 años. Eso fue otro gran error que retrasó todavía más su diagnóstico y el tratamiento ABA intensivo que yo no sabía que él necesitaba.

Al final, después de que Lucas obtuviera su diagnóstico el día antes de cumplir 3 años, en julio de 1999, seguimos la recomendación de la dirección del centro de parvulitos para que repitiera la clase de niños pequeños.

Más tarde me enteré de que los niños que cumplen años en verano normalmente van retrasados respecto al desarrollo de habilidades sociales y de juego al entrar en la guardería, algo que ocurre particularmente con los niños con autismo o cualquier tipo de retraso.

A Lucas le fue bien repetir la clase de 2 años, porque la ratio profesor estudiante era menor, no tenía que saber ir al lavabo solo, conocía la rutina de esa clase y le encantaba su profe. Además, podía asistir con uno de sus terapeutas ABA, lo que fue de gran ayuda para generalizar sus habilidades entre la casa y la escuela.

REPETIR O SER EXPULSADO DE LA GUARDERÍA O ESCUELA DE PREESCOLAR

Quizás tu hijo sea mayor o menor que Lucas, o tenga más o menos habilidades sociales y lingüísticas de las que él tenía en ese momento. He visto muchos casos en los que el personal de las guarderías o de la escuela de preescolar señalan a los niños si no consiguen los hitos de desarrollo (como beber de un vaso sin tapa, esperar haciendo cola o participar en la hora del círculo) y no están listos para pasar a la siguiente clase. Si te ha pasado (y te han convocado a una reunión como a nosotros) o si las notas trimestrales de tu hijo muestran resultados preocupantes, no te culpes a ti ni a tu hijo. Si alguien de una guardería o escuela o incluso un familiar o amigo preocupado señala que tu hijo podría sufrir un retraso tienes que estar dispuesta a escucharlo y a empezar a mirar más seriamente los hitos típicos y las señales de alarma descritos en el capítulo 2.

Algunos niños con autismo u otros retrasos en el desarrollo incluso son «expulsados» de la guardería o de parvulitos si su retraso es significativo y si pasan a ser problemáticos o agresivos con los demás niños o con el personal. Aunque tu hijo muerda a otros niños no es un niño «malo», y esos comportamientos indican que tiene dificultades y que necesita más ayuda. Es el momento de hacer más evaluación y planificación, *no* de castigar o culpar a alguien, incluidos tu hijo y tú.

CÓMO DECIDIR SI LA GUARDERÍA, LA ESCUELA DE PÁRVULOS O EL PROGRAMA ABA SON UNA BUENA OPCIÓN

Quizás tu hijo ya esté en una guardería o en un programa de comportamiento e intentas decidir si es la mejor opción para él. O quizás quieras que parte de su aprendizaje tenga lugar fuera de casa. Para saber si una guardería, un programa de parvulitos o una clínica o escuela especializada ABA es la mejor opción para él, debes analizar varios factores.

La seguridad es el primer factor, y el más importante. ¿Estará a salvo allí, teniendo en cuenta sus problemas de comportamiento? ¿Habrá alguien allí que se asegure de que no salga, que no se pase el día haciendo *stimming* o que tenga una conducta autolesiva?

Observa a los niños de la escuela para ver si parecen felices. Si tu hijo ya asiste a un programa, ¿es feliz ahí? Los niños no deben mostrar muchos problemas de comportamiento, sobre todo al llegar. Si gimotean o gritan y no quieren subir al autobús o que les dejen allí, es probable que el programa no utilice un sistema de refuerzo apropiado y que las exigencias sean demasiado elevadas.

Observa a los profesores para ver si usan mucho lenguaje negativo, como «para de hacer eso». ¿Dicen cosas como «te voy a quitar la cuerda si no la compartes con los demás»? Esa es una gran señal de alarma. Asegúrate de que utilicen palabras positivas y un tono positivo cuando evitan problemas de comportamiento y cuando reaccionan a uno. Fíjate en palabras y frases como «Me gusta cómo compartes con los demás», «Choca esos cinco» y «¡Genial!». Como he mencionado anteriormente, tu hijo (y cualquier persona) necesita entre cinco y ocho afirmaciones positivas para cada declaración negativa.

Mira el horario de clase. ¿Hay tiempo para la instrucción específica? ¿O hay muchos períodos de tiempo dedicados al «juego libre»? Los niños, sobre todo los que tienen retrasos, necesitan mucha estructura, enseñanza directa y pruebas de que progresan.

Si tu hijo necesita enseñanza ABA individual, logopedia u otra instrucción, ¿está disponible en ese centro o permitirán que ese apoyo externo vaya a la guardería o a la escuela de parvulitos para trabajar con tu hijo? ¿Cómo deciden los profesionales en qué trabajar con cada niño? ¿Presentan las demandas poco a poco y se concentran en asociar actividades nuevas? ¿Animan a los niños? ¿Hay oportunidades para que tu hijo se comunique pidiendo lo que necesita? ¿Qué información o datos tienen sobre el progreso en el aprendizaje de tu hijo y cómo funciona en las actividades diarias de la clase? ¿Cómo se compartirán esos datos contigo y con otros miembros del equipo?

La comunicación entre padres y profesores en la escuela o el programa debe ser activa, transparente y de colaboración. Probablemente necesites algo más que unas hojas de comunicación que muestren una cara sonriente cuando el niño ha tenido un día fantástico o una cara frunciendo el ceño cuando el día ha sido duro. Necesitarás más información, como por ejemplo en qué están trabajando, cómo es el progreso de tu hijo y si tiene algún problema de comportamiento que pueda señalar la necesidad de hacer cambios.

En general, debes encontrar una escuela o un programa donde el personal mantenga a tu hijo a salvo, trabaje las habilidades adecuadas en el orden correcto y se asegure de que haya pocos problemas de comportamiento. Es la única forma de saber si el programa está alineado con lo que necesita tu hijo según tu evaluación y tu plan más recientes.

LA EXPOSICIÓN A NIÑOS CON DESARROLLO TÍPICO NO BASTA

Durante los últimos veinte años he visto a muchos padres creer que el mero hecho de exponer a su hijo a otros niños siempre será de ayuda y nunca hará daño a la situación. Sin embargo, como analista de comportamiento he visto que los niños que no entienden o que no usan el lenguaje puede que no se beneficien en absoluto de ir a parvulitos o la guardería. En algunos casos es una pérdida de tiempo, y el tiempo es el recurso más valioso de nuestros niños.

Para la mayoría de los niños con retrasos o autismo, el hecho de ponerlos en una clase con otros niños no bastará para que aprendan habilidades sociales. En general, cuando tienen retrasos en el habla, tanto si tienen un diagnóstico oficial de autismo como si no, necesitan que les enseñen explícitamente esas habilidades primero los adultos —padres y/o profesionales—; solo después podrán aplicar dichas habilidades a otros niños. Tienen que aprender el juego paralelo. También deben tener algunas habilidades de juego independientes antes de poder beneficiarse de un aprendizaje en grupo estructurado.

Empecé a trabajar con mi cliente Adam cuando él tenía 4 años. Tenía algunas palabras *pop out*, pero, básicamente, no hablaba. Ya había sido diagnosticado con autismo y asistía a una escuela de parvulitos 4 días a la semana. A pesar de que llevaba un año en un centro de necesidades especiales de «comportamiento verbal», me entristeció ver que no había hecho ningún progreso real con el lenguaje, la imitación o las habilidades de emparejamiento. Al evaluar a Adam vi que el personal de programa de necesidades especiales no tenía el conocimiento ni la experiencia para programar correctamente mediante VB-MAPP, y tampoco la capacidad de hacer sesiones individuales intensivas. Había muchas actividades pequeñas en grupo como el momento de la llegada, el del almuerzo, el del círculo, el de plástica y el tiempo libre. Sin embargo, Adam ni usaba ni aprendía lenguaje y, aunque tuvieran hojas para reunir datos, todos los gráficos estaban planos. Durante más de un año no mejoró en absoluto.

El día libre de Adam durante la semana, su madre lo apuntó a una guardería de desarrollo típico para que estuviera expuesto a otros niños. Pero como no tenía lenguaje para comunicarse no interactuaba con ellos en absoluto. No tenía habilidades de imitación, por lo que no podía imitar a los demás niños durante la hora del círculo ni jugar con ellos durante el rato para jugar. En un momento dado, durante mi evaluación, Adam incluso lamió la pared porque no recibía apoyo ni interactuaba con nadie. De todas formas, aunque hubiera tenido a alguien trabajando con él de forma individual en ese entorno, no le habría ayudado a aprender a socializar con los demás niños. Simplemente no tenía las habilidades de lenguaje, imitación y juego que necesitaba para beneficiarse de ese tipo de entorno.

Algunos niños no se sientan pasivamente como Lucas ni chupan la pared como Adam. Tuve un cliente, Todd, que estuvo a punto de ser expulsado de su clase de parvulitos de 4 años. Me pidieron que evaluara la situación. No le habían diagnosticado nada, nunca había recibido servicios de intervención temprana y, en apariencia, su lenguaje parecía ir bien. Sin embargo, lo habían etiquetado de «malo» y los demás niños de la clase temían sus arrebatos. Sus padres no tenían ni idea de qué hacer, así que me pagaron para que evaluara a Todd.

Encontré déficits en sus habilidades sociales y lingüísticas, así como ausencia de refuerzo positivo y uso excesivo del rincón de pensar. Indiqué que Todd debía ir a un pediatra de desarrollo y a un logopeda para que hicieran una evaluación más completa. Recibió un diagnóstico de TDAH, y la evaluación de habla estandarizada mostró la necesidad de logopedia semanal.

Por suerte, Todd pudo completar con éxito el año de parvulitos con cierta formación de los profesores. A mediados de año ya no estaba en el rincón de pensar todos los días, y usaba el lenguaje para comunicarse. Los demás niños ya no le temían y avanzó a la clase pre-K con algunos de sus amigos, con lo que tuvo un año más antes del *kindergarten*.

Si tienes otras opciones, no recomiendo que pongas a tu hijo con retrasos en una guardería o que lo lleves a parvulitos la mayoría del día si todavía no juega con juguetes, no imita ni usa lenguaje con los adultos. Evidentemente, si tiene que ir a la guardería por tu horario de trabajo u otras razones, quizás puedas organizar que un profesional de intervención temprana o ABA le enseñe de forma individual en dicho centro como mínimo una parte del día.

Después del diagnóstico de Lucas seguimos su experiencia de parvulitos con un segundo año en la clase de 2 años porque estaba acostumbrado a la rutina, le gustaba ir y parecía feliz mientras estaba allí. No era agresivo ni problemático. Además, solo era 4 horas por semana, y podía ir con una terapeuta que le hacía de «sombra». Dos mañanas por semana, la terapeuta podía ver de primera mano las habilidades en las que teníamos que trabajar durante su programa individual en casa y conseguía mantenerlo a salvo e interactuando.

Las habilidades sociales tempranas incluyen lo que se denomina «atención conjunta», que implica compartir el foco de atención con otra persona y que las dos miren un objeto (como un peluche) o experimenten una actividad juntas. Un ejemplo de atención conjunta es cuando un niño pequeño señala al cielo para «enseñar» a su madre el avión que vuela. El niño no solo mira el cielo y señala, sino que intenta que su madre le preste atención para que mire el avión con él.

La atención conjunta empieza a surgir alrededor de los 9 meses y debe estar establecida firmemente a los 18 meses. Los niños con autismo o retraso en el habla social suelen carecer de este tipo de atención.

Como la socialización con adultos y otros niños también requiere lenguaje, sobre todo cuando tu hijo es ya un niño pequeño, trabajar las habilidades lingüísticas es clave si quieres que tu hijo sea más social. En este capítulo empezarás a evaluar y enseñar habilidades sociales y de juego, pero los dos capítulos posteriores te ayudarán a enseñar habilidades lingüísticas tempranas y lenguaje más avanzado, que serán útiles para la socialización. A medida que avances en la lectura de este capítulo aprenderás que las habilidades sociales y lingüísticas están tan relacionadas entre sí que es difícil separarlas.

EVALUACIÓN DE LAS HABILIDADES SOCIALES

Dos de los mayores errores de la habilidad social que cometen los padres es no evaluar el nivel de desarrollo social de su hijo y tener las mismas expectativas que tendrían con un niño de desarrollo típico. Por eso es tan importante evaluar las habilidades sociales antes de desarrollar un plan o empezar una intervención.

Además de usar los hitos sociales y de juego típicos basados en la edad de tu hijo para determinar su verdadera edad de desarrollo en esta área (que comentamos en el capítulo 2), el formulario de evaluación TAA («Da la vuelta al autismo») tiene un apartado para ayudarte a evaluar sus necesidades y capacidades sociales. Si le han hecho alguna evaluación en el último año, recomiendo que también uses esos informes, listas y evaluaciones. Quizás señalen los resultados de la evaluación estandarizada de tu hijo, así como sus puntos fuertes y sus necesidades. Esto te puede resultar útil mientras haces la evaluación y el plan TAA. Sé que puede ser duro aceptar que tu hijo tenga un retraso de desarrollo de un año o más; sin embargo, para trazar el mejor plan debes encontrar tu verdadero punto de partida.

A continuación he resumido algunos de los hitos sociales y de juego clave para niños pequeños y preescolares.

HITOS SOCIALES Y DE JUEGO CLAVE

A los 18 meses, la mayoría de los niños pequeños entienden «no» y empiezan a saludar con la mano y a negar con la cabeza. Son conscientes de que hay gente en la habitación y también saben cuándo alguien entra o sale del lugar. Se pueden sentar en una caja de arena con otros niños, aunque es más probable que en esta etapa jueguen solos. Sin embargo, empezarán a imitar a otros niños y les seguirán para entrar en una casita de juegos, por ejemplo.

En general, los niños sin retrasos motores o físicos pueden manipular objetos y pulsar botones a los 18 meses. Muestran una variación en el juego al interactuar de forma independiente con distintos juguetes, como una pelota, cubos y anillas. Es probable que elijan nuevos juguetes en vez de usar solo los que les resultan familiares si se les presenta la oportunidad. En cambio, los niños con retraso o autismo juegan, a menudo repetitivamente, solo con un elemento.

La mayoría de los niños de 18 meses empieza a intentar jugar con el movimiento, como saltar, trepar, balancearse, columpiarse y bailar. También empiezan a jugar con juguetes con piezas que se sacan y se estiran, y empezarán a sacar juguetes de los recipientes. Sacar juguetes puede llegar a ser un problema de comportamiento, sobre todo si es excesivo o se hace después de los 2 años. A Lucas le encantaba sacar cosas de papeleras y cajones cuando ya tenía más de 3 años.

Entre los 18 y los 30 meses, los niños con desarrollo típico suelen empezar a dar juguetes a otros niños en el juego social. Sin embargo, hasta los 2 años, en general, juegan con juguetes *al lado* de otros niños y entonces empiezan a incluir a otros en su juego. Primero jugarán a juegos imaginarios, como dar de comer a una muñeca, empujar un cochecito, cepillarle el pelo, ponerse un teléfono en la oreja y crear embudos de tráfico o accidentes con coches de juguete. Buscarán las partes que faltan de un juguete, como una pieza del puzle o un biberón para un bebé. Empezarán a usar elementos como un cuenco como tambor o convertirán una caja en un coche imaginario.

Antes de los 2 años, la mayoría de los niños empiezan a interactuar con otros niños; por ejemplo, empujan el carrito en el que va un compañero o se cogen de la mano. Hacen mandos básicos a otros niños, como decir «empújame», «mira» o «venga». Y responden a otros niños mirándolos, siguiéndolos o empujándolos en un cochecito cuando se lo piden.

Durante la evaluación de las habilidades sociales y de juego también es buena idea evaluar a tu hijo en un parque. Si es demasiado pequeño para la mayor parte del equipo de un parque medio, busca uno que sea específico para niños más pequeños.

En parvulitos o en grupo, los niños de esta franja de edad normalmente se sientan en un grupo unos minutos sin problemas de comportamiento y pueden hacer la transición entre actividades sin que se lo tengan que recordar mucho. Pueden responder a instrucciones verbales que recibe el grupo como «los que lleven una camiseta roja, que se pongan de pie».

De los 30 a los 48 meses se espera que los niños típicos muestren afecto por sus amigos y preocupación por un amigo que llora. Comprenden los conceptos de «mío» y «tuyo» y empiezan a participar en el juego imaginario, como disfrazarse, fingir que cocinan o celebrar una fiesta de mentira con sus peluches. Pueden lanzar una pelota en una canasta varias veces hasta que consiguen que entre y comprenden cómo golpear una pelota con un bate. Pueden hacer funcionar juguetes que tienen varias partes que se mueven, como botones y palancas. Pueden hacer cruces con tres o cuatro piezas y construir una torre de seis cubos o más.

La mayoría de los niños con desarrollo típico de 3 y 4 años empiezan a cooperar más con los demás. Por ejemplo, cogen un cubo mientras otro niño lo llena de arena o fingen con otros niños que tienen una mesa de arena o juegan en la zona de cocina de juguete. El lenguaje también se empezará a desarrollar más y más mientras empiezan a preguntar y responder preguntas en las que hay que contestar algo más que sí o no, como «¿A dónde vas?» y «¿Qué haces?».

Un niño de párvulos debe ser capaz de aprender información nueva y adquirir comportamientos nuevos en un entorno de grupo, como durante la hora del círculo. Si el profesor lee un libro sobre el tráfico y los colores del semáforo o canta una canción sobre los días de la semana, la mayoría de los niños con desarrollo típico aprenderán y aplicarán la información de inmediato sin instrucción explícita ni individualizada.

Los niños de entre 3 y 4 años normalmente pueden jugar como mínimo 10 minutos por su cuenta sin que un adulto participe ni le indique nada. Evidentemente, los niños con retrasos o autismo puede que estén haciendo *stimming* en lugar de jugar realmente. Si crees que es el caso de tu hijo, no te desanimes. El *stimming* significa que explora e interactúa con los elementos. Cuando añadas habilidades lingüísticas y de juego a sus recursos, el cielo es el límite de todo lo que puede aprender.

EVALUACIÓN

Soy consciente de que leer todos estos hitos puede agobiarte, sobre todo si ves que tu hijo va muy retrasado en habilidades sociales. Sin embargo, conocer las necesidades y los puntos fuertes de tu hijo es el primer paso para dar la vuelta al autismo (o a los retrasos). He visto a muchos niños hacer grandes progresos en todas estas áreas cuando los padres toman la iniciativa. Uno de tus objetivos principales a largo plazo es conseguir que tu hijo aprenda todo lo posible en un entorno de grupo. Así que incluso si necesita un profesor o terapeuta individual ahora para aprender las habilidades necesarias, ten presente que, con el tiempo, puede que sea capaz de aprender habilidades lingüísticas y sociales en un grupo.

Además de terminar la parte de habilidad social del formulario de evaluación «Da la vuelta al autismo», de rellenar la lista de cuidado personal del Dr. Sundberg y de tener presentes los hitos típicos que acabas de leer, te recomiendo revisar los dos vídeos cortos de referencia.

Comentamos estos vídeos en el capítulo 4, así que ahora es el momento de revisarlos. De todas formas, en caso de que todavía no los hayas grabado o si ha pasado mucho tiempo y quieres repetirlos, aquí tienes un recordatorio: los dos vídeos deben durar un minuto cada uno. Uno debe ser de tu hijo jugando con juguetes solo (grábalo con la máxima discreción sin hablar con él) y el otro de los dos (él y tú) en el que intentas interactuar con él usando juguetes o material de juego en la mesa o en el suelo. Ver esos dos vídeos puede ayudarte a determinar sus necesidades y sus puntos fuertes respecto a las habilidades sociales.

Muchas veces, cuando he ayudado a analizar estos vídeos de referencia de un minuto, veo que hay temas comunes. Cuando aparecen solos suelo ver a niños que juegan con un juguete, apilan cubos o ponen objetos en fila repetidamente. Los niños de parvulitos con retrasos pueden jugar con muñecas o figuritas mientras dicen pequeños guiones o frases de vídeos.

Un niño de 4 años, diagnosticado con un autismo de moderado a grave cuando tenía 2 años, ponía en fila imágenes de los planetas en orden y leía los nombres mientras su madre lo grababa. Aunque decir el nombre de los planetas pueda parecer una habilidad avanzada para algunos padres e incluso para algunos profesionales, no es funcional. Las horas de juego repetitivo y/o el guionado de vídeos durante un tiempo que pasa solo casi siempre ampliarán la brecha social y hará que los niños se queden aún más retrasados.

Los vídeos de interacción de un minuto que he analizado también se suelen parecer. Antes de que los padres aprendan a implantar mi enfoque, a menudo intentan que su niño pequeño etiquete letras, números, colores o formas. El niño pequeño que etiquetaba planetas mientras estaba solo no tenía mucho lenguaje funcional, pero su madre se concentraba en que identificara letras durante la sesión de tiempo de mesa de un minuto. Concentrarse demasiado en habilidades preacadémicas y enseñar los nombres de los planetas no resulta útil si tu hijo no puede expresar sus deseos y necesidades ni etiquetar a personas y objetos comunes. Esas habilidades lingüísticas funcionales son necesarias para que el niño desarrolle el lenguaje social.

CÓMO HACER UN PLAN

En el capítulo 5 comentamos cómo hacer un plan y reunir material para crear un área de aprendizaje con una mesa pequeña. Ahora que conoces mejor las habilidades sociales quizás quieras revisar el plan. Si tu hijo todavía no establece contacto visual, no señala o no tiene lenguaje expresivo o receptivo, enseñarle buenos modales y juegos de fantasía no tiene sentido. Aunque tenga 3 o 4 años puede que debas darle juguetes para niños de 18 meses si ese es el punto de desarrollo que marca tu evaluación. Así, puedes trabajar en tus habilidades sociales y de juego tanto durante tus sesiones de mesa como cuando estés lejos de la mesa a lo largo del día.

Si tu hijo cuenta con servicios de intervención temprana o ABA, también tendrá metas. Ahora que has revisado tu evaluación y tu plan querrás trabajar con los profesionales de la vida de tu hijo para asegurarte de que los objetivos que habías fijado anteriormente están alineados con tu evaluación. He visto que los objetivos estándar o uniformadores simplemente no funcionan. Deben ser específicos para tu hijo y para lo que puede hacer realmente en este momento.

INTERVENCIONES: HABILIDADES SOCIALES BÁSICAS

Como he dicho anteriormente, las habilidades sociales no se pueden enseñar de forma aislada. Mi enfoque «Da la vuelta al autismo» te ayuda a trabajar en muchas habilidades con tu hijo, como juego social, lenguaje y problemas de comportamiento al mismo tiempo. Sin embargo, muchos niños con autismo u otros retrasos de desarrollo necesitan una intervención sistemática basada en su evaluación y su plan para mejorar desde el punto de vista social.

Cómo enseñar el contacto visual

Aunque la falta de contacto visual sea una preocupación para la mayoría de los padres de niños pequeños con autismo, no puedes enseñar esta habilidad directamente. Sin embargo, es probable que llegue a ser más natural para él a medida que le enseñas otras habilidades. Por lo tanto, en lugar de intentar que te mire, colócalo de forma que esté de cara a ti en lugar de estar frente a la pared mientras está en la mesa. También ponte a su nivel siempre que sea posible para que mirarte a la cara le resulte más fácil. Después, levanta los elementos de refuerzo, juguetes o incluso las imágenes de personas y cosas que le gustan poniéndotelos delante de la cara y al lado de la boca. Yo suelo levantar un pompero y digo «¡Pompas de jabón!». Anima a tu hijo a mirar hacia ti y hacia tu cara, pero nunca intentes obligarle a establecer contacto visual.

Cómo enseñar a señalar

Tal y como dije en el capítulo 2, el hecho de no señalar con el dedo índice a los 18 meses para pedir cosas y atraer la atención puede ser una señal temprana de autismo o, como mínimo, de un retraso en el habla.

Hay dos formas de señalar. Pedir una galleta se denomina «señalamiento imperativo», mientras que señalar un objeto o acción para llamar la atención de alguien, como sería señalar un avión, recibe el nombre de «señalamiento declarativo». Algunos niños con retraso que todavía no señalan intentan producir un mando o llamarte la atención cogiéndote de la mano en lugar de señalar con el dedo. Esto se denomina «conducir la mano», y también puede ser una señal de alarma de autismo.

Hace varios años, cuando trabajaba directamente con clientes como Chino y Max, descubrí mediante prueba y error que enseñar a los niños a señalar cosas no es tan difícil, y desarrollé un sistema. Si tu hijo todavía no señala pero logra otros hitos de los 18 meses, quizás quieras empezar a enseñarle esta habilidad. Puedes enseñarle a lo largo del día estés donde estés y, cuando acabes el siguiente capítulo y domines más cómo asociar la mesa con un refuerzo alto, también puedes trabajar cómo señalar durante el tiempo en la mesa. Recuerda que los reforzadores son cruciales para conseguir que tu hijo interactúe contigo; por lo tanto, trabaja siempre esta habilidad con un refuerzo fuerte.

Antes de empezar a enseñar a tu hijo a señalar, determina cuál es su mano dominante. Para comprobarlo, yo coloco varios elementos que le gustan, como su comida o bebida preferidas, delante de él, a medio camino entre las dos manos. Hazlo 10 veces y observa qué mano usa para coger los objetos. No es infalible, así que obsérvalo en otras circunstancias. Después, haz lo que puedas para determinar cuál es la mano dominante y no te preocupes si a veces usa la otra para señalar algo. No debes intentar obligarlo a usar una mano o la otra; simplemente estás intentando que le resulte más fácil aprender esta habilidad.

Empieza por lo que denominamos «señalamiento táctil» con objetos que estén justo delante del niño. En la mesa de aprendizaje, usa un libro, *flashcards* o una *tablet*. Levanta el objeto y haz referencia a algo específico que aparezca en la imagen, como por ejemplo un pato. Coge la mano dominante de tu hijo y haz que toque el objeto mientras dices «¡Mira el pato!». No es necesario que le separes los dedos mientras le coges la mano para señalar.

Después, pídele que lo señale. Di «¿Dónde está el pato?» hasta que lo empiece a entender. Tómalo de la mano de nuevo con cuidado y haz que toque la imagen.

Una vez que ya domine señalar tocando el objeto, empieza a trabajar cómo señalar objetos que estén ligeramente más alejados de él. Ponte detrás de tu hijo mientras está sentado a la mesa y sostén un libro delante de él. Di «¡Vamos a señalar el libro!». Si no lo hace, levántale el brazo y dóblale con cuidado los demás dedos con la mano de forma que el dedo índice de su mano dominante señale el libro. (No es necesario que el pulgar esté metido debajo.)

Después, vuelve a bajar el libro y escoge algo que aparezca en la página. Pongamos que sea un elefante. Vuelve a subir el libro a poca distancia de tu hijo y di «¡Vamos a señalar el elefante!». De nuevo, si no quiere hacerlo por voluntad propia, levántale el brazo de la mano dominante y dóblale suavemente todos los dedos salvo el índice. Como refuerzo verbal, podrías decirle «¡Genial!».

Busca oportunidades de señalar cosas a lo largo del día. Por ejemplo, cuando pase un avión volando mientras estáis jugando en el jardín, di «¡Vamos a señalar el avión!». También puedes señalar a un hermano y decir «¡Vamos a señalar a tu hermano!». Aunque tu hijo aún tenga poco lenguaje, aprender a señalar le ayudará a tomar decisiones y a comunicar lo que quiere más fácilmente.

Cómo enseñar saludos sencillos

Saludar con la mano es una de las primeras habilidades que aprenden los bebés, pero muchos niños con retrasos no la adquirirán a menos que alguien se la enseñe directamente, sobre todo si, en general, no se fijan en otras personas, no establecen contacto visual o no tienen habilidades básicas de imitación. Así pues, ¿cómo enseñarle a hacerlo?

Primero empieza a pensar en la habilidad para saludar que le enseñarás. A menos que tu hijo ya hable y pueda repetir lo que dices, recomiendo que trabajes el hecho de saludar con la mano para decir «hola» de momento. Siempre agáchate y acércate a tu hijo a su nivel. *No digas su nombre*. Di solo «hola» con entusiasmo y salúdale con la mano simultáneamente. Levántale la mano y muévela con cuidado. Lo más probable es que tengas que repetirlo con frecuencia antes de que empiece a saludar con la mano por sí mismo. Puedes practicar esta habilidad cuando estáis los dos solos en la habitación o, si hay familiares o amigos disponibles, podéis practicar el saludo con ellos. Haz que tu marido, otro adulto o un hermano esté preparado para practicar en otra habitación. Después, di a tu hijo «¡Vamos a saludar a papá!». Entra en la habitación y haz que el padre diga «hola» y salude con la mano. Puedes guiar con cuidado la mano de tu hijo para que salude con la mano mientras dices «hola».

También puedes practicar los saludos cuando alguien entre en casa. Di «Oh, ¡oigo que viene alguien!». Haz que tu hijo esté presente cuando esa persona llega. También puede ser cuando se vaya. Haz que esa persona se acerque al niño, se agache y diga «¡Hola!» mientras lo saluda con la mano y *sin decir el nombre del niño*.

Si hay errores en el saludo, fíjate si se trata de una dificultad con el tacto, que sería designar a cada persona, o un problema ecoico o de imitación. Esto significa que no repite tus palabras o que no imita acciones como saludar con la mano.

Cuando domine decir «hola» puedes enseñarle a saludar con la mano y decir «adiós».

Cómo enseñar juegos de fantasía

Jugar a juegos de fantasía es una habilidad social avanzada que exige lenguaje expresivo y receptivo. Veremos este tema con más detalle en los dos próximos capítulos. Puede que todavía no esté listo para esto, pero una de las actividades de juego de fantasía que recomiendo es una fiesta de cumpleaños. Si no tiene suficiente lenguaje receptivo para entender lo que haces podría provocar problemas de comportamiento, aunque tengas fuertes reforzadores disponibles; pero si crees que tu hijo quizás esté listo para ello, coge plastilina, platitos, tazas de té, una tetera y velas de cumpleaños y di «¡Vamos a hacer un pastel de cumpleaños de plastilina!». Después, haz el pastel, pon las velas y finge que las soplas. Mira si él te imita.

Podría ser divertido tener un regalo que pueda desenvolver y poner un refuerzo comestible en su plato. Le puedes enseñar a verter té de mentira en las tazas. Usa la imaginación y fíjate en si tu hijo se divierte. Evalúa si imita alguna de tus acciones durante la actividad.

Evidentemente, es un ejercicio especialmente útil si se acerca su cumpleaños o si te estás preparando para llevarlo al de alguien. Puedes usar la misma idea para practicar habilidades de juego con trenes, muñecas o cocinas de juguete. Puede resultarte útil reunir todos los materiales que necesites para cada actividad de juego en una papelera para practicar distintos escenarios con los materiales. Pero, atención, no repitas las mismas actividades con el mismo lenguaje una y otra vez, porque esto probablemente conducirá a una respuesta poco natural aprendida de memoria y no a lenguaje funcional.

Habilidades sociales avanzadas

He visto a padres y también a profesionales intentar trabajar los turnos (ahora me toca a mí, ahora a ti) y enseñar a niños modales, como decir «por favor», «gracias» y «perdón» demasiado pronto. Si a tu hijo le cuesta prestar atención a un juguete unos minutos en la mesa de aprendizaje no será capaz de compartir cosas con otros niños, seguir turnos, ni comprender el concepto de pedir perdón. Debe dominar las habilidades prerrequisito antes de pasar a las más avanzadas.

Como he dicho, las habilidades sociales, incluida la capacidad para jugar con otros niños, son avanzadas y requieren capacidades de lenguaje receptivo y expresivo bastante complejas. En el capítulo siguiente aprenderás a enseñar a tu hijo habilidades lingüísticas básicas. Podrás informarte con más detalle sobre el lenguaje avanzado en el capítulo 9.

Ten paciencia y fíjate bien en el orden de los hitos/prerrequisitos para no esperar habilidades sociales o lingüísticas demasiado avanzadas demasiado pronto. Si ayudas a tu hijo a dominar las habilidades sociales en el orden adecuado y sin prisas progresará más rápido.

Las habilidades lingüísticas de los dos capítulos siguientes son cruciales para mi enfoque «Da la vuelta al autismo», así que lo que estás a punto de aprender será la base de todo lo que viene después.

8

Cómo enseñar a hablar
y a seguir instrucciones

Cuando Elena, la hija de Michelle, fue diagnosticada con autismo justo antes de su segundo cumpleaños, Michelle y su marido se quedaron consternados. Elena había empezado a mostrar signos antes de los 18 meses, pero como tranquilizaron a sus padres diciéndoles que no se preocuparan, ellos siguieron negándose a ver la realidad.

Justo antes del diagnóstico, Elena tuvo una evaluación de logopedia. Tenía casi 2 años, pero el test de habla mostró que funcionaba al nivel de lengua de un bebé de entre 0 y 3 meses. Aunque consiguió el diagnóstico para su hija relativamente rápido, Michelle se enfrentó a otro obstáculo al tener que esperar mucho tiempo para los servicios de intervención. Ella sabía que tendría que soportar un mínimo de tres meses sola en casa con sus dos hijas pequeñas, Elena y su hermana recién nacida, sin los servicios ABA que sabía que Elena necesitaba desesperadamente.

Cuando empezó mi programa *online* «Da la vuelta al autismo», Michelle no sabía cómo hacer que su hija hablara o imitara, ni cómo enseñarle ninguna de las demás habilidades que necesitaba, pero se puso manos a la obra poco a poco. Al cabo de solamente una semana o dos, empezó a hacer progresos con Elena y supo que le iba a ir bien. ¡Y no sabía hasta qué punto!

En el primer día del programa, Michelle hizo la evaluación «Da la vuelta al autismo» y la muestra de lenguaje. La muestra de referencia de Elena (aprendiste en qué consistía en el capítulo 4) incluía dos palabras (*mamá* y *perrito*) en el período de una hora de muestra. Cinco semanas después de implantar el enfoque TAA («Da la vuelta al autismo»), Elena dijo más de 180 palabras en una muestra de lengua de una hora. Incluso podía juntar palabras como «zapatos de mamá» y «pajarito, pío, pío». Su cooperación durante el tiempo en la mesa aumentó mucho y sus rabietas graves se redujeron mucho.

Michelle llevó a su hija a otra evaluación de logopedia cuando tenía 26 meses y, solo en esos 2 o 3 meses en los que solo implantó lo que estás leyendo en este libro, la edad del lenguaje expresivo de Elena pasó de ser de un nivel de 0 a 3 meses a uno de 30 meses. Sí, realmente hablaba como si tuviera 30 meses, a pesar de que tenía solo 26. Sus habilidades sociales estaban un poco retrasadas, todavía a un nivel de 20 meses, pero había hecho un cambio radical con el lenguaje en un periodo de tiempo muy corto sin ayuda profesional y con su madre como única terapeuta.

Te cuento esta historia para que veas lo que es posible cuando implantas las estrategias que estás aprendiendo. De todas formas, hay que ser consciente de que cada niño empieza en un punto distinto con un conjunto de necesidades y puntos fuertes concretos. Algunos niños, como Elena, progresan rápido, y otros necesitan más tiempo y paciencia. Sin importar la edad de tu hijo y sus retrasos, puedes ayudarlo a progresar y llegar al siguiente nivel. ¡No es el momento de desanimarse o rendirse!

En este capítulo aprenderás a aumentar las habilidades lingüísticas y de comunicación en niños pequeños que tienen poca o ninguna capacidad lingüística (como Elena cuando empezó). Aunque tu hijo ya diga algunas palabras o hable con frases, no te saltes este capítulo, porque es muy importante que aprenda a interactuar con él y que tenga ganas de que le enseñes lenguaje.

CÓMO APRENDEN EL LENGUAJE LOS BEBÉS

Antes de entrar en el mundo del autismo nunca caí en la cuenta de lo complicado que puede ser enseñar el lenguaje a niños con retrasos. Todavía me maravillo de la facilidad con la que lo aprenden los niños pequeños con desarrollo típico. Es realmente increíble lo deprisa que cogen los sonidos y las palabras y empiezan a entender el lenguaje. La mayoría de los bebés empiezan a balbucear cuando tienen solo unos meses y experimentan lo que pueden hacer sus voces, diciendo «baba», «papa» y «mama». Como los padres se emocionan cuando un bebé parece decir «papa» o «mama», él aprende que esos sonidos parecen más importantes que los otros. Así empieza el lenguaje.

Por desgracia, muchos niños con trastornos graves del lenguaje, incluidos los que tienen signos tempranos de autismo, no balbucean mucho e, incluso si lo hacen, no parece que les importe tanto la atención de los adultos como a los niños con desarrollo típico. Además, los niños con retrasos no suelen imitar acciones, y esa es la forma en la que aprenden a jugar. No imitan verbalmente ni tampoco repiten tantos sonidos o palabras, que es como normalmente se aprende el lenguaje.

Los niños con retrasos que no balbucean mucho o que no hacen sonidos ni dicen palabras espontáneamente a lo largo del día también pueden tener una articulación mala, lo que significa que les cuesta pronunciar palabras. Esto puede hacer que el poco lenguaje que tengan sea difícil de comprender.

Quizás digas que tu hijo no habla, que no se comunica contigo en absoluto o que es no verbal. Pero todo el mundo, incluso un recién nacido, es verbal. Balbucear, gesticular, llorar y tener problemas de comportamiento como rabietas técnicamente son formas de comunicación. El objetivo es enseñar a tu hijo a ser *vocal y verbal* para que pueda hablar y comunicarse contigo y con otras personas de una forma más efectiva.

Recuerda que las habilidades lingüísticas son tanto expresivas como receptivas. El discurso o lenguaje expresivo está formado por cuatro operantes verbales básicas que incluyen *mando o* solicitud, *tacto o* etiqueta, *ecoica o* repetición de lo que alguien dice e *intraverbal* o capacidad para responder preguntas. En este capítulo aprenderás la potente combinación de mando, tacto y ecoica. Como el lenguaje intraverbal no aparece en los niños de desarrollo típico hasta alrededor de los 18 meses, cubriremos esta operante en el capítulo 9.

Además de fomentar el comportamiento verbal o las habilidades expresivas, en este capítulo también te enseñaré a aumentar la capacidad de tu hijo para seguir instrucciones, imitar y llevar a cabo tareas de emparejamiento. Todo esto es muy importante para el desarrollo del lenguaje temprano y avanzado.

De nuevo, no te saltes esta parte aunque tu hijo siga algunas instrucciones y responda preguntas básicas. Esta es la razón: es bastante habitual que los niños con autismo o retrasos en el habla tengan habilidades dispersas; por eso, aunque tu hijo hable, puede que le falten algunos de los elementos básicos de aprendizaje que mostraré aquí. Estas habilidades de comunicación y aprendizaje deben reforzarse para que pueda «aprender a aprender».

Veamos cómo evaluar rápidamente el comportamiento verbal y no verbal de tu hijo para que puedas empezar a aumentar su lenguaje hoy mismo.

EVALUACIÓN Y PLAN: LAS HABILIDADES LINGÜÍSTICAS TEMPRANAS DE TU HIJO

Ya has leído los capítulos sobre la evaluación y la planificación. El formulario de evaluación TAA («Da la vuelta al autismo») que comentamos en el capítulo 4 te ayudó a evaluar rápidamente las capacidades lingüísticas básicas de tu hijo. Los dos vídeos cortos y la muestra de lengua de referencia mencionados en ese capítulo también son herramientas de evaluación importantes.

Para mirar con más detalle el lenguaje expresivo usamos la muestra de lenguaje de referencia como herramienta principal durante la fase de evaluación. Aquí guardarás los datos lingüísticos detallados escribiendo los sonidos, las palabras o las frases que dice tu hijo en un período de 15, 30 o 60 minutos. Fija un temporizador y escribe solo lo que leas durante ese tiempo. Tu hoja podría incluir sonidos como «da da», palabras como «perro» o frases como «dame ese coche».

Como puedes ver por la historia de Elena, tomar muestras lingüísticas al principio y cinco semanas después fue clave. A través de muestras de 60 minutos, Michelle pudo mostrar que la capacidad lingüística de su hija pasó de 2 palabras a más de 180 palabras y frases. Eso le dio pruebas evidentes de que el tiempo que pasó en casa enseñando a su hija fue un éxito y que iban por buen camino. Estas muestras lingüísticas cronometradas se correlacionan bien con las evaluaciones de habla y lenguaje pre y posestandarizadas de Elena.

Además de la muestra lingüística de referencia, si tu hijo pronuncia alguna palabra quizás quieras hacer una lista de sonidos, aproximaciones de palabra o palabras que le oyes decir a diario o al menos palabras que hayas oído una vez durante las últimas una o dos semanas. Muchos niños tienen lo que denomino «palabras *pop out*», es decir, que se oyen al azar. Es buena idea hacerles un seguimiento y ver formas de aumentar la probabilidad de oírlas, pero resiste el impulso de escribir las que oíste hace tres meses, porque ya no serán relevantes.

A partir de esta lista de sonidos, palabras y frases podrás reunir más pistas. Por ejemplo, me sorprendió descubrir que mi cliente Chino podía decir «Cheeto» cuando quería comer su aperitivo favorito y también «no»; en cambio, no podía decir «Chino» claramente hasta que se enseñamos esa habilidad. Aprender las palabras que tu hijo puede y no puede decir claramente te ayudará de muchas formas. Si descubres que sabe decir «estrellita» cuando tú cantas «brilla, brilla», entonces puedes reunir imágenes de estrellas para los programas de enseñanza.

Al escribir los sonidos y las palabras que tu hijo usa, aunque sea esporádicamente, verás si usa solo vocales o si pone ciertas consonantes y vocales juntas para formar palabras. Resulta útil hacer una hoja de cálculo en la que tengas los sonidos y las palabras en orden alfabético a medida que las añades.

Cuando tu hijo empiece a decir más palabras, su articulación puede que no sea genial en todos los casos. Por eso resulta útil mantener dos listas: (1) con palabras que dice claramente, y (2) con palabras que son aproximaciones o sonidos que todavía no están claros. Una aproximación a una palabra de la lista 2 podría ser «app-a», que usa para indicar «apple». Si lo prefieres puedes guardar las dos listas de palabras en la puerta del frigorífico y así puedes ir añadiéndolas fácilmente a medida que oyes palabras y sonidos nuevos a lo largo del día. Esto también te permitirá mover las palabras de la lista 2 a la lista 1 cuando tu hijo sea capaz de articularlas claramente.

Imaginemos que dice entre 10 y 20 palabras de vez en cuando o de forma habitual. Presta atención a cómo las usa. ¿Crea el mando para conseguir el objeto? ¿Designa las imágenes? ¿Repite lo que dices tú?

También debes evaluar sus capacidades receptivas. Si completaste el formulario de evaluación «Da la vuelta al autismo» ya habrás evaluado su capacidad para seguir instrucciones, como tocarse partes del cuerpo, aplaudir o ponerse de pie sin demostrar la acción, así como sus habilidades de imitación y emparejamiento.

Como los problemas para comer y beber, e incluso el uso del chupete pueden tener un gran impacto en el habla, asegúrate de rellenar el formulario de evaluación con datos sobre estas áreas. Es crucial que completes del todo los formularios de evaluación y planificación y que reúnas el material antes de seguir.

Ahora ¡pasemos a las intervenciones para mejorar el lenguaje!

INTERVENCIONES: EL PODER DEL TIEMPO DE APRENDIZAJE EN LA MESA

Los niños pequeños y de parvulitos con retrasos importantes necesitan muchas oportunidades de aprendizaje para aumentar la probabilidad de ponerse al día. He visto que, cuanto más rápido puedas conseguir que tu hijo se siente en una mesa para aprender, mejor le irá.

Recuerda que también tendrás que sanear la habitación o área en la que haréis el tiempo de mesa, eliminando el acceso libre de tu hijo a juguetes u otros elementos que le puedan suscitar interés. Así, es más probable que quiera quedarse contigo y que se divierta con la mesa y los materiales. Y tendrás que reunir los materiales de la lista del capítulo 5 antes de empezar a implantar las estrategias en este capítulo.

Es importante guardar el material de aprendizaje en un cubo o un armario cerrado para usarlo todo durante el tiempo de mesa. Los juguetes y materiales que tengan piezas, como el Señor Patata, o puzles de insertar deben ponerse en bolsas o contenedores transparentes que lleven etiquetas. No des acceso libre a tu hijo a estos juguetes y materiales cuando no estás con él en la mesa. Si lo hicieras, esos materiales se convertirían fácilmente en juguetes de *stimming*, es decir, juguetes con los que juega repetidamente para autoestimularse.

Asociación y refuerzo

Ya hemos hablado de la asociación, pero como es un concepto tan importante, quiero cubrirlo más en detalle aquí para indicarte cómo asociar el área de aprendizaje con cosas buenas. «Asociar» se refiere a usar cosas que le gustan (pompas de jabón, cosas para picar, atención, etc.) y dárselas sin pedirle nada. Eso hace que tú, el entorno de aprendizaje, la mesa y los materiales sean algo positivo y divertido. Si tu hijo va a la mesa corriendo, sonríe cuando ve los elementos de refuerzo y tiene ganas de sentarse y aprender de ti, vas por buen camino. Pero ten en cuenta que asociar no es algo que se hace una vez y ya está, sino que si tu hijo no quiere sentarse o no le gustan los objetos o las actividades puedes volver a asociar la mesa para asegurarte de que *quiera* estar ahí contigo.

Existen dos tipos de refuerzo principales: felicitaciones y elementos de refuerzo. Estos elementos pueden incluir comida, bebida, un dispositivo electrónico como una *tablet* y otras cosas que le gusten. Cualquier objeto que le guste se puede usar como reforzador positivo.

Sin embargo, a veces hay niños tan obsesionados con un objeto o una *tablet* que es mejor no usarlo durante el tiempo de aprendizaje. Tú quieres que le guste el tiempo en la mesa, así que tienes que escoger reforzadores que le gusten o que le encanten pero no que le obsesionen, sobre todo al principio.

Si tu hijo intenta dejar la mesa o el área de aprendizaje, probablemente significa que no tienes sus reforzadores más fuertes en la mesa contigo. Si la habitación no está saneada y no tienes sus cosas favoritas en la mesa, te enfrentas a una ardua batalla para conseguir que se siente, preste atención a los materiales y disfrute de aprender contigo.

Por lo tanto, antes de sacar el cubo de materiales o intentar que tu hijo se siente contigo, la mesa debe estar bien asociada con refuerzo. Empieza con ráfagas muy cortas de entre tres y cinco minutos en los que os pongáis en la mesa para asociar los elementos de refuerzo que has reunido.

Nunca le obligues a sentarse, ni lo bloquees con las piernas, ni lo sujetes a la silla. Nunca. Debe tener libertad para irse de la mesa. Esa es una de las razones por las que no recomiendo atar a los niños en tronas o asientos elevadores para el tiempo de aprendizaje a menos que no estén seguros en una mesa infantil o que un profesional haya recomendado un asiento alternativo.

Si te cuesta que se quede en la mesa o en el área de aprendizaje, ten cuidado con tu reacción. No recomiendo decir «Tienes que volver aquí y sentarte». En vez de eso, conviértete en detective. Observa a dónde va y qué tiende a hacer. ¿Coge una figurita que se había quedado en la habitación? ¿Ha encontrado un trozo de cuerda en el suelo? ¿Ha decidido sentarse en una mecedora que hay en la habitación? Si es así, intenta llevar esos elementos a la mesa como reforzadores o bien sanea la habitación más a fondo.

Si tu hijo se va de la mesa, déjalo, pero recuerda esto, es importante: los materiales de aprendizaje y los reforzadores deben quedarse *en la mesa* hasta que vuelva. Si dejas que se los lleve, de repente el área de aprendizaje deja de ser especial. Si la habitación está bien saneada, tu hijo no debería tardar mucho en entender que quiere estar en la mesa interactuando contigo.

No soy muy fan de decir «Vamos a trabajar y, luego, descansas», porque entonces tu hijo trabaja para alejarse de ti. Tampoco me gusta decir «Tres más y luego descansas». Quiero que el niño *corra* a la mesa, a los materiales, a los reforzadores y hacia ti.

Puede ser un buen momento para repetir que no recomiendo que uses la palabra *trabajar* en absoluto. Llámalo «tiempo de aprendizaje», «tiempo en la mesa» o «¡tiempo divertido con mamá!».

Para las primeras sesiones cortas de tiempo en la mesa no debes esperar que tu hijo haga ningún «trabajo», ni siquiera que use ningún material. Tiene que conseguir los reforzadores «gratis», solo por sentarse en la mesa contigo. Si se niega a sentarse al principio, dale refuerzo mientras está de pie junto a la mesa, pero no alargues el tiempo de enseñanza más de tres minutos hasta que tu hijo se siente voluntariamente.

A medida que aumentes poco a poco la duración de tu tiempo en la mesa hasta los 15 minutos, divide el tiempo entre la mesa y otras actividades divertidas que no estén ahí. Por ejemplo, 10 o 15 minutos de tiempo en la mesa seguidos de salir fuera o ir al cuarto de juegos.

Pero durante los descansos de la mesa, ve con él, porque incluirán toda la enseñanza en un entorno lo más natural posible. No debe ser un descanso para apartarse de ti. Intenta que el tiempo de descanso sea lo más atractivo posible y date un respiro si lo necesitas. A medida que cojas confianza durante el tiempo en la mesa también aprenderás a usar momentos a lo largo del día para trabajar en cosas como pedir, imitar, habilidad para jugar y generalización de habilidades mientras tu hijo está en casa, en la escuela e incluso en la comunidad.

Cómo usar elementos de refuerzo para conseguir que tu hijo pida lo que quiere

El centro de todos tus programas de enseñanza en la mesa y todo lo que haces con tu hijo debería ser el *mando*, es decir, que pida algo. La razón es que, cuando está motivado y quiere algo, es más probable que le puedas enseñar habilidades nuevas. Cuando pueda comunicar lo que quiera y decírtelo a ti y a otras personas, habrá un cambio enorme en su vida y en la tuya.

Tal como comentamos en el capítulo 6, los problemas de comportamiento casi siempre se deben a que el niño es incapaz de lograr que se produzca un mando verbal o no verbal. Los problemas de comportamiento, igual que llorar en el caso de un recién nacido, son un tipo de mando.

De todas formas, un niño debe estar motivado antes de que aparezca el mando. En el capítulo 5 aprendiste la estrategia una palabra x3, asociar palabras hasta tres veces con el objeto que quiere tu hijo. Sin embargo, él debe *querer* el objeto antes de poder aprender a pedirlo. Por lo tanto, al principio, los objetos que usarás para asociar la mesa y que, con el tiempo, tu hijo aprenderá a pedir, deben ser reforzadores fuertes que esté motivado por conseguir. Estos elementos de refuerzo podrían ser una pelota, un zumo, galletas, una *tablet* o un vídeo corto.

Debes controlar el refuerzo en la mesa. No permitas que tu hijo coja cosas o tenga acceso a ellas sin tu ayuda. Respecto a los refuerzos comestibles, he visto que usar recipientes transparentes difíciles de abrir en vez de cuencos es la mejor opción. Da a tu hijo los objetos de uno en uno y mientras asocias la palabra con el objeto. En cuanto a la electrónica, recomiendo clips de 10 y 30 segundos de película o de vídeos usando una *tablet* después de asociar la palabra *película* o *vídeo*. Si tu hijo no puede pedir cosas hablando o por señas, sigue asociando la palabra hasta tres veces antes de dársela.

En la mesa puedes enseñar el mando separando o dividiendo un objeto en trozos. Por ejemplo, si a tu hijo le gustan o le encantan las manzanas, puedes cortar una en 10 trozos para que tenga 10 oportunidades en la mesa para decir «manzana». Levanta el trozo de manzana a la altura de tu barbilla y di «manzana, manzana, manzana» despacio y de forma animada. Después, dale el trozo. Después de intentar esto un par de veces, espera entre dos y tres segundos antes de darle el trozo para que tenga la oportunidad de producir el mando.

También puedes acercarle el trozo mientras dices «manzana, manzana, manzana» y luego retirarlo ligeramente para ver si lo pide. Si intenta coger la manzana sin decir «manzana», dáselo. Si dice «mh» o «ma» es un avance evidente, dale el trozo de manzana justo después de que diga cualquier cosa que se parezca al nombre de esa fruta.

Si a tu hijo le gustan las galletas, las uvas, el salchichón o las patatas fritas, córtalos o divídelos en varias partes. Así tienes más oportunidades de que produzca el mando. Coge un trozo de galleta, póntelo a la altura de la barbilla y di «galleta, galleta, galleta». Si pierde el interés por las galletas, intenta uno de los otros elementos de refuerzo.

Nunca digas «Si quieres una galleta, tienes que decir "galleta"». Aunque tu hijo pueda hablar y le oyeras decir «galleta» ayer, exigir palabras habladas no es buena idea porque no hay forma de «obligar» a un niño (ni a nadie, de hecho) a decir nada. Lo que debes hacer es que tus interacciones con tu hijo sean positivas. No entres en una lucha de poder. Solo di la palabra hasta tres veces y entrega el objeto (siempre que tu hijo no muestre ningún problema de comportamiento).

Cuando tu hijo haya aprendido a crear el mando de objetos que están a la vista, colócalos un poco más lejos para que, con suerte, los pida. Después de que haya mandado varias veces un objeto concreto que esté ligeramente más lejos y todavía esté motivado para tenerlo, intenta esconderlo detrás de algo en la mesa o colocarlo debajo de esta. Puede que necesite que le enseñes dónde está antes de que aparezca el mando. Si eso no funciona puedes volverlo a poner a la vista e intentar colocarlo fuera de su vista más tarde.

Sigue enseñándole mandos a lo largo del día siempre que veas una oportunidad, como en la mesa mientras cenáis o cuando estáis fuera jugando. Las pompas de jabón suelen ser muy reforzadoras para los niños pequeños, así que si a tu hijo le gustan las burbujas quizás produzca el mando para conseguir el pompero o que soples las pompas de jabón.

Quizás tengas la tentación de intentar enseñarle a decir «más» o «por favor» cuando está aprendiendo mandos, pero no lo recomiendo con niños pequeños con retrasos en el habla. Es mejor concentrarse en enseñarle las palabras de los objetos concretos que desea. Si tu hijo aprende «más» o «por favor», y solo dice una de esas palabras, no tendrás ni idea de lo que te pide, sobre todo si el objeto no está a la vista. En cambio, si aprende «galleta» sabrás qué quiere exactamente.

Algunos niños empezarán a producir mandos deprisa, mientras que otros tardarán más. No te desanimes y sigue trabajando con tu hijo dándole muchas oportunidades a lo largo del día de producir mandos de sus cosas favoritas. Lo debes hacer asegurándote de que esté motivado para pedirlas porque están fuera de su alcance.

El lenguaje de signos

Si estás intentando enseñar a tu hijo mandos pero consigues pocos o ningún sonido o aproximaciones de palabras, considera la posibilidad de enseñarle lenguaje de signos. Enseñar a los niños signos para pedir cosas suele ser un trampolín para el lenguaje vocal y también puede mejorar las habilidades de imitación, prevenir o reducir problemas de comportamiento y aumentar la tolerancia del niño a indicaciones físicas suaves. Muchos profesionales creen que los niños necesitan imitar antes de poder aprender lenguaje de signos, pero he visto que enseñar a los niños el lenguaje de signos es una de las mejores formas de enseñarles a imitar. A algunas personas les preocupa que el lenguaje de signos impida que los niños con retraso hablen, pero, según mi experiencia, cuando este lenguaje va acompañado por palabras habladas casi siempre mejora las vocalizaciones.

Para empezar con los signos, lo mejor es concentrarse en enseñarle el mismo entre tres y cinco veces. Cuando tu hijo quiera una pelota, primero puedes enseñarle a que produzca el mando para conseguirla usando lenguaje de signos, sosteniéndola, haciendo el signo y ayudándolo a hacerlo y, al final, se la das. En cada paso di «pelota» mientras tu hijo y tú hacéis el signo de esa palabra para que él oiga «pelota» tres o cuatro veces antes de que se la des.

Si tú le guías físicamente la mano para que haga el signo de «patata frita» y le das el refuerzo de una patata frita justo en ese momento, has asociado tu enseñanza y *prompts* físicos con refuerzo, lo que ayudará a que tu hijo aprenda todo tipo de habilidades.

También hay *apps* y dispositivos de habla para ayudar a niños no verbales a comunicarse. Aunque yo anime al uso temprano del lenguaje de signos, no soy tan fan de usar estos dispositivos de habla con niños muy pequeños, al menos no al principio. Sin embargo, si tu hijo ya usa una *app* de la *tablet* u otro sistema aumentativo para comunicarse y tiene cierto éxito, yo continuaría con ese sistema. También empezaría a usar el enfoque «Da la vuelta al autismo» para ver si la combinación podría ayudar a impulsar el lenguaje vocal y aumentar otras habilidades de comunicación a la vez que se reducen los problemas de comportamiento.

Cómo enseñar a hablar (y seguir instrucciones) en la mesa usando una caja de zapatos, *flashcards* e imágenes

Ahora que has conseguido que tu hijo vaya a la mesa a aceptar trocitos de comida, sorbos de su bebida preferida, pompas de jabón y *clips* cortos de su película favorita, podría ser el momento de presentarle otros materiales que has reunido. Digo que podría ser porque si tu hijo todavía se niega a sentarse o gimotea cuando ve la mesa, probablemente no esté lo suficientemente asociado para introducir material adicional, que él podría considerar «trabajo». Pero si tu hijo va voluntariamente y se sienta contigo entre 3 y 5 minutos en la mesa y consigue refuerzo sin peticiones, es probable que los dos estéis listos para más materiales.

Mientras presentas estos objetos nuevos tendrás que seguir teniendo los elementos de refuerzo de tu hijo (los que ya reuniste para el mando) siempre en la mesa. Entregarás el refuerzo con frecuencia a la vez que asocias los materiales nuevos.

Lo mejor de todo es que, una vez aprendas a usar los materiales, el tiempo en la mesa en general se convertirá en un potente reforzador por sí mismo. Eso significa que con el tiempo necesitarás menos reforzadores externos.

La mayoría de los niños, sobre todo los que tienen retrasos en el habla, disfrutan de tareas visuales que tienen una causa y un efecto. Por ese motivo desarrollé el programa de la caja de zapatos. Corta una ranura grande en la tapa de una caja de zapatos y ponla en la mesa. Sostén una *flashcard* o una foto a la altura de la barbilla o junto a la cara y di el nombre del objeto de la imagen hasta tres veces despacio y con un tono animado, como «gato, gato, gato». Concéntrate en las vocales y alárgalas ligeramente al hablar.

Cada vez que digas una palabra, acerca la imagen un poco más a tu hijo. Al principio quizás tengas que coger la mano de tu hijo con cuidado para ayudarle a poner la *flashcard* en la ranura de la caja. Pronto aprenderá a poner la *flashcard* él solo y, por increíble que parezca, el simple hecho de poner la *flashcard* en la caja suele ser un reforzador.

Si tu hijo dice la palabra, esta palabra de hecho es parte mando (porque quiere el objeto o imagen que meterá en la caja), parte tacto (porque puede ver el objeto o imagen) y parte ecoica (porque te está imitando verbalmente). Esto recibe el nombre de *control múltiple*, que significa que combinamos dos o más operantes (mandos, tactos y/o ecoicas) para mejorar el aprendizaje. El enfoque TAA («Da la vuelta al autismo») usa métodos de *control múltiple* en cada actividad.

Pero recuerda que, aunque gires la silla de tu hijo para que esté de cara a ti, no debes ponerle el cuerpo en una postura para obligarlo a hacer contacto visual. Si tu hijo todavía no habla, yo preferiría que empezara a mirarte a la boca y a toda la cara en vez de a los ojos para que vea cómo se forman las palabras. Por este motivo te recomiendo que sigas sosteniendo elementos e imágenes junto a tu boca y barbilla, porque eso animará a tu hijo a mirarte a la cara. Con el tiempo este método mejorará la atención conjunta de forma natural.

Cómo usar el Señor Patata

El Señor Patata también se recomienda para las sesiones de aprendizaje y es uno de los mejores juguetes para enseñar partes del cuerpo. Sostén una parte cada vez junto a tu boca. Mientras sostienes la nariz, di «nariz, nariz, nariz» despacio mientras acercas la nariz a la mano de tu hijo. Al principio quizás tengas que guiarle la mano para que coloque la nariz en el sitio adecuado de la cara del Señor Patata.

Cuando a tu hijo le guste la actividad del Señor Patata puedes intentar tocarte la nariz y, después, guiarlo físicamente con cuidado para que se toque la suya. Si se resiste a tus *prompts* físicos significa que la habilidad es demasiado difícil o que estás insistiendo demasiado. En cambio, si él empieza a tocarse la nariz después de verte a ti tocarte la tuya quiere decir que su habilidad de imitación se está construyendo, ¡es un gran paso!

Cómo usar juguetes y libros

Puedes utilizar los juguetes de causa y efecto para hablar, como por ejemplo un juguete de martillo y bolas. Puedes decir «bola» mientras le das al niño cada una de las cuatro que hay para poner en los agujeros y después decir «martillo» cuando se lo pasas para que le dé a cada bola. Si tu hijo dice «bola» o «martillo», esas palabras son parte mando, parte tacto y parte ecoica, igual que la actividad de la caja de zapatos. Es importante que no etiquetes colores, porque intentar enseñarlos demasiado pronto es un error habitual que comentaremos en el siguiente capítulo.

También puedes usar libros de primeras palabras y otros sencillos para fomentar el lenguaje receptivo y el expresivo en la mesa. Al principio designa solo una imagen por página. Con el tiempo, pide a tu hijo que toque algunas imágenes para mejorar su capacidad para comprender y seguir instrucciones.

Cómo enseñar a emparejar: uso de puzles de piezas encajables, *flashcards* e imágenes

Para enseñar a tu hijo a emparejar tendrás que empezar con los puzles de piezas encajables que has reunido. Sostén una pieza cada vez y designa la palabra hasta tres veces. Después, ayuda a tu hijo a emparejar la pieza del puzle con el espacio vacío al que pertenece. Si es un puzle de animales, sostén, por ejemplo, el cerdo junto a tu boca y di «cerdo, cerdo, cerdo» despacio mientras lo acercas cada vez más a tu hijo hasta que le pases la pieza y le ayudes a ponerla en el lugar adecuado (o mira cómo lo hace él solo). Si tu hijo dice «cerdo» después de que tú lo digas una vez, ¡asegúrate de darle la pieza del puzle inmediatamente!

También puedes usar los dos tacos idénticos de *flashcards* de primeras palabras que compraste o las imágenes de elementos de refuerzo y personas para que tu hijo aprenda a formar parejas con imágenes. Al principio debe haber dos o tres imágenes en la mesa. No uses imágenes solo de animales o solo de vehículos, porque podría resultar confuso. Por ejemplo, presenta imágenes de un coche, de mamá y de una cama. Después, levanta la imagen del coche y di «coche».

Para las tareas de emparejamiento, muchos profesionales recomiendan decir «empareja» o «empareja coche», pero en mi opinión es mejor decir solo «empareja» cuando evalúes esta habilidad. Para enseñarla sugiero usar solo el nombre del objeto. Así, trabajarás en algo más que solamente el emparejamiento durante estas actividades. Asociarás el deseo del niño de formar parejas, de manera que querrá coger la imagen que tienes para emparejarla. Como él quiere emparejar la imagen, y se trata de un programa de emparejamiento, también estarás trabajando en su capacidad para producir mandos de la imagen del coche y sus habilidades de tacto y ecoicas.

Si tu hijo repite una palabra durante una actividad de emparejamiento, esa palabra debe ser el nombre del objeto (en este caso, «coche») y no la palabra *emparejar* ni la frase *empareja el coche*. Si le cuesta formar parejas puedes decir «el coche va aquí» y lo ayudas a colocarlo encima del otro coche hasta que lo pueda hacer solo.

Antes de empezar el programa de emparejamiento o algún otro de los de aprendizaje temprano, decide la designación que emplearás para ti y otras personas, imágenes y objetos. Si tu hijo puede decir «ma» y «mamá» pero «mami» todavía no, asocia «mamá» tres veces para empezar. Cuando aprenda a hablar y repetir algo, puedes pasar a «mami» o «mamita». Para emparejar, sostén la imagen y di «mamá» tres veces, moviendo la foto desde el lado de tu barbilla hacia tu hijo, y luego pónsela en las manos. No tiene que decir «mamá» para conseguir el emparejamiento de la imagen, pero, si lo hace, felicítalo mucho y dale un refuerzo.

Cómo enseñar habilidades de imitación: el uso de objetos idénticos

Tal y como he dicho anteriormente, los niños con desarrollo típico aprenden lenguaje, juego y habilidades sociales a través de la imitación. La falta de imitación es una señal de alarma de autismo y un déficit crucial para muchos niños que tienen retrasos en el habla. Normalmente, a los niños les resulta más fácil imitar que seguir instrucciones. Por ejemplo, un niño es capaz de tocarse la cabeza si tú le ofreces la ayuda visual de tocarte la tuya antes de poder responder a la simple orden verbal «tócate la cabeza».

Para enseñar habilidades de imitación en la mesa recomiendo empezar con los objetos idénticos que has reunido. Por ejemplo, dos coches, dos tenedores, dos cucharas y dos tazas idénticas (un objeto para ti y otro para tu hijo). Mientras te pones la cuchara en la taza, di «haz esto». Después, si tu hijo es incapaz de hacerlo solo, cógele las manos con cuidado y ayúdale a poner la cuchara en la taza. Después puedes decir «haz esto» y mueves la cuchara dentro de la taza. También puedes tener dos muñecas pequeñas en la mesa a las que dar de comer con las cucharas. De esta forma, tu hijo aprenderá que una cuchara puede hacer más de una cosa. También aprenderá que la imitación de habilidades conduce al refuerzo, cosa que aumentará el comportamiento que quieres.

También puedes enseñar imitación con dos coches de juguete idénticos. Di «haz esto» y mueve el coche delante y detrás. Después, guíale la mano para que te imite con su coche. Con el tiempo debería empezar a imitarte sin tus indicaciones.

Después de que tu hijo haya empezado a imitar acciones con objetos, intenta conseguir que imite tus movimientos del cuerpo, como aplaudir, levantar las manos o dar palmaditas en la mesa. Primero demuestra aplaudir delante de él o estando él y tú delante de un espejo de cuerpo entero, y proporciona algún grado de indicación o ayuda si es necesario. Después, da un refuerzo inmediato.

CÓMO CONSEGUIR QUE TU HIJO RESPONDA A SU NOMBRE

Una de las señales de alerta del autismo es que el niño no responda a su nombre, pero es algo que le puedes enseñar.

Primero de todo, recomiendo que todos los adultos que rodean al niño eviten el uso excesivo de su nombre para no provocar que él lo ignore. Por lo tanto, deja de decir su nombre con frecuencia, sobre todo cuando digas «no» o «para». Puedes seguir usándolo durante una actividad divertida, como cuando lo empujas en el columpio o cuando lo felicitas o con otro refuerzo.

Para ayudarlo a aprender a responder a su nombre, coge varios de sus reforzadores favoritos y, mientras está haciendo alguna actividad, di su nombre justo detrás de él. Inmediatamente (y con cuidado) tócale el hombro y dale un refuerzo.

Empezará a aprender que consigue algo bueno cuando oye su nombre. Puedes hacer esto periódicamente a lo largo del día, alejándote poco a poco mientras dices su nombre. Después, dale un par de segundos antes de acercarte, tócale el hombro y ofrécele el refuerzo.

NUNCA TE RINDAS

Enseñar habilidades lingüísticas y de otro tipo a tu hijo puede ser un proceso lento. Algunos niños, como Elena, aprenden muy deprisa, mientras que otros tardan más. A veces te costará enseñarle cosas y, justo después, se abrirán las compuertas. Hagas lo que hagas, *nunca te rindas*.

En el capítulo siguiente verás en detalle las habilidades de comunicación avanzada, los errores frecuentes tanto de padres como de profesionales y las acciones que sí funcionan.

9

Habla pero no mantiene una conversación: estrategias para ampliar el lenguaje

Drew tiene 3 años y es el hermano menor de mi antiguo cliente Sam, que se perdió mientras estaba con sus padres visitando la Estatua de la Libertad. Como el riesgo de autismo de Drew era alto al ser hermano de un niño con autismo, sus padres observaron su desarrollo con atención y pensaban que iba bien hasta los 2 años y medio. Sin embargo, en cuanto cumplió 3 años, que coincidió con un período de tres meses sin guardería, su madre, doctora, empezó a asustarse al ver que sus habilidades lingüísticas retrocedían.

Ella estaba desesperada para que yo evaluara a Drew y le dijera si creía que tenía autismo. Debía saber qué hacer. ¿Tenía que ponerlo en una lista de espera para que lo evaluara un logopeda? ¿Debía buscar la evaluación de un pediatra de desarrollo? ¿Estaba preocupada solo porque había cumplido 3 años esa semana? ¿Tenía ella demasiadas expectativas? ¿El lenguaje de su hijo estaba retrocediendo porque no estaba expuesto a compañeros con desarrollo típico? ¿O estaban demasiado ocupados y no le proporcionaban suficiente interacción?

Cuando llegué a casa de Drew me alegré al ver que el niño hizo un buen contacto visual y dijo «hola, señorita Mary» cuando su madre le daba indicaciones. Mientras su madre y yo hablábamos sobre el formulario de evaluación «Da la vuelta al autismo» que ella rellenó ese día, Drew subió hasta un teclado y tiró tres libros de música al suelo. Nos iba mirando alternativamente a mí y a su madre. Era evidente que intentaba llamar la atención. A pesar de que tirar cosas técnicamente es un problema de comportamiento, en ese caso casi me sentí aliviada al ver que intentaba llamar nuestra atención de una forma un tanto típica.

Empecé a sacar cosas de la bolsa para empezar el STAT (una herramienta de detección del autismo en bebés y niños pequeños), del que hablé en el primer capítulo. Saqué una pelota y un coche para la primera actividad de la prueba y Drew eligió el «coche de carreras amarillo». No era de extrañar, porque su madre me había dicho que le encantaban los coches y los camiones. Se sentó con su madre e hicimos rodar el coche adelante y atrás cinco veces, lo que hizo que Drew superara fácilmente el primer subtest STAT.

El problema llegó cuando quise retirar el coche y saqué la muñeca. Drew gritó, agarró el coche (que yo no le daba) y empezó a tirarse al suelo mientras gritaba durante unos minutos.

Pasar de una actividad a otra le resultó difícil, incluso cuando no había ningún coche de por medio. Aunque superó casi todos los subtest y usó varias frases enteras cuando estaba calmado, como «Quiero hacerlo yo solo» y «Haz que suba hasta el techo», cuando lancé un juguete giratorio casi hasta el techo tuvo muchos problemas de comportamiento. Y cuando tenía una rabieta usaba palabras solas como «mío» y «coche» en vez de hablar con frases.

Los padres de Drew se mostraron sorprendidos por sus rabietas. Dijeron que su comportamiento casi nunca llegaba al punto de dejarse caer en el suelo. Les expliqué que, sin darse cuenta, estaban reforzando los problemas de comportamiento de su hijo al darle objetos cuando lloraba y al hablarle mientras mostraba problemas de comportamiento más leves. Yo sabía que sucedía eso porque mientras Drew lloraba y se dejaba caer en el suelo delante de nosotros, tanto el padre como la madre empleaban tácticas de soborno en lugar de métodos de refuerzo como los comentados anteriormente. Decían cosas como «Ese coche amarillo es de la señorita Mary. Te compraremos un coche amarillo en la tienda mañana». La intensificación del problema de comportamiento de Drew también dejó claro que le daban cosas cuando lloraba para «desconectar». Cuando yo no le di el coche cuando lloró, su comportamiento empeoró.

Los dos son profesionales consolidados y padres que se preocupan por sus hijos y yo había trabajado con ellos unos años antes para ayudar al hermano mayor de Drew, que tenía un comportamiento y unas necesidades muy diferentes. Se avergonzaron cuando les indiqué que, sin saberlo, habían reforzado las rabietas de Drew, cosa que también afectaba a su lenguaje.

A pesar de que Drew superó el test STAT para niños pequeños y lo más probable es que no sea diagnosticado con autismo, más adelante en este capítulo te diré qué recomendé a sus preocupados padres.

En el caso de Landon, su comprensión del lenguaje era pobre, pero sabía hacer el guionado de frases de películas. Su madre, Nicole, estaba preocupada por si no usaba un lenguaje funcional para pedir las cosas que quería y porque la brecha entre su desarrollo y el de sus compañeros con desarrollo típico parecía agrandarse todos los días. También mostraba problemas de comportamiento cuando su madre intentaba enseñarle algo. Se tiraba de la silla en vez de sentarse y prestar atención a lo que le querían enseñar.

Landon tenía 3 años y medio y todavía no había sido diagnosticado con autismo. Llevaba en una lista de espera más de nueve meses para que lo evaluara un pediatra de desarrollo. Nicole estaba muy preocupada cuando encontró mi programa «Da la vuelta al autismo» *online*.

Drew y Landon tenían mucho en común. Los dos tenían 3 años y hablaban, pero no eran conversacionales cuando sus madres rellenaron los formularios de evaluación y planificación TAA («Da la vuelta al autismo»). Los dos tenían muchos problemas de comportamiento que usaban en lugar del lenguaje para comunicarse. Ninguno de los dos tenía un diagnóstico cuando sus padres empezaron a implantar las estrategias TAA, aunque Landon sí recibió un diagnóstico de autismo antes de cumplir 4 años.

Si, igual que Drew y Landon o incluso como Elena, de 2 años, del capítulo anterior, tu hijo habla con palabras sueltas o frases cortas pero aún no es conversacional, tu trabajo está lejos de haber acabado. La mayoría de los niños típicos hablan con frases completas a los 3 años, empiezan a contar historias sencillas y mantienen conversaciones completas a los 4 años. Sin embargo, con los que tienen retrasos del lenguaje no podemos limitarnos a cruzar los dedos y esperar que lleguen a mantener conversaciones sin nuestra ayuda.

Es cierto que algunos se pondrán al día solos, pero muchos niños con autismo o retrasos en el habla necesitan una instrucción sistemática para llegar a tener un lenguaje básico. Es la única forma de que algunos logren ser más verbales y conversacionales.

Muchos padres y profesionales (incluso yo misma en el pasado) intentan enseñar un lenguaje demasiado difícil. De esta forma, sin darse cuenta, contribuyen a que se desarrollen problemas de comportamiento como el de Drew o bien un lenguaje extraño que no es funcional, como vimos con el guionado de Landon.

Si tu hijo habla con frases cortas puede que estés ansiosa por intentar que hable con frases completas. Quizás quieras que se aprenda los colores y que añada las preposiciones y los pronombres a su vocabulario, pero debes resistir ese impulso de saltarte los prerrequisitos. El hecho de que tu hijo hable es una señal fantástica, pero es importante construir el lenguaje en el orden adecuado. Es como hacer una casa que necesita unos cimientos sólidos: no puedes construir un lenguaje avanzado sobre una base inestable.

De todas formas, enseñar a niños que hablan pero que todavía no son conversacionales es muy complicado, y hay un límite en lo que puedo incluir en un libro como este. Debido a esta complejidad, este capítulo simplemente te dará una orientación para construir lenguaje avanzado y hacer que te pongas en marcha.

Si tu hijo tiene habilidades lingüísticas, te recomiendo encarecidamente que amplíes la información (visita TurnAutismAround.com). También te sugiero que intentes conseguir que como mínimo te ayude un profesional, preferentemente alguien que haya sido formado con el enfoque «Da la vuelta al autismo», si es posible.

¿QUÉ ES LA CONVERSACIÓN?

Como adultos funcionales damos por sentada la conversación. La aprendimos de forma natural y no pensamos en su complejidad a menos que tengamos que aprender un idioma extranjero o intentemos enseñar a un niño con retrasos en el habla.

Vamos a evaluar la anatomía de una conversación informal: imaginemos que los dos estamos sentados juntos en una conferencia y entablo conversación contigo. Puede que no te pregunte directamente por ti, sino que diga algo como «Hace buen día» o «Qué frío hace en esta sala». Básicamente, intento captar tu atención (mando) y designar (tacto) el entorno.

Si te interesa conversar conmigo también harás un comentario o me preguntarás algo como «¿De dónde eres?».

Yo respondo «Pensilvania. ¿Y tú?».

Y tú dices «California».

Una conversación es solo una serie de mandos avanzados para lograr atención e información y, después, intraverbales avanzadas. Usamos lenguaje intraverbal avanzado para responder preguntas, y esto también requiere una comprensión avanzada.

Cuando intentas aprender un idioma extranjero, el lenguaje intraverbal es la operante verbal más difícil de aprender. Tienes que entender lo que alguien te pregunta en frases completas, y después tienes que conocer el idioma lo suficientemente bien para responder correctamente. Por lo tanto, al principio, el profesor tiene que hablar despacio hasta que conozcas suficientes palabras y reglas gramaticales para comprender preguntas complejas y puedas responder con frases completas.

Para nuestros niños con retrasos en el habla debemos tener presente que hay que trabajar en las habilidades adecuadas en el orden correcto en función de las necesidades y los puntos fuertes del niño.

EVALUACIONES: CÓMO AVERIGUAR EL PUNTO DE PARTIDA

Sin importar el alto funcionamiento aparente de tu hijo o las evaluaciones que ya se hayan efectuado, es importante hacer los formularios de evaluación y planificación TAA («Da la vuelta al autismo») de los capítulos 4 y 5 para obtener una vista rápida de tu hijo en su conjunto para asegurarte de que te concentras en los objetivos adecuados.

En el caso de niños que empiezan con habilidades lingüísticas más intermedias o avanzadas, o para niños que han progresado a este nivel usando programas de aprendizaje temprano, es posible que necesiten más evaluaciones para determinar de forma adecuada sus habilidades lingüísticas. Solo entonces puedes crear un plan y saber los objetivos que debes seleccionar.

En el último capítulo viste lo útil que fue para la madre de Elena recibir evaluaciones de discurso estandarizadas justo antes y después de implantar el enfoque «Da la vuelta al autismo». Dichas evaluaciones son aún más críticas para niños como Drew, cuyo lenguaje parece bastante típico, o para otros como Landon, que quizás tengan habilidades dispersas.

También es ideal completar (o que un profesional lo haga) toda la evaluación VB-MAPP publicada por el Dr. Mark Sundberg. La VB-MAPP incluye tres partes: evaluación de transición, hitos y barreras. Completarlo puede implicar horas, y hace falta cierta habilidad para hacerlo. Cuanto más elevadas sean las habilidades lingüísticas de tu hijo, más tiempo y conocimiento experto necesitarás tú o el profesional para rellenarlo correctamente.

La evaluación VB-MAPP es exhaustiva y fue creada basándose en hitos de niños con desarrollo típico desde el nacimiento hasta los 4 años. El nivel 1 se refiere a las habilidades de aprendizaje temprano de un niño típico de entre 0 y 18 meses, el nivel 2 incluye las habilidades de aprendizaje intermedio de los 18 a los 30 meses, y las del nivel 3 son las habilidades de parvulitos de los 30 a los 48 meses.

Puedes encontrar información sobre cómo comprar la versión electrónica o en papel de la evaluación VB-MAPP en TurnAutismAround.com. Te recomiendo la versión electrónica, porque te generará automáticamente un informe y te dará objetivos recomendados. La puedes actualizar y conseguir puntos en cada área cuando actualizas la evaluación TAA («Da la vuelta al autismo») cada pocos meses o como mínimo una vez al año. De esta forma puedes ver fácilmente el progreso de tu hijo.

PLANIFICACIÓN: LA IMPORTANCIA DE ESCOGER LOS OBJETIVOS ADECUADOS

Antes de escoger este libro probablemente pensabas que todas las evaluaciones, planificaciones y objetivos para tu hijo eran trabajo de los profesionales. Sin embargo, ahora que sabes que tienes un papel importante a la hora de ayudarlo eres más consciente de los peligros de trabajar los objetivos equivocados o intentar enseñar a tu hijo habilidades demasiado difíciles.

Te he hablado un poco sobre las primeras sesiones de logopedia de Lucas, pero ahora que conoces mejor el comportamiento verbal y el enfoque TAA («Da la vuelta al autismo«) te hablaré con más detalle de dichas sesiones. De este modo, verás la importancia de asegurarte de que tu plan se basa en las evaluaciones individualizadas de tu hijo y en los objetivos que tú y los profesionales seleccionéis.

Lucas empezó sesiones de habla semanales cuando tenía 2 años, poco después de comenzar a ir a una clase de niños pequeños. Era mucho antes de que yo supiera algo sobre autismo y comportamiento verbal, y casi un año antes del diagnóstico de autismo de Lucas cuando yo esperaba y rezaba para que solo fuera un retraso en el habla. Mi marido y yo éramos bastante optimistas (yo mucho más que él) al pensar que la combinación de guardería y sesiones de habla semanales ayudarían a Lucas a ponerse al día.

Siempre era yo quien llevaba a mi hijo a sus sesiones de habla y la mayor parte de las veces podía estar en la misma sala viendo cómo la logopeda trabajaba con él durante una sesión de 30 minutos. Si tenía que llevar también a mi hijo menor, Spencer, yo veía las sesiones desde un espejo falso en la sala de al lado.

La logopeda siempre empezaba la sesión con una actividad divertida como pompas de jabón o algún otro juguete de causa y efecto. En aquel momento, Lucas tenía palabras *pop out*, pero yo no tenía ni idea de cómo enseñarle a decir esas palabras o cualquier otra a demanda. Así que observaba con atención sus sesiones de habla para aprender de alguien experto cómo conseguir que hablara. Durante las actividades divertidas, la logopeda normalmente conseguía que Lucas dijera palabras como «pompa» y «sopla».

Años después, cuando me convertí en analista BCBA, caí en la cuenta de que estos tipos de actividades eran sesiones de asociación y mando. También aprendí que Lucas decía «pompa» debido al *control múltiple*, es decir, por varias razones.

Estoy convencida de que ni la logopeda ni yo conocíamos el término *control múltiple* en aquella época. Pero el hecho de que Lucas dijera la palabra «pompa» durante la actividad divertida era en parte mando (porque él quería que ella abriera el recipiente del jabón y soplara la varita), parte tacto (porque las burbujas estaban a la vista) y parte ecoica (porque la logopeda decía la palabra justo antes de abrir el pompero o soplar para hacer las pompas de jabón).

A Lucas le encantaba la primera parte de las sesiones y le iba bien. El problema empezaba cuando la actividad divertida se acababa de golpe y pasaban a trabajar en sus objetivos de lenguaje abstracto más difíciles.

Una actividad relacionada con el objetivo de lenguaje cuantitativo y consistía en que la logopeda presentara varias pilas pequeñas de objetos. Después, intentaba que Lucas le diera uno, algunos o todos los objetos. Otro objetivo difícil era que él moviera la cabeza para decir «sí» o «no» cuando correspondiera. La logopeda levantaba varias imágenes una cada vez y hacía preguntas a Lucas como «¿Esto es una manzana?», que requerían una respuesta de «sí» o «no». Ella trabajó en pronombres como «mi turno» y «tu turno» mientras jugaban a juegos sencillos, pero Lucas no entendía las reglas del juego, y mucho menos cómo usar pronombres. También intentó enseñarle preposiciones pidiéndole que pusiera la muñeca «al lado de» o «en» la cama.

Por suerte, a pesar de que la mayor parte de los objetivos y actividades durante las sesiones eran demasiado difíciles para Lucas, no tenía problemas de comportamiento como llorar o gimotear. Yo prácticamente rogué a la logopeda que me pusiera «deberes» (libros que pudiera leer o vídeos que pudiera ver para ayudar a Lucas entre una sesión y la otra). Sin embargo, no pudo facilitarme ningún recurso. En aquel momento no lo sabíamos, pero estábamos cometiendo el error número uno que todavía veo en padres y profesionales: intentar enseñar a Lucas habilidades que eran demasiado difíciles.

Él no se molestaba cuando ella guardaba las pompas de jabón y pasaba a aquellos conceptos difíciles. Simplemente, estaba confundido y no sabía cómo responder. Las sesiones de logopedia deberían de haber incluido *solo* actividades divertidas como soplar pompas de jabón en las que las palabras de Lucas eran en parte mando, en parte tacto y en parte ecoica. Hasta que él repitiera lo que decíamos a lo largo del día, no deberíamos de haber intentado siquiera trabajar en objetivos más avanzados y abstractos como tactos sí/no, pronombres o preposiciones.

Deberíamos habernos centrado en *lo que habría dado un giro radical* a la situación. Estoy segura de que eso (lograr el control ecoico) habría abierto las compuertas del lenguaje.

EL PODER DE DESARROLLAR EL CONTROL ECOICO

Cuando la mayoría de los profesionales ABA hablan de *control ecoico* se refieren a sentarse delante de un niño en una mesa y decir palabras o frases que él repite. Así, el terapeuta dice «Di pelota» y el niño dice «pelota» sin que haya una pelota ni una imagen de pelota en su presencia.

En cambio, el enfoque «Da la vuelta al autismo» para lograr control ecoico implica usar el material de aprendizaje temprano y estrategias de «control múltiple» para combinar mandos, tactos y ecoica. Usando las *flash-cards* y la caja de zapatos, levantamos imágenes de elementos de refuerzo o personas de una en una y decimos cada palabra hasta tres veces. Con el tiempo, las sesiones en la mesa con el material de aprendizaje temprano de la lista y los métodos de «control múltiple» suelen dar como resultado cierta ecoica. Esto debería empezar a extenderse hasta que tu hijo repita lo que dices tú a lo largo del día con objetos que estén o no a la vista. Esta es la mejor forma que he encontrado de establecer el control ecoico.

Si hay algo que he aprendido con estos años sobre enseñar lenguaje es que sin imitación (sobre todo, imitación verbal o habilidades ecoicas) es difícil enseñar a los niños una habilidad nueva.

Tal como he comentado anteriormente, la imitación es la forma en la que los bebés y niños con desarrollo típico aprenden el lenguaje. Balbucean y, como mamá se emociona mucho cuando oye «mamá» o «baba» para pedir el biberón, el bebé enseguida se da cuenta de que decir ciertos sonidos o palabras conduce a conseguir cosas y lograr que los adultos pongan caras tontas y sonrían. A los 18 meses, los niños suelen repetir lo que dicen los adultos y otros niños.

Por lo tanto, si tu hijo todavía no repite lo que dices (tanto si no dice ninguna palabra como si tiene palabras *pop out*), usa todos los materiales y técnicas del capítulo anterior para intentar conseguir que diga más palabras todos los días. En general, después de días, semanas o meses de sesiones diarias cortas, los padres realmente consiguen que sus hijos las repitan. Cuando un niño empieza a repetir, el ritmo del progreso suele acelerarse y a menudo se abren las compuertas del lenguaje.

HAZ QUE EL LENGUAJE VAYA POR BUEN CAMINO CORRIGIENDO ERRORES

Si tu hijo hace guionado de películas como Landon o usa cientos de frases de una o dos palabras como Elena, es muy probable que tenga control ecoico. Sin embargo, quizás tengas otros problemas, como que el lenguaje de tu hijo esté lleno de errores como la inversión de pronombres. Por ejemplo, dice «Tú quieres una galleta» o «Cógete» en lugar de «Yo quiero una galleta» y «Cógeme». Puede que esté confundido como lo estaba Lucas en sus sesiones de habla y diga «sí» cuando quiere decir «no». Tu hijo a veces quizás hable con frases como Drew, pero en otras ocasiones usa las rabietas para comunicarse. O quizás sea capaz de recitar todo el alfabeto pero no sabe producir el tacto «mamá» respecto a «papá» ni responder preguntas sencillas.

Si el lenguaje de tu hijo no progresa y/o suena «raro», probablemente sea porque no entiende el lenguaje del todo y no ha aprendido habilidades lingüísticas básicas y abstractas en el orden correcto. Puede que tenga muchas habilidades dispersas, lo que dificulta que tú y los profesionales descifréis el alto funcionamiento que tiene realmente y las estrategias que le pueden ayudar a desbloquear su lenguaje.

Probablemente sea necesario que tú y el equipo de tu hijo trabajéis para deshacer parte del guionado y los errores lingüísticos que hacen que tu hijo no avance significativamente. Asegúrate de completar el plan y la evaluación TAA («Da la vuelta al autismo») y de que los objetivos marcados para tu hijo se basen en sus necesidades y puntos fuertes. También es recomendable que un profesional complete la evaluación VB-MAPP; pero, mientras tanto, los formularios TAA te ayudarán. Es probable que cuando revises tu evaluación, plan y objetivos actuales, tengas que recurrir a algún profesional que trabaje actualmente con tu hijo para revisar todos los objetivos que sean demasiado difíciles. Puede parecer que das un paso atrás pero, créeme, los objetivos y programas demasiado difíciles no son buenos ni para ti ni para tu hijo.

Dicho esto, el hecho de que el lenguaje de tu hijo esté lleno de errores o no mejore no es culpa de nadie, incluida tú. Tú y todas las personas que han trabajado con tu hijo queréis lo mejor para él. Durante años cometí todos los errores que voy a comentar en el apartado siguiente y no sabía cómo enseñar habilidades de conversación durante toda una década después de caer en el mundo del autismo.

Pero, a diferencia del capítulo anterior o de los siguientes, no voy a ofrecer una guía paso a paso. El motivo es que la programación para alumnos de nivel intermedio que hablan pero no son conversacionales es muy complicado. Los objetivos y programas que recomendaría para Elena, Drew y Landon serían muy distintos y específicos para sus evaluaciones individuales.

De todas formas, hay recomendaciones generales y unos cuantos pasos que son válidos para todos los alumnos con lenguaje intermedio o avanzado. Sin embargo, antes de hablar de eso veamos algunos de los errores más comunes que veo cuando se enseña lenguaje.

Primer error: concentrarse en la longitud de las frases y oraciones

Después de conseguir que el niño hable, tenga control ecoico y diga algunas palabras, tenemos que ampliar el lenguaje con cuidado. Sin embargo, muchos padres presionan demasiado porque desean desesperadamente que su hijo mejore y los profesionales seleccionan objetivos para frases de cuatro o cinco palabras.

Este deseo de lograr que tu hijo se comunique con frases completas suele llevar al uso de sistemas aumentativos y dispositivos generadores de habla para niños pequeños que son no verbales o mínimamente verbales. Aunque no esté en contra de dichos sistemas y dispositivos para niños que todavía no hablan, te aconsejo que no te centres en ampliar la longitud del enunciado, es decir, de las frases u oraciones, o en fijar objetivos para avanzar en el lenguaje elevado, sin concentrarte bien en mejorar el lenguaje oral.

Cuando logopedas, analistas BCBA, profesores y otros profesionales intentan enseñar a los niños a hablar con frases completas, a menudo enseñan lo que se denomina «frases marco» como «Quiero», «Necesito», «Veo» y «Esto es…». Animan o incluso exigen a los niños que añadan esta frase marco delante de mandos para formar frases como «Quiero plátano» o «Quiero pompa».

A lo largo de los años como analista de comportamiento he visto que las frases marco son contraproducentes cientos de veces. Si un niño no produce mandos espontáneamente con frecuencia a lo largo del día, exigirle que pida algo con una frase corta puede hacer que dependa de indicaciones y acabar con la espontaneidad. Este es un ejemplo de lo que puede suceder cuando se exigen frases marco: Timmy dice «patata», pero, en lugar de recibir una patata como refuerzo, le dicen «Dímelo como un niño grande» o «Di una frase para decir a mamá lo que quieres». Esto suele provocar la reducción de mandos espontáneos y la dependencia de la indicación de los adultos para que el niño lo diga de otra forma con más palabras.

Añadir frases marco también aumenta el número de sílabas que tiene que decir el niño y eso suele provocar errores de articulación. Por ejemplo, diría «Quiero preza» en vez «Quiero *pretzel*». Como hemos comentado, es importante prestar atención a las sílabas al elegir las palabras o frases que enseñas a tu hijo. Quizás pienses que «cochecito» es fácil de decir porque solo es una palabra y que «Dame pan» es más difícil porque son dos. Sin embargo, la segunda opción tiene menos sílabas.

Los niños con pocas habilidades lingüísticas receptivas también tienen dificultades para discriminar una frase marco de otra, por eso se suelen confundir y usan la frase equivocada. Por ejemplo, dicen «Veo zumo» cuando en realidad quieren decir «Quiero zumo». O podrían decir «Quiero vaca» en lugar de «Veo vaca». También se pueden confundir respecto a cuándo usar una frase marco y cuándo no, lo que produce más errores funcionales que tienes que corregir.

Faith aprendió la frase marco «Esto es un…», y eso dio problemas. Cuando levantábamos una imagen de un gato o una pelota y le preguntábamos «¿Qué es?», ella respondía «Esto es un gato» y «Esto es una pelota» en vez de «gato» y «pelota», como le habíamos enseñado. La terapeuta ABA de Faith ni siquiera se había dado cuenta de que había empezado a poner «Esto es un…» delante de sus tactos. Cuando pregunté a la terapeuta quién había enseñado a Faith a usar aquella frase marco, me dijo que la niña hacía poco que había empezado a trabajar con un logopeda privado nuevo que probablemente se lo habría enseñado.

Cuando le enseñé una foto de ella misma y le pregunté «¿Quién es?», ella respondió «Esto es un Faith». Cuando le enseñé una foto de un niño durmiendo y le pregunté «¿Qué está haciendo?», respondió «Esto es un dormir». Como puedes ver, esas frases pueden confundirle y provocar lo que denominamos *errores de discriminación condicional,* que se refiere a la dificultad del niño para discriminar entre cosas similares. En este caso, Faith no sabía discriminar cuándo usar «Esto es un…» y cuándo no, lo que provocaba errores.

En el caso de niños que hablan con enunciados de palabras de una o dos sílabas y que son ecoicos esta es mi recomendación: cuidado con ampliar frases. El objetivo debe ser enseñar y animar al niño a usar palabras de una o dos sílabas primero, antes de pasar a palabras de tres y cuatro sílabas y a frases de dos palabras, lo que puede incluir acciones («lanza pelota»), plurales («los coches») y adjetivos («bici roja»). Y mientras amplías el lenguaje con mucho cuidado, asegúrate de que la articulación de tu hijo sigue siendo lo más clara posible.

Es una suposición natural que, cuantas más palabras encadene un niño, más progreso hace. Sin embargo, si enseñamos a niños con autismo a hablar de una forma rígida y memorística, no desarrollarán un lenguaje hablado flexible y su progreso para llegar a ser conversacionales probablemente se verá afectado.

Segundo error: no saber cómo abordar el guionado

La *ecolalia diferida* o guionado es otro problema habitual en niños con autismo que hablan un poco pero no son conversacionales. El guionado hacer referencia a repetir palabras o frases sin comprender su significado. Normalmente se produce porque se refuerza automáticamente, pero los niños también suelen repetir literalmente para llamar la atención o para librarse de una exigencia difícil.

Si un niño usa el guionado significa que puede hablar y, si sus palabras son comprensibles, también muestra que su articulación es bastante buena. Sin embargo, el guionado puede hacerte creer que tu hijo tiene más capacidades lingüísticas avanzadas de las tiene en realidad.

La ecolalia diferida de Lucas me hizo pensar que su lenguaje estaba progresando y provocó que me autoengañara más tiempo. Cuando tenía unos 21 meses lo llevábamos al parque, y mi marido, Charles, señalaba al cartel y decía «Por favor, no den comida a los patos» añadiendo «cuac, cuac» al final. A Lucas le encantaba ir al parque y mirar los carteles, pero nunca repetía ninguna palabra porque no tenía control ecoico y no tenía ni idea de lo que significaba. En cambio, después de hacerlo varias veces, Lucas empezó a despertarse en mitad de la noche y a decir «Por favor, no den comida a los patos, cuac, cuac». Yo no tenía ni idea de que eso era ecolalia diferida o guionado, pensábamos que se trataba de un signo de inteligencia y no sabíamos que podía ser una señal temprana de autismo.

Cuando pregunté al pediatra cuántas palabras se suponía que debía ser capaz de pronunciar Lucas me dijo que como mínimo 25 palabras a los 21 meses. Conté todas las palabras *pop out* que oí en los meses anteriores y también las del guion del parque «Por favor, no den comida a los patos, cuac, cuac» para llegar a las 25 palabras. Utilicé estas palabras no funcionales para justificar o racionalizar mi postura de que Lucas estaba bien y no necesitaba ninguna evaluación ni terapia.

El guionado es una señal de que es probable que tu hijo necesite una nueva evaluación, una revisión del plan y distintos objetivos.

Tercer error: no saber cómo evitar o corregir errores lingüísticos

Cuando los niños empiezan a aprender más lenguaje suelen confundir objetos que son similares. Si intentas enseñarle a distinguir entre bolígrafo y lápiz o entre silla, sofá y taburete puede que le cueste hacer la distinción.

Una de las habilidades avanzadas es aprender las características y funciones de los objetos. Las características incluirían las ruedas, el limpiaparabrisas y las puertas de un coche o el teclado, la pantalla y el ratón de un ordenador.

Las funciones implican aprender el funcionamiento de un avión o lo que uno hace con una taza. Son habilidades lingüísticas muy complicadas, así que no te precipites, da el paso una vez que tu hijo haya completado los prerrequisitos necesarios de la VB-MAPP. De lo contrario, es probable que haya errores.

Pongamos que enseñas a tu hijo el tacto de «cepillo de dientes». Imaginemos que añades información como «Es hora de lavarse los dientes», «Tu cepillo de dientes tiene el mango rojo» o «Coge la pasta de dientes». Pero resulta que la siguiente vez que pides a tu hijo que identifique un cepillo de dientes, dice: «Lávate los dientes». He visto cómo pasaba numerosas veces.

Igual que en los errores anteriores, no te sientas mal si tu hijo comete esos errores. Antes de acabar este capítulo te daré algunos pasos para seguir que incluyen el concepto de «enseñanza sin errores» para ayudar a tu hijo a mejorar su lenguaje.

Cuarto error: concentrarse demasiado en colores y otras habilidades preacadémicas

Una vez evalué a un niño que respondía «Silla amarilla» cuando le preguntaba «¿Cómo se llama esto?» y le señalaba a la silla en cuestión. Sus padres estaban muy orgullosos de él porque no solo había etiquetado la silla, sino también el color. El problema es que no era una respuesta apropiada a la pregunta, porque yo no le había preguntado el color. Y un niño típico probablemente solo diría «silla». Quizás pienses que esto no tiene importancia, pero puede causar problemas cuando ampliamos para enseñar grande respecto a pequeño, lo que hacemos con una silla y cuáles son sus partes.

Además de evitar conceptos abstractos como pronombres, preposiciones y características, también recomiendo encarecidamente que no te precipites para enseñarle a etiquetar colores, números, letras ni formas. Los niños con desarrollo típico normalmente empiezan a identificar colores y aprenden otras habilidades preacadémicas entre los 30 y los 48 meses. Por ese motivo, es una habilidad de la VB-MAPP de nivel 3.

Estas habilidades preacadémicas son más abstractas que los mandos y tactos de objetos e imágenes concretos porque exigen habilidades de discriminación condicional más elevadas. Eso significa que tu hijo puede confundirse entre los números seis y nueve o tener dificultad para el tacto de colores que son parecidos, como el naranja y el rojo. Los niños que no tienen retrasos aprenden en lenguaje de forma natural, lo que incluye aprender los nombres de los colores sin mucha enseñanza. En cambio, no es algo habitual en el caso de niños con retrasos. Así que sé paciente e intenta no concentrarte demasiado en enseñar estas habilidades si tu hijo no está listo para ellas.

Quinto error: concentrarse demasiado en hablar y olvidar otras áreas

Cuando Lucas fue diagnosticado con retraso en el lenguaje receptivo y expresivo a los 2 años y con autismo entre moderado y severo con 3, concentré casi toda mi atención en enseñarle a hablar y a expandir sus habilidades lingüísticas expresivas. Si hablaba con palabras distintas o frases más largas, yo pensaba que estaba mejorando.

Cometí el error de concentrarme demasiado en medir el progreso basándome en lo mucho que hablaba, y a menudo veo que padres y profesionales cometen este mismo error.

Aunque el lenguaje expresivo sin duda sea importante, los adultos y los niños más mayores pasan muchos días escuchando, aprendiendo y haciendo tareas de cuidado personal como ducharse y comer y entretenerse tranquilamente a sí mismos con actividades de ocio como leer un libro o hacer ejercicio. Por lo tanto, esas habilidades no verbales también son muy importantes y deben ser una gran parte del programa general de tu hijo.

Ahora que hemos revisado los cinco errores más comunes al intentar enseñar habilidades conversacionales a los niños, te daré 3 pasos que puedes dar para evitar y corregir errores mientras ayudas a tu hijo a mejorar en el aspecto lingüístico.

MODELO A TRAVÉS DE VÍDEOS

Tuve un cliente, Kurt, que tenía 2 años cuando empecé a trabajar con él hace más de una década. Varias veces al día tenía problemas de comportamiento agresivos y, a la vez, autolesivos.

Trabajé con él alrededor de 4 meses, y, durante una consulta de 2 horas, decía unas 10 palabras que eran principalmente tactos de partes del cuerpo por nuestro trabajo con el Señor Patata.

Tras meses de sesiones semanales, todavía no teníamos control ecoico. Pero teníamos que aumentar su uso de palabras, así que decidí intentar el modelo a través de vídeos. Como me iba a tomar dos semanas de vacaciones, hice dos vídeos cortos para Kurt. En uno hice que su madre me grabara tocándome partes del cuerpo mientras decía «Ojos, nariz, boca, dientes, gafas» y acababa el vídeo diciendo «hola» mientras saludaba con la mano. En el segundo vídeo corto canté «Cabeza, hombros, rodillas y dedos del pie». Pedí a su madre que los pusiera en la tablet de Kurt, pero luego los olvidé.

Cuando volví después de las vacaciones y saludé a Kurt me dijo enseguida «Hola. Ojos, nariz, boca, dientes, gafas. ¡Hola!».

Por supuesto, había visto los vídeos porque recitaba las partes del cuerpo en el mismo orden de la grabación. Aquel día, en vez de decir 10 palabras en 2 horas, dijo 100. ¡Las compuertas se habían abierto!

Después de eso, Kurt hizo un progreso rápido. El modelo a través de vídeos es una estrategia basada en pruebas que le funcionó, así que continuamos con él. Ahora Kurt es completamente conversacional y está en la escuela primaria sin apoyo individual.

Tras este éxito hice vídeos de mí misma enseñando varias habilidades para todos mis clientes. Si enseñaba a un niño el tacto, hacía vídeos de mí misma levantando *flashcards* de una en una mientras leía la etiqueta de cada imagen. Así que quizás quieras sacar el teléfono y hacer un vídeo de ti misma cantando una canción o haciendo tactos de elementos o imágenes de los materiales de tu hijo. Enséñale los vídeos y mira qué pasa.

Paso 1: revisión o selección de evaluación, plan y objetivos

Asegúrate de empezar con los formularios de evaluación y planificación TAA («Da la vuelta al autismo»). Necesitarás esas herramientas para hacer una evaluación general y rápida de tu niño y trazar un plan sencillo que puedas compartir con cualquier profesional en su vida ahora o en el futuro cercano.

Además, para la mayoría de los aprendices de nivel intermedio recomiendo test de lenguaje estandarizados administrados por un logopeda. Esa fue la recomendación principal que di a la familia de Drew, el niño de 3 años al que le gustaba mi coche de carreras amarillo. Durante mi evaluación, cuando Drew no lloraba él hablaba con frases completas y usaba posesivos (*Miss Mary's yellow car*) y contracciones (*I don't want to*), lo que hacía que su lenguaje sonara bastante típico. Pero yo no tengo la formación para hacer evaluaciones de habla estandarizadas, y los niños con habilidades de lenguaje más avanzado necesitan más pruebas para determinar si tienen retraso.

Tu hijo también se podría beneficiar de tener completada la evaluación VB-MAPP, sobre todo si tienes un equipo de servicios y profesionales ABA en marcha.

Recuerda: el plan y todos los objetivos de tu hijo deben basarse en los resultados de su evaluación.

Paso 2: usa los puntos fuertes de tu hijo para desarrollar un lenguaje más avanzado

Como dije anteriormente, si tu hijo dice guiones no es un problema insuperable. De hecho, ¡puede que incluso te proporcione una forma de conseguir más lenguaje funcional! Sigue buscando formas de usar lo que motiva a tu hijo y lo que dice dentro de su guionado.

Si dice guiones de películas o le gustan ciertos elementos o actividades, por ejemplo, puedes comprar figuritas o imprimir imágenes de los personajes y emparejarlas con el programa de la caja de zapatos. En el caso de Lucas podría haber reunido imágenes del parque o de un pato para la caja de zapatos para aprovechar su guionado «Por favor, no dé comida a los patos, cuac, cuac».

Quizás tengas que limitar la cantidad de tiempo que tu hijo pasa haciendo *stimming*, alineando juguetes, viendo los mismo vídeos, mirando los mismos libros y repitiendo las mismas frases. Aunque hable tiene que interactuar durante la mayor parte de las horas en las que está despierto. A medida que aprenda más lenguaje funcional, mejores habilidades sociales y más actividades de ocio apropiadas para su edad, su guionado debería reducirse.

Paso 3: selecciona actividades y objetivos con cuidado y usa enseñanza sin errores y ensayos de transferencia

Cuando selecciones actividades para construir las habilidades lingüísticas de tu hijo evita trabajar en la longitud del enunciado, conceptos de lenguaje abstracto que sean demasiado difíciles o habilidades preacadémicas. Todas las habilidades que le enseñes deben ser aprendidas sin errores. Esto significa que proporcionas toda la ayuda que necesite tu hijo para tener éxito. Para una habilidad de emparejamiento puedes proporcionar un *prompt* o incluso guiarle físicamente la mano con cuidado para mostrarle dónde está el emparejamiento idéntico. Por ejemplo, si confunde marcador y cera, levantas un marcador y dices «marcador» directamente, así evitas ponerlo en un aprieto y evitas un error. Eso es la enseñanza sin errores.

Muchos años después de que Lucas fuera diagnosticado y de que yo me convirtiera en profesional del autismo, finalmente aprendí el secreto para evitar y corregir errores, que es uno de los aspectos críticos del enfoque TAA («Da la vuelta al autismo»). Eso se realiza mediante lo que se denomina «ensayo de transferencia». Incluso publiqué un artículo revisado por pares con mi mentor BCBA, el Dr. Rick Kubina, sobre un estudio que hice con Lucas usando ensayos de transferencia para enseñar tactos sin errores.[11]

---

11. M. L. Barbera y R. M. Kubina Jr., «Using Transfer Procedures to Teach Tacts to a Child with Autism», *The Analysis of Verbal Behavior* 21, no. 1 (diciembre de 2005): 155–161. https://doi.org/10.1007/BF03393017.

Cuando usas un ensayo de transferencia, transfieres una habilidad de una operante a otra, como ir de la identificación receptiva como seguir instrucciones a tocar una parte del cuerpo, al tacto de esa parte. Por ejemplo, das una instrucción como «tócate la nariz». Después, cuando tu hijo se la toca, usas un ensayo de transferencia para intentar transferir esa habilidad a un tacto diciendo «¿Cómo se llama esto?» mientras te tocas la nariz. Otro ejemplo de ensayo de transferencia: empiezas con un tacto, mientras el niño etiqueta el número tres en una *flashcard* o cuando levantas tres dedos. Después, transfieres esa habilidad a una respuesta intraverbal a la pregunta «¿Qué edad tienes?» mientras escondes despacio la referencia visual del número tres.

También puedes usar ensayos de transferencia para hacer desaparecer tus *prompts* dentro de la misma operante. En esta situación, levantas la imagen de un gato y dices «gato». Cuando tu hijo responda diciendo «gato», pasa al ensayo de transferencia diciendo «¡Bien! ¿Qué es esto?». Si responde «gato», felicítale y dale un refuerzo, como algo para picar o un vídeo corto de una película. Si necesita otro *prompt* verbal antes de decir «gato», proporciónaselo, pero intenta conseguir que lo diga de forma más independiente cuando preguntes «¿Qué es esto?».

Los ensayos de transferencia te permiten usar los puntos fuertes de tu hijo (como las habilidades receptivas) para enseñar habilidades más difíciles, como los tactos. Además, usarlos para hacer desaparecer indicaciones suele mejorar las habilidades lingüísticas y de comprensión.

Cuando enseñes habilidades nuevas, evita que tu hijo desarrolle errores de discriminación condicional. Esto suele ocurrir cuando tiene dificultades discriminando entre objetos similares, como papel de cocina y papel higiénico o un sofá y una silla. No comete errores porque no preste atención, sino porque todavía no tiene habilidades lingüísticas receptivas para esa discriminación más sutil.

Como puedes ver en este capítulo, ayudar a un niño a ampliar las habilidades lingüísticas puede ser realmente complicado. Es importante empezar en el punto adecuado (basado en la evaluación), usar los puntos fuertes y las necesidades del niño y estar atento a errores lingüísticos que pueden estar frenando el progreso.

En los siguientes capítulos veremos el aprendizaje de habilidades funcionales y de cuidado personal como comer, dormir, ir al lavabo y mejorar las visitas al médico y a la comunidad.

10

Cómo resolver los problemas para comer

Todos querríamos que los miembros de la familia se sentaran a la mesa juntos y comieran comida sana, pero, según mi experiencia, si un niño con autismo o retrasos no habla nada o tiene mucho retraso en el habla, es probable que tenga problemas para comer. De hecho, de los cientos de clientes jóvenes con los que he trabajado a lo largo de los años, no se me ocurre ninguno que fuera no verbal o mínimamente verbal que no tuviera también al menos algún problema con la comida o la bebida. Por supuesto, una de las razones es que comer y hablar están intrínsecamente relacionados.

Es obvio que incluso los niños con desarrollo típico tienen problemas con la comida, pero normalmente suele ser peor en niños con retrasos. Puede conducir a problemas de comportamiento porque no tienen las habilidades lingüísticas para comunicarte lo que quieren. Por eso, los capítulos de lenguaje y comportamiento de este libro también te pueden ayudar a resolver algunos de los problemas para comer de tu hijo. Y si te cuesta conseguir que tu hijo hable o que lo haga más claramente, este capítulo sobre la comida te resultará útil.

Quizás pienses que puedes resolver el problema asegurándote de que todos en casa coméis una dieta más sana, pero eso no parece ser cierto.

Hace años, mi familia participó en un estudio de cientos de familias elaborado por el Milton S. Hershey Medical Center. Los investigadores descubrieron que aunque los padres y hermanos comieran fruta y verdura todos los días, los niños con autismo continuaban siendo muy selectivos con carbohidratos, alimentos blancos, alimentos procesados y comida crujiente.[12] Por lo tanto, si te cuesta que tu hijo pequeño coma adecuadamente, debes saber que es frecuente.

Algunos niños son tan quisquillosos con la comida que solo comen ciertas marcas, no se comen galletas dulces o saladas si les falta un trozo o están rotas, no se comen comidas con cierto aspecto o sabor y solo comen de platos concretos. Una investigación más reciente de las doctoras Susan Mayes y Hana Zickgraf publicada en 2019 sugiere que la comida atípica (lo que incluye preferencias de comida gravemente limitadas y negarse a comer comida de distintas texturas) se da en el 70 por ciento de los niños con autismo, que es 15 veces más común que en niños con desarrollo típico. Y en niños de tan solo 1 año, ser extremadamente quisquilloso para comer y otros problemas de comida incluso pueden ser un indicador de diagnóstico de autismo porque los niños del espectro son mucho más quisquillosos que los niños con otros trastornos o retrasos de desarrollo.[13]

He visto a niños de 10 años con los mismos problemas graves para comer que cuando eran más pequeños simplemente porque sus padres no sabían qué hacer. Si estás leyendo esto y piensas que no puedes hacer frente a los problemas para comer de tu hijo ahora mismo, lo entiendo. Pero será mucho más fácil aprender y aplicar esta información ahora que es pequeño. Un niño más mayor no solo es más grande, sino que puede ser aún menos flexible para comer. He visto a algunos niños con autismo que al entrar en

12. K. A. Schreck, K. Williams y A. F. Smith, «A Comparison of Eating Behaviors Between Children With and Without Autism», *Journal of Autism and Developmental Disorders* 34, no. 4 (agosto de 2004): 433–8. https://doi.org/10.1023/b:jadd.0000037419.78531.86.

13. S. D. Mayes y H. Zickgraf, «Atypical Eating Behaviors in Children and Adolescents with Autism, ADHD, Other Disorders, and Typical Development», *Research in Autism Spectrum Disorders* 64, (2019): 76–83. https://www.sciencedirect.com/science/article/abs/pii/S1750946719300595.

la guardería todavía comían comida de bebé y bebían de biberón (aunque fueran totalmente capaces de masticar y tragar fritos de maíz). También he visto a muchos niños mayores que no han aprendido a usar cubiertos y que se han negado a comer frutas y verduras. Por lo tanto, cuanto antes puedas resolver los problemas para comer y beber de tu hijo, mejor.

Pero antes de entrar en materia tengo que mencionar que muchos niños, sobre todo los que tienen autismo, tienen problemas graves para comer, retraso de crecimiento (peso extremadamente bajo para su edad y altura), dificultad para masticar y/o tragar, deficiencias nutricionales y/o problemas médicos graves que a veces implican alimentación por sonda. Mi hijo Lucas, a los 4 años, fue incluso clasificado técnicamente como con «retraso de crecimiento», debido al menos en parte a que era extremadamente quisquilloso para comer. Los dos nos beneficiamos considerablemente de asistir a un curso intensivo sobre comida en el Children's Hospital de Filadelfia.

Por tanto, además de leer este capítulo y acabar el libro, si tu hijo tiene algún problema con la comida, por favor, consulta con un médico, nutricionista, logopeda, terapeuta ocupacional y/o analista BCBA experto en este tema. Si fuera necesario, comprueba si hay un curso intensivo sobre la comida en algún hospital clínico.

Hay diferentes enfoques respecto a cómo darles de comer. Algunos profesionales recomiendan que los niños jueguen con la comida para intentar desensibilizarles respecto a tocar alimentos sin llegar a probarlos. Pero eso rara vez funciona. Según afirman en su libro las doctoras Keith Williams y Laura Seiverling, *Broccoli Boot Camp*, la clave para tratar problemas con la selección excesiva de la comida es la exposición repetida a ese sabor. Para que a un niño le guste una comida en concreto debe saborearla entre 10 y 15 veces distintas. La mayoría de los padres dejan de ofrecer comidas que son rechazadas o que solo se comen directamente después de una media de 1,5 veces; por lo tanto, nunca llegan a ofrecerlas entre 10 y 15 veces. Por ello, tanto si intentas mejorar los problemas con la comida por tu cuenta como si tienes a un profesional que te ayude, ¡tu hijo tiene que probar comida repetidamente como parte del plan de mejora!

Hay una advertencia general en la tapa del libro que dice que la información que hay aquí es a título informativo y no es consejo médico ni de comportamiento. Esto es especialmente importante respecto a la información sobre comer y beber, porque solo un experto que haya evaluado a tu hijo puede proporcionar una orientación directa. Si tu hijo no crece ni gana peso normalmente, tiene dificultad para masticar o tragar o algún problema serio para comer, recomiendo pedir ayuda profesional inmediatamente.

LOS PROBLEMAS PARA DAR DE COMER A BILLY Y JACK

Probablemente el caso de problemas con la comida más complicado para mí en estos años fue el de Billy, que solo bebía leche de almendras con un biberón y comía galletas saladas sin gluten. Eso es todo lo que consumía mañana, mediodía y noche salvo las patatas fritas de McDonald's en contadas ocasiones. Solo se las comía si se las daban en la ventana del *drive-through* y estaban calientes. Además, tenían que estar en el envase «correcto» y solo se las comía si tenía mucha hambre. Si no estaban exactamente como él quería, empezaba a llorar y gritar. Dado que no se nutría, era un problema grave.

Billy no tenía ninguna habilidad lingüística, así que empezamos por conseguir que respondiera al tiempo en la mesa. Después, utilizamos las estrategias que aprenderás en este capítulo para conseguir que comiera una variedad más amplia de comidas para garantizar que no estuviera malnutrido.

Jack (el niño al que le gustaban las cañitas del capítulo 6) era otro niño pequeño con autismo no verbal que tenía problemas con la comida y la bebida. Le gustaba comer comida que se coge con los dedos (incluso algunas verduras), pero cuando sus padres intentaban darle de comer algo blando de una cuchara se negaba. La mera visión de algo blando le perturbaba, así que tenía que ser desensibilizado a ese tipo de comida y a los cubiertos. Resolvimos ese problema ofreciéndole refuerzos (en este caso, una *tablet*), mientras poníamos una de sus comidas para comer con los dedos (un frito de maíz) en una cuchara. Después, le ofrecimos otras comidas poco a poco.

A medida que aprendas mejor estas técnicas en este capítulo y trabajes en tu plan de comidas, asegúrate de que todos los adultos implicados en la alimentación de tu hijo siguen la misma línea. Intenta mantener las mismas reglas y rutinas de comida en casa, en la guardería o la escuela de parvulitos y en las casas de vuestros familiares, si es posible. Por ejemplo, si tu nueva regla es que no haya cosas para picar disponibles entre las comidas y en el tiempo en la mesa durante las sesiones de aprendizaje (para que tu hijo llegue con hambre a las comidas), asegúrate de que su abuela, que lo cuida dos veces a la semana, no le permita picar entre horas.

He visto que la mayoría de los padres son capaces de hacer grandes progresos usando los métodos que vas a leer a continuación. No esperes que se produzcan cambios radicales de la noche a la mañana. Como pasa con todas las técnicas de este libro, tendrás que tener mucha paciencia.

EVALUACIÓN DE LOS PROBLEMAS PARA COMER

Como siempre, el primer paso para cambiar un comportamiento es hacer una evaluación para tener un punto de referencia. Ya lo has hecho hasta cierto punto con el formulario de evaluación general TAA («Da la vuelta al autismo»), pero en cuanto tengas que corregir problemas para comer lo más probable es que necesites una evaluación más detallada y específica relacionada con la comida y la bebida.

Una de las cuatro áreas incluidas en la lista de cuidado personal del doctor Sundberg es la comida. Incluyo solo dos niveles de esta lista respecto a este tema porque he visto que la mayoría de mis antiguos clientes jóvenes y niños de participantes *online* (independientemente de que tengan 18 meses o 5 años) están en el nivel entre 18 y 30 meses en lo que se refiere a comer.

Como se puede ver en la lista, la mayoría de los niños de 18 meses con desarrollo típico pueden comer comida que se coge con los dedos, usar una cuchara para coger el alimento y empezar a comer solos. Además, la mayoría de los niños pequeños sin retrasos pueden beber de vasos sin tapa y usar cañas. Usar un tenedor y ser más limpio y más independiente durante las comidas normalmente se da a los 30 meses. En niños con retrasos, y especialmente en niños con autismo como Billy y Jack, a los que les gusta la rutina y no se les da bien imitar, habilidades como beber de un vaso sin tapa o comer con cuchara no surgen de forma natural. En muchos casos, se les tiene que enseñar.

Rellenar esta lista te ayudará a evaluar si tu hijo está retrasado desde el punto de vista del desarrollo respecto a la comida.

COMER – ALREDEDOR DE 18 MESES

___ Come comida que se puede coger con los dedos
___ Bebe de un vaso solo
___ Usa una cuchara para coger la comida
___ Succiona una caña

COMER – ALREDEDOR DE LOS 30 MESES

___ Usa un tenedor para coger la comida
___ Usa una servilleta para limpiarse la cara y las manos
___ Lleva su propia fiambrera o plato a la mesa
___ Abre su propia fiambrera
___ Abre las bolsas de plástico con cierre zip
___ Desenvuelve el paquete de comida abierto parcialmente
___ Pone una caña en un brik de zumo
___ Se quita el babero

DIARIOS DE COMIDA Y LISTA DE COMIDA TAA
(«Da la vuelta al autismo»)

Ahora que has completado la parte de comida de la lista de cuidado personal, te recomiendo que hagas un diario de la comida y la bebida de tres días. Escribe todo lo que come y bebe tu hijo durante ese tiempo, incluyendo las cantidades exactas (10 patatas fritas, media taza de leche baja en grasa), las marcas de comida que le gustan, cuándo come y el sitio en el que come y bebe a lo largo del día. Este es un punto de referencia para hacer la evaluación igual que el que usas en los vídeos de un minuto, así que no introduzcas reglas o rutinas nuevas, ni impongas comida nueva a tu hijo ni le retires el biberón durante esos tres días.

Aunque no introduzcas reglas o comidas nuevas, tu hijo puede tener problemas de comportamiento o de rechazo durante las comidas de esos tres días. Así que si se niega a comer alguna comida o si surge algún problema de comportamiento durante la comida, apúntalos en tu diario. Recuerda ser lo más específica posible sobre cualquier problema de comportamiento. En vez de escribir «ha tenido una rabieta», pon exactamente cómo ha sido. No soy muy fan de llorar, porque, en general, si tu hijo llora no aprende y a menudo causa estrés y problemas para la familia. Y me preocupa especialmente el llanto durante la comida. Así pues, durante la evaluación, apunta las comidas y las bebidas que tu hijo consume sin montar un alboroto.

Tu hijo no ha llegado a ser quisquilloso con la comida de la noche a la mañana, así que por favor no te estreses y abordes este comportamiento enseguida. No vas a empeorar la situación si come comida basura y bebe del biberón durante 72 horas más, o incluso si esperas algunas semanas hasta acabar este libro y completas tus evaluaciones de comida.

Durante tu período de evaluación también puedes utilizar el formulario de la lista de comida TAA («Da la vuelta al autismo»), también disponible en el sitio web, además del diario de tres días. Incluye tres listas de comida que denomino «fácil», «media» y «difícil». Las primeras son las que tu hijo come sistemáticamente sin alborotos. Las medias son las que ha comido en el último mes o los dos últimos meses pero no de forma sistemática. Recuerda que pueden incluir distintas marcas de las mismas comidas de tu lista fácil. Las comidas difíciles son las que querrías que comiera, pero se pelea contigo cuando se las ofreces.

Como puedes ver en el formulario de la lista de comida de Brentley que he incluido, las comidas fáciles que tomaba voluntariamente en el momento de la evaluación incluían algunas frutas, pollo, patatas fritas, bocadillos de jalea y mantequilla de cacahuete o girasol, yogu, macarrones con queso «de color amarillo» y un tipo concreto de avena, así como mucha comida basura. A veces comía huevos, palitos de queso, algunas frutas más, carne de pavo de tienda *delicatessen* y algunas cosas para picar más. Cuando Kelsey rellenó este formulario, Brentley no comía carne que no fuera tiras de pollo y carne de pavo del *delicatessen*, y se negaba a comer todas las verduras, las patatas, los fideos y el arroz.

Formulario de lista de comida TAA («Da la vuelta al autismo») (EJEMPLO)
por la Dra. Mary Barbera

Nombre: Brentley G.   Fecha de nacimiento: 25/09/XX
Fecha de cumplimentación del formulario: 20/10/XX

FÁCIL Preferencia elevada	MEDIA Lo come a veces	DIFÍCIL No lo come
Arándanos	Huevos	Salchichas (antes era fácil)
Fresas	Galletas saladas normales	Carne que no sea tiras de pollo
Naranjas	Plátanos	Fideos con salsa de tomate
Macarrones con queso «de color amarillo»	Macarrones con queso (de color blanco)	Patatas
Patatas fritas	Carne de pavo de tienda *delicatessen*	Cualquier verdura
Tiras de pollo	Chips de arroz	Arroz
Bocadillos de jalea y mantequilla de cacahuete	Patatas fritas de bolsa normales	
Bocadillos de jalea y mantequilla de girasol	Compota de manzana	
Yogurt	Uvas	
Dónuts	Palitos de *mozzarella*	
Helado		
Caramelos		
Galletas de chocolate		
Pretzels		
Galletas saladas de *cheddar* de la marca Ritz		
Galletas saladas Goldfish		
Avena con arándanos azules congelados (solo de tipo canela y manzana instantánea)		

Después de que Kelsey organizara las comidas de Brentley en este formulario pudo ver que tenía algunas opciones con las que empezar a incluir una comida o dos de la columna del medio durante las comidas. Ahora, años después de su diagnóstico y después de recibir la programación ABA, Kelsey afirma que su hijo come cualquier comida que tenga en el plato, aunque todavía tenga favoritos.

A partir de la cumplimentación de la lista de cuidado personal y del diario de tres días y el formulario de comida, el resto de este capítulo te ayudará a crear tu plan de alimentación inicial.

PICA Y SE INTRODUCE EXCESIVAMENTE COSAS EN LA BOCA

Todos los bebés y niños pequeños tienden a meterse en la boca objetos que no son comestibles. Sin embargo, los niños con retrasos a veces nunca se desarrollan más allá de esa etapa, con lo que, cuando empiezan a tener dientes, de tener el objeto en la boca pasan a masticarlo.

A veces, la razón de este comportamiento es médica, como una deficiencia de vitaminas o minerales. Concretamente, las deficiencias de zinc pueden causar una introducción excesiva de objetos en la boca, problemas con la comida y masticación de juguetes o de su propia ropa. Algunos niños pueden masticar excesivamente debido a niveles elevados de plomo en su sistema. Si tu hijo tiene problemas de introducción de objetos en la boca o de masticación en exceso, está justificado hacer una evaluación médica con un análisis de sangre, así como una evaluación dental. Pero consulta siempre con el médico antes de darle vitaminas o suplementos sin receta.

Algunos niños mascan y se tragan objetos no comestibles. Esto es una enfermedad grave denominada «pica», que provoca que un niño coma monedas o jabón líquido en el baño o abono en el parque. Algunos incluso comen piedras o vidrio, algo que puede provocar perforaciones en los intestinos, entre otros problemas mortales. Si tu hijo tiene pica, consigue atención médica y de comportamiento de forma inmediata.

Si los problemas de masticado e introducción de objetos en la boca y masticar son menos graves y se han descartado los problemas médicos, la causa de la masticación podría ser calmar el dolor de dientes. Otra opción es que se trate de comportamiento autoestimulatorio, sobre todo si tu hijo todavía no mastica comida ni bebe de un vaso sin tapa y con una caña.

Evalúa cuándo y dónde se produce el comportamiento de masticado e introducción en la boca. Si solo se da en un parque concreto, deja de ir allí, al menos durante un tiempo. Si mastica los cuellos de la camisa o las mangas (y si ya le han hecho un análisis de sangre y ha visto un médico), intenta ponerle camisas de manga corta o de un patrón más ajustado. Las que son más holgadas puede que aumenten el masticado.

Hay niños que solo mastican y se introducen objetos en la boca cuando no están participando en nada o cuando tienen hambre. Puedes intentar darle una *tablet* (mientras no la mastique), porque así, al tener las manos demasiado ocupadas, consigues que no coja el objeto que suele masticar.

Enseñar a tu hijo lenguaje tal y como has aprendido en los dos últimos capítulos también debe ser una parte principal del plan de alimentación. Es difícil introducirse objetos en la boca, masticarlos o rechinar los dientes mientras se habla. Así que, cuanto antes aprenda a hablar o usar más palabras, menos probable será que tu hijo siga con esos comportamientos de introducción de objetos en la boca.

INTERVENCIONES EN LA BEBIDA

Antes de abordar las estrategias para las comidas, hablemos de la importancia de cómo beber. Tal y como mencioné anteriormente, beber de un vaso sin tapa y con una caña son hitos de desarrollo que muestran la mayor parte de los bebés de 18 meses. Son importantes para el desarrollo motor oral, que tiene un papel fundamental en la capacidad para formar palabras.

Es cierto que ayudan a que la casa se ensucie menos, pero los vasos con tapa antiderrame hacen que los labios se pongan en una postura antinatural que puede afectar a la capacidad del niño para articular. Las cañas implican distintos músculos que son importantes para el desarrollo. Por lo tanto, si tu hijo tiene 18 meses o más y todavía usa vaso con tapa, uno de los primeros objetivos de tu plan debe ser quitárselo. Así, puede aprender a beber de un vaso sin tapa y chupar líquido con una caña. Incluso los niños con desarrollo típico usan vasos con tapa más tiempo del debido, así que, lo antes posible, te recomiendo que solo uses vaso con tapa antiderrame en el coche. Otra opción es tener estos vasos para cuando vais en coche, pero el resto del tiempo no los tengas a su disposición.

Algunos niños con y sin retrasos pueden tener problemas con el destete. Yo di el pecho a Lucas durante más de un año, y a Spencer durante casi dos. Cuando Lucas fue diagnosticado, Spencer tenía unos 18 meses y yo todavía le daba el pecho. A Lucas le encantaban los chupetes; en cambio, a Spencer, no. Yo decía en broma que yo era el «chupete humano» de Spencer, porque él quería mamar sin parar.

Yo estaba estresada y muy ocupada, así que decidí destetarlo poco a poco usando las técnicas de destete con biberón y chupete incluidas en este capítulo. Sin embargo, unos meses antes de que Spencer cumpliera 2 años, mi marido tuvo la oportunidad de llevarlo a Florida a visitar a sus abuelos mientras yo me quedaba en casa. Como él lactaba varias veces al día, decidí que lo dejaría de golpe esos cinco días. Hay madres que siguen con la lactancia muchos más días que yo, y aunque el destete es una decisión personal, añadir el hecho de beber de vasos sin tapa y con cañas para complementar la lactancia materna para niños de más de un año suele ser beneficioso.

Cuando tu hijo domine chupar con una caña (que comentaremos en el apartado del destete) puedes empezar a enseñarle a beber de un vaso sin tapa. He descubierto que los vasos pequeños de chupito de plástico tienen el tamaño perfecto para enseñar a los niños pequeños a qué distancia inclinar el vaso sin derramar el contenido. Evidentemente, por seguridad, usa plástico en vez de cristal y, para evitar mancharlo todo durante el proceso de aprendizaje, usa solo agua. Algunas familias han tenido éxito practicando beber de un vaso sin tapa en la bañera o al aire libre. Las botellas de deporte para niños más grandes o adultos con o sin pitorro también pueden ser una buena opción. Puedes hacer de modelo y beber de estas botellas y así quizás te imite, sobre todo si estáis fuera de casa y él no tiene otra opción cuando tiene sed.

Mi consejo más importante respecto a la bebida es el siguiente: no permitas que tu hijo se pasee con un acceso fácil a zumo o leche (tanto animal como vegetal) en una botella o vaso con tapa. Normalmente recomiendo permitir solo agua a lo largo del día. Así, evitas que se derrame zumo en los muebles y las alfombras. Además, las bebidas con calorías les llenan el estómago, lo que hace que les interesen menos las comidas nutritivas a la hora de comer y que se resistan más a probar comidas nuevas. Por lo tanto, si quieres dar a tu hijo otras bebidas aparte de agua, sirve leche, zumo y limonada solo durante las comidas, picoteos programados o tiempos de aprendizaje en una taza normal o una taza con caña mientras él está sentado a la mesa.

Si tu hijo se niega a beber agua y solo quiere zumo o leche, intenta diluir su bebida favorita con agua. El primer día dale un cuarto de agua y tres cuartos de zumo. El segundo y tercer día, dale la mitad de agua y la mitad de zumo. El cuarto día, dale tres cuartos de agua y un cuarto de zumo. El quinto día, intenta darle el 100 por cien de agua.

CÓMO RETIRAR BIBERONES Y CHUPETES

Muchos niños, sobre todo los que tienen problemas de comportamiento, utilizan chupetes mucho después de la edad habitual. Sus padres tienen dificultades para saber qué hacer, así que, para que el niño esté tranquilo y feliz, le «enchufan» el chupete. Lucas era «adicto» al chupete mucho después de haber cumplido los 2 años, así que lo entiendo.

Lo mismo puede suceder con los biberones, ya que los niños pueden tener una adicción a ellos después de la etapa de bebés. Según mi experiencia como BCBA-D, cuando se dan chupetes o biberones a niños de más de 1 o 2 años, eso casi siempre conduce a una reducción del lenguaje y a un aumento de los problemas de articulación y de comportamiento.

Con los años también he visto que los chupetes y los biberones pueden ser perjudiciales para el desarrollo normal de los dientes (tanto de leche como definitivos). De hecho, tuve una cliente que permitió a su hija seguir usando chupetes a pesar de los consejos de su logopeda. Cuando la niña creció, el uso del chupete causó una caries y una desalineación tan graves que las facturas del dentista fueron de casi 4.000 dólares.

Algunas familias optan por el «enfoque de golpe» y eligen un día para tirar los chupetes o biberones. Sin embargo, como no me gusta que los niños lloren ni se estresen mucho, suelo recomendar un enfoque más gradual que siga los pasos siguientes:

1. Evalúa cuándo tú y tu hijo necesitáis más el chupete y/o biberón, como la hora de acostarse, en la iglesia, en el coche o mientras va a la compra contigo.

2. Usando tu evaluación a modo de guía, haz un plan con límites para ir retirando gradualmente el biberón o el chupete. Por ejemplo, «solo le daré de comer con el biberón cuatro veces al día», «solo tendrá chupete antes de acostarse, en el coche y en la iglesia», o «solo le daré un biberón de noche cuando esté en casa sentada con él en la mecedora».

3. Si usas varios biberones o chupetes, escóndelos o deshazte de todos excepto de uno o dos para que el niño no puede encontrar uno sin querer cuando ya no usa ni biberón ni chupete. Deja un chupete en la habitación y, si vas a usar uno en el coche, considera guardarlo en la guantera, donde puedes controlarlo.

4. Si tienes previsto utilizar chupete en momentos o lugares específicos, como la hora de acostarse, te recomiendo que crees una caja de chupetes. Cuando el niño se despierte, haz que lo ponga en la caja cuando haya acabado el tiempo de chupete, y coloca la caja en un estante elevado del armario. Quizás tengas que darle su juguete o refuerzo comestible preferido. Podrías decir «vale, aquí tienes la caja de los "chupes". Te doy una galleta por poner el "chupe" en la caja. Después ponemos la caja alto en el estante». Si pide un chupete, llora o gimotea, intenta decir algo como «No, eso solo es para la siesta. Lo tendrás para la siesta. Venga, ¡vamos a jugar con los trenes!».

5. Respecto a los biberones, dale la bebida menos preferida en el biberón y la preferida en una taza. Agrupa las tazas con comida o juguetes de refuerzo alto durante momentos que no sean de biberón, y mantén el biberón fuera de su vista. Si llora o pide el biberón puedes decir «No. El biberón solo es para la noche». Cuando se haya calmado y no llore dile algo como «Aquí están tus opciones». Después, ofrécele la taza con sus personajes, juguetes y/o cosas comestibles fáciles que más le gusten. Puede que le cueste el primer y el segundo día pero, si eres constante, enseguida cogerá el truco del proceso de retirada.

6. Sé que es difícil, pero no le des chupete ni biberón en los tiempos que no están designados para eso, aunque llore. No, no me gusta que sigan llorando, pero si le das refuerzo por llorar solo lo perpetuarás. Guarda los biberones y los chupetes fuera de su vista para evitar que llore y ofrece refuerzos alternativos (otras tazas o incluso un juguete favorito) solo cuando no llore.

7. Como mínimo, el niño no debe tener acceso a chupetes o biberones a demanda en cualquier momento del día o la noche. ¡Te necesitan para que los ayudes con los límites!

8. Con el tiempo, reduce el uso del chupete y el biberón cada vez más hasta que se los puedas retirar por completo.

INTERVENCIONES CON LA COMIDA

Antes que nada, tu hijo debe comer todas las cosas para picar y las comidas en la mesa del comedor. Eso significa que no se puede sentar en el sofá a comer los cereales ni picar comida mientras anda por ahí. Esto puede ser una gran transición para ti, así que tu prioridad debería ser conseguir que tome la mayoría de las comidas en la mesa. Puedes hacerlo dándole alimentos solo de su lista fácil de comidas, cosas para picar y tiempo de aprendizaje en la mesa.

Limita las cosas para picar entre horas, sobre todo una hora antes y una hora después de las comidas. Si tu hijo se llena de cosas para picar no tendrá hambre a la hora de comer para los alimentos más nutritivos que quieres introducir en su dieta. Tienes que poner fin a su capacidad para coger y conseguir la comida que él quiera a lo largo del día. Por supuesto, no me refiero a hacer que pase hambre, sino a que si está lleno de comida basura todo el día nunca querrá probar comida nueva.

Si tu hijo tiene menos de 2 años tiene sentido ponerle en una trona en la mesa. En cambio, cuando cumpla esta edad, siempre que no tenga un impedimento físico o un retraso grave, es buena idea empezar su transición de la trona al asiento elevador y, con el tiempo, a una silla normal. No me gusta que el niño esté atrapado para aprender, y tampoco para comer. Si conseguir que coma en la mesa de la cocina se convierte en un problema, intenta las mismas técnicas que usas para la mesa de aprendizaje para asociar la mesa de la cocina con sus puzles y juegos de alta preferencia. ¡Recuerda que cualquier área, material, persona o lugar se puede asociar o reasociar con refuerzos!

Retira la comida de su recipiente para que tu hijo no la identifique por el envase o la marca. Si solo come una marca de yogures concreta, por ejemplo, ponle un poco en un cuenco. Usa también cuencos que no tengan marcas con los que identificarlos. Estas técnicas impiden que los niños lleguen a ser tan específicos sobre lo que comen o no, y así puedes usar otras marcas para ampliar la dieta de tu hijo. En consecuencia, estará mucho más preparado para comer en un restaurante, en la guardería y, más adelante, en la escuela.

Trabajé con un niño llamado Zach que, a los 4 años, todavía no comía nada salvo papillas. Era la única forma que tenía su madre de conseguir que comiera fruta, verdura y proteína. Le daba casi 50 tarros de papilla a la semana, algo que le resultaba muy caro. Para empezar a conseguir que tomara comida que no fuera papilla, su madre empezó a vaciar los tarros en cuencos neutros. Cuando Zach ya se había acostumbrado pudo introducir otros artículos, empezando con comida blanda que exigía que la masticara un poco.

Intenta aumentar los nutrientes al máximo. Si tu hijo tiene alguna verdura en su lista fácil, ofrécesela durante todas las comidas y a lo largo del día cuando tome algo para picar. Si no tiene comida nutritiva en su lista fácil intenta darle una verdura y/o carne de la lista media entre sus comidas fáciles preferidas, junto a los refuerzos. Si no tiene comida nutritiva ni en la lista fácil ni en la media, quizás prefieras ir más despacio e introducir más comidas nutritivas medias poco a poco antes de incorporar la comida nutritiva de la lista difícil.

Poco a poco, empieza a presentar comida media entre las fáciles. Pasa primero a comidas nuevas con aspecto y textura similar a las fáciles que se come. Después de haber tenido éxito, empieza a incluir comida difícil en la mezcla. Por ejemplo, si está dispuesto a comer arándanos azules y yogur, intenta introducir yogur de arándanos azules seguidos de tortitas de arándanos azules. Si come apio, intenta que coma calabacín cortado en rodajas largas. Con Billy, que solo bebía leche de almendras y comía galletas saladas sin gluten y patatas fritas del McDonald's, empezamos a hacer patatas fritas en casa. Al poco tiempo se convirtió en una de sus comidas fáciles.

Si tu hijo está dispuesto a comer comida blanda, al principio puedes intentar hacer puré de carne y verdura. Los batidos también pueden ser una buena forma de ponerle verdura en la dieta mientras al mismo tiempo le enseñas a tomar líquidos más densos con una caña. Pero ten en cuenta que, si tu hijo es lo suficientemente mayor para masticar, es mejor que lo haga, porque así desarrolla esos músculos y habilidades. Y, como ya sabes, ¡es importante para mejorar tanto la alimentación como el habla!

Durante la comida, tu lenguaje debe ser positivo, corto y amable. Di simplemente «da un bocado» si come una comida poco preferida, y ofrécele un bocado de una comida fácil después. O quizás dale otro tipo de refuerzo, como 30 segundos de un vídeo favorito. Puede parecer mucho trabajo ofrecer refuerzo por cada mordisco o comida media (o difícil) que come, pero funciona. Con el tiempo no tendrás que ofrecer tanto refuerzo como al principio.

Evita la negatividad, las amenazas y la coacción. En vez de decirle que *no puede* comer algo en concreto, dile que *puede* comer algo distinto. No negocies con comentarios como «da este bocado y conseguirás todo el cuenco de tus fideos favoritos». Simplemente introduce un bocado de comida fácil seguido de un bocado o dos de una media y continúa pasando de un tipo a otro. Si sigue negándose a la comida media, intenta una distinta en la siguiente comida. Las comidas deben ser breves y, si se niega a comer, tendrá más hambre en la comida siguiente o cuando coma algo para picar.

Resístete al impulso de hacer a tu hijo algo especial después de que rechace incluso unos bocados de una comida media, ya que esto reforzará su rechazo y aumentará ese comportamiento. El Dr. Keith Williams, experto en alimentación y BCBA-D y coautor de *Treating Eating Problems* y *Broccoli Boot Camp*, dijo una vez a la madre de una joven cliente: «No es una flor marchita y no se morirá de hambre si se salta una comida». Eso se me quedó grabado.

Si sigues este plan de intervención con paciencia creo que te sorprenderá lo deprisa que avanza tu hijo.

CÓMO ENSEÑAR A TU HIJO A UTILIZAR CUBIERTOS

Se considera que los bebés de unos 18 meses saben usar la cuchara, mientras que el cuchillo y el tenedor es apropiado desde el punto de vista del desarrollo para los que tienen entre 30 y 48 meses. Sin embargo, si tu hijo tiene un retraso importante, todavía le cuesta mucho comer y no toma suficiente comida nutritiva, recomiendo resolver esos problemas primero. Enseñar a un niño a utilizar los cubiertos puede esperar. Es mucho más importante asegurarse de que sepa beber de un vaso sin tapa y con una caña y de que aceptará comida de una cuchara y un tenedor.

Cuando estés lista para añadir el uso de los cubiertos a tu plan, recomiendo que te pongas detrás de tu hijo, colocándole el cubierto en la mano y guiándosela para que tome la comida con la cuchara o la pinche con el tenedor. Una vez que domine usar la cuchara y el tenedor, enséñale a usar un cuchillo que no corte y muéstrale cómo cortar comida.

Cuando estábamos enseñando a Lucas a usar un cuchillo éramos cuatro discutiendo cómo hacerlo. «¿Cómo cortas el pollo?» preguntamos, y resultó que cada uno lo hacíamos de una forma. Yo soy diestra, y otra persona del grupo era zurda. Uno usaba el dorso del tenedor, mientras que yo usaba la parte frontal. «¿Le tendríamos que decir que cortara todo el pollo o que se lo fuera comiendo por partes?» ¿Quién iba a imaginar que enseñar a un niño a cortar comida podría ser tan complicado?

Te recomiendo que enseñes a tu hijo a cortar comida igual que lo hagas tú. Si tú y tu pareja la cortáis de formas distintas, decide cuál le enseñarás y no la cambies. (Por supuesto, si tú eres zurda y tu hijo es diestro, seguramente tendrás que hacer ajustes.)

EVALÚA, REEVALÚA Y HAZ UN PLAN NUEVO

Como ocurre con todos los tipos de comportamiento, tendrás que evaluar periódicamente cómo va el plan. ¿Tu hijo empieza a comer más comida, sobre todo nutritiva? ¿Avanza en cuanto al uso de la caña? ¿Las comidas «medias» de su lista se están convirtiendo en «fáciles»? ¿La hora de la comida ha mejorado? Si no, haz una nueva evaluación para ver si ha cambiado algo. Después, revisa las estrategias de este capítulo y haz un plan nuevo.

Centrarse en la comida y la mejora de la nutrición es un objetivo de por vida para muchos de nosotros; sin duda, no es una tarea que se haga una sola vez y se acabe. Yo creo que la alimentación debe ser una de tus prioridades, pero no se puede hacer todo a la vez.

Para ti y tu hijo, mejorar el sueño puede que sea más importante que abordar los problemas de la comida en este momento, así que veamos este tema crucial.

11

Olvida el juego de las camas: cómo solucionar problemas para dormir

Durante ocho años, cuando Lucas tenía entre 2 y 10 años, la mayoría de las noches jugábamos al juego de las camas. Él tomaba melatonina (un suplemento sin receta que ayuda a dormir) antes de acostarse, pero a menudo se despertaba en mitad de la noche igualmente. Una vez despierto, salía de la habitación, se metía en nuestra cama y, en general, se volvía a dormir. Si lo volvíamos a llevar a su habitación, normalmente se quedaba despierto durante horas o se volvía hiperactivo. A veces yo me quedaba despierta con él de 2 a 5 de la madrugada.

Cuando tenía 10 años, Lucas pesaba más de 45 kilos, y entonces me empecé a preocupar por si me hacía daño cuando saltaba por encima de mí para ponerse en medio de la cama. Yo estaba dormida profundamente y, de repente, notaba el golpetazo de los 45 kilos de Lucas.

La mayoría de las noches teníamos que elegir entre estar despiertos y controlarlo para asegurarnos de que se quedaba en su propia cama y estaba durmiendo de verdad… o dejarle que durmiera en nuestra cama, donde se solía quedar dormido enseguida. En cualquier caso, no hubo mucho sueño de calidad en casa *¡durante ocho años!*

Como di el pecho a mis dos hijos, no era raro tener a uno de los dos en la cama cuando eran bebés. Aunque el colecho pueda ser controvertido y no se recomiende, es muy habitual. En algunas familias, especialmente en algunas culturas, toda la familia duerme junta en la «cama familiar» durante muchos años.

Independientemente de dónde duerman los bebés, la mayoría de los padres pasan por un período de falta de sueño cuando su hijo es un bebé, debido sobre todo a las tomas nocturnas. Sin embargo, no esperamos que ese período se alargue mucho más después de los seis meses o un año, ya que la introducción de comida sólida hace que las tomas nocturnas sean innecesarias.

Como mi marido trabajaba como médico y yo tenía dos bebés que se llevaban 18 meses, conseguir que los niños durmieran toda la noche en su propia cama parecía un sueño (nunca mejor dicho). Pero a finales de 1999, cuando Lucas fue diagnosticado y Spencer todavía tomaba el pecho durante todo el día, yo no sabía cómo lograr ese objetivo. Por ese motivo no dormí toda la noche durante ocho años a menos que me fuera de viaje. Muchas veces digo que viajaba a conferencias sobre autismo no solo para aprender cómo ayudar a Lucas, sino también para dormir de un tirón sola y tranquila en una cama de hotel.

Si tu hijo tiene autismo u otros retrasos en el desarrollo puede que le pase como a Lucas y no duerma toda la noche en su propia cama a los tres, cuatro, cinco o más años. En su libro *How to Get Your Child to Go to Sleep and Stay Asleep*, la Dra. Kirsten Wirth revela que los trastornos del sueño son habituales en todos los niños. De hecho, entre el 15 y el 40 por ciento de los niños con desarrollo típico tendrán un trastorno del sueño en algún momento de su vida. El índice es mucho mayor para los que tienen necesidades especiales, que presentan una tasa de trastornos del sueño de alrededor del 85 por ciento.

Numerosos estudios muestran que la falta de sueño apropiado es grave. Puede aumentar el riesgo de desarrollar trastornos inmunitarios, diabetes, obesidad, enfermedades cardiacas, trastornos del humor y otros problemas, y puede reducir nuestra esperanza de vida. Además, los niños con autismo tienen mayor probabilidad de tener problemas de comportamiento y dificultades de aprendizaje cuando no duermen lo suficiente.

Si se deja que continúe la falta de sueño, tu salud, la de tu hijo y, a veces, la de otras personas de casa se puede poner en peligro, sobre todo si tienes más de un niño que comparte habitación. En ese caso, los hermanos también pueden acabar con una peligrosa falta de sueño.

Si tienes que abordar el diagnóstico de tu hijo, enfrentarte a sus rabietas, enseñarle a ir al baño, a estar a salvo, a desarrollar el lenguaje, habilidades sociales y otras cosas, ¿cómo vas a hacer todo eso si no duermes lo suficiente? Y, en mitad de la noche, está claro que estás tan desesperada que probarás cualquier cosa, aunque acabe empeorando la situación a largo plazo, como permitir que tu hijo duerma en tu cama contigo durante meses (o años) o llevarlo a dar una vuelta en el coche para que se duerma.

Por lo tanto, los problemas de sueño suelen ser una emergencia que debe abordarse en cuanto el niño es lo suficientemente mayor para dormir solo.

Durante aquellos primeros años con Lucas yo asumí la mayor parte de la responsabilidad por sus problemas de sueño. Al fin y al cabo, yo no trabajaba fuera de casa y mi marido era médico de urgencias. Su trabajo exigía que descansara bien para evitar poner en peligro la vida de sus pacientes.

Lucas tenía 7 años cuando me convertí en BCBA (analista de comportamiento certificada), pero incluso con mi formación y experiencia tenía tal falta de sueño que carecía de la claridad o energía para mirar objetivamente los problemas de sueño de mi hijo (y, por extensión, de nuestra familia) de una forma que los pudiera resolver.

De hecho, cuando Lucas tenía 10 años yo estaba escribiendo *The Verbal Behaviour Approach*, y mi marido me dijo: «Hagas lo que hagas, no des consejos sobre cómo dormir en tu libro, porque no hemos sido capaces de resolver los problemas de sueño de Lucas». Tenía toda la razón. No encontrarás ni un solo consejo sobre cómo dormir en ese libro, porque yo no estaba en condiciones de dar ninguno.

Sin embargo, poco después de que saliera el libro, en 2007, tuve una experiencia que logró que me acercara a un camino mejor. En un viaje a Ohio para presentar un taller de un día cené con otra analista de comportamiento.

Le hablé del lenguaje y el comportamiento de Lucas, las cosas que yo conocía bien.

Después me preguntó cómo dormía. Enseguida admití que había sido muy complicado para nosotros. ¡Y resultó que ella estaba especializada en ese tema! Después de contarle los patrones de sueño de Lucas y los métodos que habíamos intentado, me dijo que no aprobaba ninguno. No era de extrañar.

Nos hizo algunas recomendaciones concretas: (1) no dejar que Lucas se metiera en nuestra cama; (2) cerrar la puerta de nuestro cuarto; (3) acompañarle a su habitación cuando intentara entrar en la nuestra, y (4) no dejarle tener TV en su cuarto (a pesar de que al principio le ayudara a quedarse dormido).

Al volver a casa hice un plan para intentar la mayoría de sus estrategias. Primero le dije a Lucas: «Voy a cerrar la puerta de mi habitación por la noche y tienes que quedarte en tu cama. Si lo haces te daré una galleta especial por la mañana». Probablemente no comprendiera todo lo que le dije en aquel momento, pero, como lo practicamos la primera noche, no tardó en entenderlo.

Esa noche salió de su cama tres veces y tocó el pomo de la puerta. Después de que llamara tres veces, abrí, lo acompañé a su cama, le recordé que le daría una galleta por la mañana cuando se despertara en su cama, le di un beso de buenas noches, volví a mi cuarto, cerré la puerta otra vez y me volví a dormir. También miré el reloj y anoté cuándo había llamado a la puerta, así como el hecho de que no hubo comportamientos difíciles cuando lo acompañé a su cuarto.

La segunda noche vino dos veces a mi habitación. La tercera solo llamó una vez. Después nunca más vino a mi habitación en mitad de la noche. Tras ocho años de problemas para dormir, ¡esa simple intervención corrigió los problemas que teníamos en solo tres noches! Me sentí fatal por haber dejado que durara tanto.

Desde aquella ocasión con Lucas he trabajado con muchas familias y padres de niños pequeños para resolver un amplio abanico de problemas de sueño.

DESARROLLA TU PROPIA INTERVENCIÓN DE SUEÑO

De nuevo, todo empieza con la evaluación. Evidentemente, si tienes falta de sueño soy consciente de que hacer otra evaluación puede que sea lo último que desees, pero es el primer paso para salir del círculo de sueño insuficiente. Las evaluaciones que has estado haciendo mientras leías los capítulos te ayudarán en cierta medida. Si tu hijo tiene rabietas a la hora del baño o a la hora de acostarse, por ejemplo, tu evaluación e intervenciones basadas en lo que aprendiste en el capítulo sobre las rabietas te ayudará con los problemas para dormir. Pero es importante comprender qué sucede concretamente durante tu rutina para dormir, ya que cualquiera de estos factores podría tener impacto sobre la capacidad de tu hijo para dormir.

Más abajo tienes una lista de preguntas que te puedes plantear sobre los hábitos para dormir de tu hijo. Escribe tus respuestas en papel o en un dispositivo. (Tienes los formularios en TurnAutismAround.com.)

Deberás hacer un seguimiento del progreso para ver patrones importantes, además de mejora.

PREGUNTAS PARA LA EVALUACIÓN DEL SUEÑO

1. ¿Cuánto tiempo duerme tu hijo de media durante un período de 24 horas? _____

   En una noche: se queda dormido: _____

      Se despierta por la mañana: _____

   Siestas (si procede): hora de inicio: _____ hora de finalización: _____

2. Describe dónde duerme tu hijo:

      ¿Es seguro el cuarto (los muebles no se van a caer, las persianas no tienen cuerdas, las ventanas son seguras, etc.)?

      ¿Tu hijo duerme en una cuna, una cama individual, y/o comparte habitación o cama?

      Si hace siestas, ¿en qué lugar?

3. ¿Qué incluye la rutina para dormir actual de tu hijo?

¿Come algo para picar o toma medicación o suplementos antes de acostarse?

¿Se baña o se ducha, se lava los dientes y/o va al baño antes de irse a la cama?

¿Usa chupete, un peluche especial o una manta especial durante la noche?

¿Usa una *tablet*, escucha música o ve la TV antes de acostarse?

¿Le lees libros o te acuestas/te sientas en la cama de tu hijo hasta que se queda dormido?

¿Tu hijo se queda dormido en el sofá y lo llevas a la cama?

4. Describe los problemas para dormir de tu hijo:

¿Cuánto suele tardar en quedarse dormido?

¿Qué sucede cuando se despierta durante la noche?

CREA TU PLAN PARA DORMIR

Si tu objetivo es que tu hijo duerma toda la noche en su propia cama, la única forma de lograrlo es establecer una rutina nueva para acostarse cuando hayas acabado toda la evaluación. Si es posible, recomiendo que el padre o la madre tomen el mando al implantar el plan de sueño inicial. Cuando tu hijo logre hacerlo unas noches o unas semanas es fundamental que todos sus cuidadores estén formados para seguir el orden de dicha rutina y quieran y sean capaces de llevarla a cabo. Tu plan implicará cierta prueba y error, por supuesto, hasta que decidas lo que funciona.

Aquí tienes algunas recomendaciones

Lo primero es la seguridad. Es vital que te asegures de que tu hijo no pueda salir de casa, hacerse daño a él mismo o a otras personas ni causar daños a la propiedad. Quizás tengas que sacar todos los muebles de su habitación para que no se pueda subir a ningún mueble o cajón que se le puedan caer encima, o que debas atornillar los muebles a la pared (una buena idea para todas las habitaciones) y/o que tengas que dejar solo un colchón en el suelo hasta que aprenda a dormir toda la noche. Sé que puede sonar duro, pero dormir es importante para ti y para tu hijo, por lo que debes tomar los pasos necesarios para garantizar tanto la seguridad como el descanso profundo.

Pasa de la cuna a la cama cuando sea necesario. Si tu hijo duerme bien en su cuna, pocas veces existe una razón para pasarlo a una cama hasta los 3 años, a menos que haya empezado a salir él solo de la cuna. Cuando ya sepa ir al baño es preferible una cama para que pueda hacerlo solo por la noche. Cuando pase de la cuna a la cama, haz que sea un acontecimiento divertido. Llévalo a comprar la cama, sábanas nuevas y quizás un peluche o una mantita nuevos.

Elimina o reduce las siestas. La mayoría de los niños son capaces de eliminar su siesta de la mañana a los 2 años, y las de después de comer se pueden eliminar entre los 3 y los 6. Algunos niños (con y sin autismo) no duermen bien si hacen siesta. Si tu hijo sí hace siesta después de comer, asegúrate de que haya acabado a las 3 de la tarde como muy tarde. Si se queda dormido a las 3 y duerme hasta las 5 es más probable que tenga problemas para quedarse dormido a las 8 o las 9 de la noche. También debes limitar las siestas a 90 o 60 minutos, o incluso menos tiempo. Los pediatras en general recomiendan de 12 a 14 horas de sueño en total para un período de 24 horas para niños de entre 1 y 3 años. A los 3 años, la mayoría de los niños pueden empezar a reducir el tiempo de sueño total a entre 10 y 12 horas (siestas incluidas).

Quizás pienses que la siesta es tu *único* descanso y, si tu hijo va a la guardería, suele ser una actividad obligatoria hasta parvulitos. En cualquiera de estos casos, en vez de dormir, una gran opción es «pasar el tiempo tranquilamente». Para que esto funcione tendrás que asegurarte de que el cuarto de tu hijo sea seguro y seleccionar juguetes y libros con los que pueda jugar tranquilamente durante un tiempo establecido. Sugiero guardar los juguetes y libros en un cesto y rotar ese material para el tiempo tranquilo. Así seguirán siendo especiales, porque no dispondrá de ellos en otros momentos.

Considera la opción de retirarle el biberón y el chupete, sobre todo si interfieren con el sueño. En el último capítulo sobre la comida vimos muchas razones por las que el uso de biberones y chupetes después de cierta edad es problemático, y te di ideas para retirar esos dos hábitos. Si los biberones o los chupetes interfieren con el sueño de tu hijo o con el tuyo tienes una razón más para considerar seriamente retirárselos. En general, a los niños se les puede retirar el biberón cuando tienen un año, y muchos padres tienen más dificultades para romper ese hábito si dejan que continúe mucho después de esa edad. Los biberones de leche o zumo pueden provocar caries en bebés o niños más grandes, sobre todo los que se quedan dormidos con un biberón en la boca. El líquido permanece en los dientes y los daña. Y si tu hijo se despierta en mitad de la noche con un biberón vacío puede que quiera otro para quedarse dormido. Retirarle estas tomas nocturnas será necesario en algún momento, tanto si tiene autismo como si no.

Como mencionamos en el capítulo sobre la comida, el uso del chupete también puede causar problemas en los dientes y la boca si el hábito se prolonga demasiado. Una mantita o un peluche especial a la hora de acostarse pueden ayudar a sustituir el biberón o chupete. Así, si tu hijo se despierta en mitad de la noche puede encontrar el objeto que usó para calmarse y quedarse dormido, y así se dormirá otra vez.

Cambia los hábitos de comidas y evita los estimulantes. Es recomendable limitar la ingesta de líquidos después de cenar y evitar darle comida picante, grasa o que le irrite el estómago. No le des suplementos multivitamínicos por la tarde. Como aquí nos concentramos en niños pequeños, la cafeína debería evitarse del todo, y eliminar los dulces y los colorantes alimentarios también puede dar un giro radical a la situación.

El cuarto del niño debe ser un lugar para dormir. No debe ser el sitio en el que corre, juega a luchar con el padre o la madre o un hermano, se hacen cosquillas, se ve la TV o se juega con juguetes o un dispositivo como una *tablet*. Guarda los juguetes y los libros en el cuarto o en otra habitación si tu hijo tiene tendencia a levantarse en mitad de la noche para jugar, sobre todo si los juguetes y los libros pueden causar daños durante la noche. Si actualmente no tiene TV en la habitación, y no permites que haya dispositivos electrónicos en la cama, recomiendo encarecidamente que no los introduzcas. Si, como Lucas, tu hijo ya tiene TV en la habitación que le ayuda a quedarse dormido, quizás quieras dejarla, al menos temporalmente. Como mínimo, con la TV puedes coger el mando a distancia y tener cierto control sobre el acceso al aparato, o puedes poner un temporizador de apagado para dormir. Otros dispositivos manuales con luz en la pantalla se sabe que causan problemas para dormir y son más difíciles de controlar o apagar automáticamente. Como sucede en el caso del televisor, si una *tablet* u otro dispositivo electrónico ya forma parte de la rutina de la hora de acostarse, debería ser retirado poco a poco.

Evita la cocina y la sala de estar a la hora de acostarse. Cuando tu hijo esté en el baño o en la habitación es importante impedir que vuelva a la sala de estar o a la cocina a por cosas para picar o dispositivos electrónicos. Puede que tengas que poner una barrera en la habitación de tu hijo, la parte de arriba de las escaleras y/o cerrar la puerta de tu habitación, como yo hice con Lucas.

Evita meterte en la cama con él. Cuando tú te incluyes como parte de la rutina será algo más difícil de cambiar. Si ya tienes este hábito puedes cambiarlo por sentarte al borde de la cama o en una silla al lado. Si es necesario, puedes estirarte en un colchón inflable o cama plegable en la habitación hasta que él acepte que le dejes ahí solo. Si quieres dormir en tu propia habitación, asegúrate de que sigues trabajando para que él duerma solo.

Evita dejar que tu hijo se quede dormido en el sofá de la sala de estar. Si te has acostumbrado a llevarlo a la cama después de que se duerma en un espacio común, es buena idea desarrollar un plan para dejar ese hábito.

Dentro de poco pesará demasiado para que lo lleves. Además, si él se despierta en mitad de la noche en su cama en vez de en el sofá puede que le cueste volver a dormirse, porque está en un entorno distinto. Es mejor irse a acostar y despertarse en el mismo entorno.

Usa barreras por la seguridad de tu hijo. Quizás tengas que instalar una barrera en la parte de arriba de las escaleras o en la puerta del cuarto de tu hijo para impedir que salga de la habitación o vaya al piso de abajo si tiende a levantarse durante la noche. Para niños pequeños que aún no saben ir al baño solos suelo recomendar poner una barrera en su cuarto. Para niños más mayores que tengan que ir al lavabo por la noche recomiendo poner una barrera en la parte de arriba de las escaleras o en otras partes de la casa.

Cámbiale el pañal por la noche si no sabe hacer pipí solo. Es importante mantener a los niños limpios y secos, así que si tu hijo está húmedo o sucio cuando se despierta por la noche yo le cambiaría el pañal, así evitamos la irritación y también puede que le ayude a volverse a dormir. Si moja el pañal principalmente por la noche, quizás debas limitar los líquidos antes de acostarse y usar las estrategias que aprenderás en el capítulo siguiente sobre ir al baño.

Considera la opción de la melatonina. Si has creado una buena rutina a la hora de acostarte, pero a tu hijo todavía le cuesta quedarse dormido, podrías hablar con el médico sobre un suplemento como la melatonina. Se trata de una hormona natural que produce el cuerpo. La investigación indica que es posible que los niños con autismo no produzcan suficiente. Cabe señalar que hay que tener mucho cuidado con la dosis. Los efectos a largo plazo de este suplemento se desconocen. El pediatra de desarrollo que diagnosticó a Lucas en 1999 nos recomendó que lo probáramos debido a los problemas extremos que tenía Lucas para dormir al principio. Muchos de mis clientes también toman melatonina. Pero ten en cuenta que también puede ser contraproducente para algunos niños, porque les hace tener pesadillas y aumenta las veces que se despiertan por la noche.

Reacciona de forma tranquila y uniforme cuando tu hijo se despierte por la noche. Si llora, cruza la barrera o llama a tu puerta, acompáñalo tranquilamente a su cuarto diciendo algo como «Anda, estás despierto. Vamos a volver a tu cama. Buenas noches». Quizás también quieras mencionar el refuerzo por la mañana por haber dormido en su cama añadiendo: «Recuerda: si duermes en tu cama solo, consigues una galleta [o el refuerzo que hayas escogido] por la mañana».

Quédate en su cuarto solo un momento, a menos que, debido al comportamiento de tu hijo, sea importante que te quedes hasta que se vuelva a dormir. Algunos niños necesitan que te quedes a un lado de la cama o en una mecedora o incluso que te acuestes en un colchón inflable en el suelo hasta que se calmen y se hayan dormido. Resístete al impulso de acostarte en la cama con tu hijo si tu objetivo es conseguir que duerma toda la noche en su propia cama.

LISTA DE CONTROL DE LA RUTINA PARA ACOSTARSE

Esta lista de control incluirá todas las tareas, tanto tuyas como de tu hijo, que deben llevarse a cabo cada noche mientras se prepara para acostarse. Primero, debes tomar algunas decisiones para crear tu plan y nueva rutina.

Decide el refuerzo. Igual que la galleta que ofrecí a Lucas si se quedaba en su cama, tu plan debe incluir refuerzo. Debe formar parte de tu lista de control y tienes que decidir cómo y cuándo se lo darás.

Felicítalo siempre, pero, además, puedes ofrecerle detalles comestibles o acceso a un dispositivo electrónico por la mañana por haberse portado bien a la hora de dormir. Para niños con más comprensión lingüística puede funcionar una tabla con pegatinas en la que gana algunas cada mañana y así consigue poder ir a la tienda o un juguete sencillo al final de la semana. En función de lo que sepas sobre tu hijo, intenta distintos refuerzos hasta encontrar uno que funcione. La promesa de una galleta especial por la mañana funcionó bien con Lucas, pero puede ser un plazo demasiado largo para algunos niños.

Cuando hayas encontrado un refuerzo que funcione, *sé constante*. Recuerda que, en general, los problemas de comportamiento aparecen cuando el refuerzo es demasiado bajo y las demandas demasiado altas. Encontrar el equilibrio adecuado entre refuerzo y demanda es crucial. Si tu hijo no quiere acostarse, intenta hacer esa rutina más tarde para asegurarte de que esté realmente cansado. Sin embargo, la constancia es la clave. Si pruebas una rutina más tarde, pruébala durante alrededor de una semana y toma datos para ver si va bien. Recuerda que irse a la cama debe ser algo que se hace en minutos, ¡no en horas!

Del mismo modo que queremos que el niño «vaya corriendo» a la mesa de aprendizaje, también queremos que corra (o, al menos, ande tranquilamente) para bañarse, ponerse el pijama y acostarse. Si hay gritos o resistencia ante alguna parte de la rutina de la hora de acostarse, tienes trabajo que hacer. (Algunas de las estrategias del capítulo 13 te podrían ayudar a volver a asociar este tipo de situaciones.)

Fija un líder. Si es posible, recomiendo que uno de los padres o cuidadores sea quien esté a cargo de la rutina a la hora de acostarse, como mínimo temporalmente hasta que esté bien establecido. Podría ser conveniente que los padres hicieran turnos, pero esto puede dar como resultado incongruencias que pueden ser perjudiciales para el progreso de hijo. Por ejemplo, si normalmente haces que se lave los dientes después de haberse puesto el pijama en el baño, pero tu marido le dice que se los lave antes de la ducha y que después se ponga el pijama en la habitación, esto puede desconcertar a tu hijo y afectar a su sueño. Si el padre y la madre deciden participar en la rutina a la hora de acostarse, es crucial que se sigan todos los pasos de la lista de control de dicha rutina al pie de la letra en el mismo orden cada noche. Por ese motivo, especifica todo lo que puedas cuando anotes los pasos de la hora de acostarse.

Además de la lista de control, nosotros implantamos una estrategia con Lucas que nos ayudó a Charles, a mí y también a la canguro a ser coherentes con la rutina de dormir. Cogimos un pequeño álbum de fotos y lo llamamos «La hora de acostarse». Incluimos imágenes de los pasos que había que seguir en el orden correcto. Después, hicimos que Lucas pasara las páginas para que él y la persona que lo ayudara con esa rutina a la hora de acostarse pudiera verlo y dar el siguiente paso en el mismo orden.

En el siguiente ejemplo de rutina para dormir, el objetivo era conseguir que una niña de 4 años con autismo se quedara dormida y durmiera toda la noche sin ayuda ni indicaciones de sus padres. Los padres instalaron una barrera en la puerta de su cuarto y, durante las primeras noches, se quedaron en la habitación de ella hasta que se quedaba dormida. Ahora la niña duerme toda la noche en su propia habitación.

EJEMPLO DE LISTA DE CONTROL DE RUTINA PARA DORMIR

Tareas del niño en orden:

- Se sienta en el retrete.
- Se baña con ayuda.
- Se pone el pijama en el cuarto de baño.
- Se cepilla el pelo.
- Se lava los dientes con ayuda.
- Elige tres libros de la estantería.
- Se mete en la cama.

Tareas del padre o la madre en orden:

- Atenúa un poco la lámpara y pone la luz de noche.
- Se sienta a un lado de la cama y lee los tres libros.
- Pone música (nanas).
- Apaga la lámpara.
- Le da un beso de buenas noches.
- Recuerda al niño el refuerzo.
- Pone la barrera.

CÓMO SOLUCIONAMOS LA RUTINA PARA DORMIR DE MAX

Cuando empecé a trabajar con Max, de 2 años, estaba descontrolado, no hablaba, era adicto al biberón y tenía rabietas enormes muchas veces al día. Sin embargo, no estaba diagnosticado con autismo.

Después de trabajar con él durante unos cuatro meses superó lo peor y evitó el diagnóstico completamente, aunque necesitó consulta y ayuda profesional hasta los 5 años.

Max tenía tantos problemas al principio que creo que su madre no me habló de sus problemas para dormir hasta que ya tenía más de 3 años. Sin embargo, un día estaba tan cansada que surgió el tema.

Max tenía una hermana mayor que hacía primero de primaria, y Max iba a parvulitos por la mañana tres días por semana. Él hacía la siesta por la tarde y nunca dormía bien por la noche. La siesta no era en su cama, sino que el niño insistía en que su madre se acurrucara con él en el sofá, donde él «necesitaba» frotarle el pulgar para quedarse dormido. Después dormía una hora o dos, pero su madre estaba prisionera en el sofá hasta que tenía que despertarlo para ir a recoger a la niña a la escuela. Es evidente que las siestas eran un desastre, ¡pero la hora de acostarse aún era peor!

Max nunca se quedaba dormido en su propia cama ni dormía toda la noche solo. Quería acostarse en el sofá y ver la tele en el comedor, porque eso le ayudaba a dormirse. Después, el padre o la madre (normalmente el padre) lo llevaba en brazos a su cuarto. A pesar de que solo tuviera 3 años, pesaba casi 22 kilos y costaba llevarlo, sobre todo cuando estaba dormido, especialmente en el caso de su madre, que era menuda. A veces, Max se despertaba de repente mientras lo llevaban a la cama, y, entonces, era tentador acostarse con él hasta que se volvía a dormir. La mayoría de las noches se despertaba y subía a la cama de sus padres o uno de ellos se acostaba con él y siempre se quedaba dormido allí. Igual que nuestra familia, jugaron a ir cambiando de cama durante años.

Para solucionar los problemas para dormir de Max y ayudar a toda la familia empezamos evaluando sus rutinas de siesta y de la hora de dormir (encontrarás ejemplos más adelante en este capítulo). Max fue adicto al biberón hasta los 2 años y medio, así que abordamos esa cuestión para eliminar su necesidad de quedarse dormido tomando un biberón.

Durante la evaluación me dijeron que, después del baño, Max y su hermana volvían a la cocina a picar algo y que luego iban al comedor a ver la tele. Tal y como expliqué a sus padres, después de bañarse, lavarse los dientes y ponerse el pijama, el siguiente y último paso debe ser acostarse en la cama. Así, se evita que vean la tele, que se queden dormidos en el sofá y que haya que llevarlos en brazos y subir un piso. Aunque parezca algo sin importancia, llevar a un niño de 13 o 22 kilos del sofá a la cama puede ser poco seguro y pronto será imposible.

Además, Max tenía que estar cansado por la noche, así que las siestas se acortaron y, al final, se eliminaron. Cuando él y su hermana ya estaban en habitaciones separadas, dije a su madre que fuera de un cuarto a otro. Ella leía un cuento o dos a Max y le decía que volvería al cabo de unos minutos después de arropar a su hermana y leerle un cuento. De esta forma, Max se quedaba tranquilo en la cama, esperando a que volviera su madre. Y, cuando volvía, normalmente ya se había quedado dormido.

Max no aprendió a ir al baño solo hasta los 3 años, así que pusieron una barrera en la puerta de la habitación y respondían si se despertaba en mitad de la noche, le cambiaban el pañal si era necesario y le ayudaban a volver a la cama. La madre de Max dejó de acostarse en su cama y le recordaba el regalito que conseguiría por la mañana por dormirse solo en su propia cama.

En solo una o dos semanas, Max estaba habituado a la nueva rutina ¡y toda la familia pudo dormir más!

RECOPILA DATOS

Además de la lista de control de la rutina para dormir, o en vez de dicha lista, puedes usar el calendario que comentamos en el capítulo 6 para recopilar los datos relacionados con dormir. Al principio quizás necesites los dos; o, si tu hijo responde rápido como Max, puede que seas capaz de anotar brevemente la siesta y los datos de noche en el calendario. Apuntar algunos datos te ayudará a ver qué funciona y qué no. Harás un seguimiento de las tareas que tu hijo ha sido capaz de cumplir con éxito y las veces que ha logrado cada una, incluso cuándo se fue a dormir y cuándo se despertó (si lo hizo) y volvió a la cama. También anotarás cuántas indicaciones necesitó para realizar cada tarea.

Mientras estableces una nueva rutina para ir a la cama, asegúrate de anotar si dais a tu hijo medicación o suplementos para dormir (incluyendo la dosis), hora y duración de las siestas, si se despierta y cuándo durante la noche, qué hace cuando se despierta por la noche, si hay problemas de comportamiento cuando está despierto por la noche y cualquier otra cosa que veas que es importante.

Cuanto más detalladas sean tus notas, mejor. Todo esto te ayudará a ti y a cualquier profesional al que consultes no solo a hacer los ajustes necesarios a tu plan para dormir, sino también a controlar la mejora de tu hijo.

Por ejemplo, quizás veas que se pone demasiado nervioso si ve la televisión justo antes de acostarse. Quizás tengas que apagar el televisor antes o retirar todos los dispositivos electrónicos a la hora de irse a la cama y sustituirlos por algo más tranquilo como leer tres libros antes de ponerse a dormir. Puede que descubras que a tu hijo le va mejor acostarse más tarde o eliminar lo que come para picar antes de bañarse. Cada niño es único, así que tienes que seguir haciendo tu trabajo detectivesco hasta que veas qué hacer.

Lo más importante es que siempre tengas presente el objetivo final: que tu hijo duerma toda la noche en su propia cama. Nunca subestimes la importancia de dormir para la salud física y mental de todos los miembros de la familia. Consigue ayuda profesional si es necesario y no te rindas hasta encontrar un plan que os funcione a ti y a tu hijo.

Espero que hayas visto que todas estas áreas se solapan. Por ejemplo, los chupetes pueden afectar a cómo se habla, cómo se come y cómo se duerme. En el capítulo 12 veremos otro tema que preocupa a muchas familias y que puede afectar al sueño: ir al baño solo. A menos que tu hijo ya sepa controlar los esfínteres de día de y de noche y haga toda la rutina de baño de forma independiente, incluyendo lavarse y secarse las manos, no querrás saltarte este capítulo.

Formulario de rutina para dormir de TAA («Da la vuelta al autismo»)

por la Dra. Mary Barbera

Nombre: Susie (SC)   **Edad:** 4

Objetivo: quedarse dormida y dormir toda la noche sin apoyo ni indicaciones paternos

Clave: I- Independientemente   V- *Prompt* verbal   M- *Prompt* modelado
PP -*Prompt* físico parcial   F- Guía física total

Datos para dormir	Lu. 1/5	Mar. 2/5	Mi. 3/5	Ju. 4/5	Vi. 5/5	Si. 6/5	Do. 7/5
Tareas del niño:							
1. Se sienta en el retrete	I						
2. Se baña	PP						
3. Se pone el pijama en el cuarto de baño	F						
4. Se cepilla el pelo	M						
5. Se lava los dientes	M						
6. Elige tres libros de la estantería	V						
7. Se mete en la cama	I						
Hora a que se le da la medicación	19:30						
Dosis de medicación	X mg						
Hora a la que se acuesta	20:00h						
Después de hacer las tareas parentales:							
Hora a la que se duerme	22:20h						
Hora a la que se despierta de noche	22:40 a 23:05h						
Hora a la que se levanta por la mañana	6:30h						
Notas:							
Barrera en la puerta de la habitación. El padre o la madre se queda en la habitación en una silla hasta que SC se queda dormida.							

12

Di adiós a los pañales

Casi todos los niños con desarrollo típico saben ir solos al baño a los 5 años, pero no suele ocurrir lo mismo con los niños con autismo u otros retrasos en el desarrollo. Pregunté a los padres y los resultados mostraron que únicamente el 50 por ciento de los niños con diagnóstico de autismo aprenden a hacer pipí solos a los 5 años. Y muchos niños que habían sido entrenados seguían dependiendo de un horario para ir al baño, mientras que a otros todavía les cuesta limpiarse y se hacen pis en la cama.

Quizás tengas la duda de cuándo tienes que enseñarle a ir al baño solo y si los prerrequisitos típicos se aplican en un niño que tiene retraso. Puede que haya presión por parte de la guardería o la escuela de párvulos de tu hijo para que sepa ir al baño a riesgo de perder la plaza en el siguiente curso. Puede que tu hijo tenga problemas gastrointestinales con diarrea y/o estreñimiento, lo que lo complica todo aún más.

Los padres de niños que tienen problemas para aprender a ir al baño solos (incluyendo niños con TEA) informan de toda clase de dificultades. Puede que su hijo se niegue a ir a un baño a menos que le resulte familiar. Quizás se quite toda la ropa antes de hacer caca. Puede que se aguante la caca durante días hasta estar estreñido o que le dé miedo sentarse en el retrete.

Cuando un niño no aprende a hacer pipí solo a la edad habitual, las familias sufren una pérdida importante de tiempo, energía y recursos.

Afecta a su capacidad para conseguir canguro, ir a una piscina, coger un avión, comer en un restaurante, participar en actividades sociales e integrarse en el entorno escolar menos restrictivo. Puede interferir con la aceptación social, aunque el niño no sea consciente del estigma social de hacer las deposiciones en un pañal, y puede causar incomodidad o incluso vergüenza para todos los miembros de la familia, especialmente si hay hermanos. Puedo decir sinceramente que los accidentes para ir al baño de Lucas cuando tenía unos 5 años han sido de los momentos más estresantes y embarazosos de mi vida.

Además, hay que tener en cuenta el coste elevado de los pañales durante un período extenso, por no hablar de la dificultad para encontrar unos que sean de su tamaño al tratarse de un niño grande. Incluso puede haber un coste adicional en la guardería. Me enteré de esto cuando la madre de Faith estaba a punto de pagar una prima en parvulitos porque la niña todavía llevaba pañales a los 3 años. Un padre dijo respecto a saber ir al baño solo: «Fue la habilidad vital más difícil y, sin embargo, más importante que hemos enseñado nunca a nuestro hijo».

Si tu hijo tiene 3 años o más, es probable que ya hayas abordado el tema de ir al baño solo sin éxito. No es culpa tuya, pero esos «falsos comienzos» para aprender a hacerlo puede que hayan provocado que ahora tu hijo se niegue a sentarse en el retrete. Por eso, mi objetivo con este capítulo es ayudarte a crear un plan para ir al baño solo que sea lo menos estresante posible. Aunque ya lo hayas intentado todo y hayas tirado la toalla, debes saber que las estrategias sobre las que vas a leer funcionan en casi todos los casos.

Te enseñaré mi sistema para que sepas cuándo y cómo empezar o reiniciar el proceso para ir al baño solo. Aquí, la clave es que nunca es demasiado pronto para empezar a planificar cómo ir al baño solo y hacer la asociación del orinal, y nunca es tarde para lograr que el niño lo consiga.

EVALUACIÓN: ¿ESTÁ TU HIJO LISTO PARA APRENDER A IR AL BAÑO?

Si lees las instrucciones para enseñar a un niño típico a ir al baño solo, probablemente encontrarás una lista con prerrequisitos para determinar si está preparado. En general, se considera que los niños con desarrollo típico están listos cuando empiezan a estar secos durante dos horas, demuestran estar incómodos cuando el pañal está mojado y tienen evacuaciones regulares. También tienen que seguir instrucciones sencillas, subirse y bajarse los pantalones y pedir llevar ropa interior y/o usar el retrete.

He visto que un niño con retraso o con diagnóstico de autismo o TDAH quizás no deba llegar a esos hitos antes de que puedas enseñarle a ir al baño solo. Debes decidir cuándo empezar a enseñarle en función de tus circunstancias individuales. El prerrequisito más importante es que puedas darle la cantidad adecuada de refuerzo para que él se siente alegremente y aprenda de ti.

Primero, es importante considerar la edad de desarrollo y no solo su edad cronológica (o real). Si tu hijo de 3 años solo logra hitos de desarrollo de un niño de 9 meses, tendrás que fijar otros objetivos antes de enseñarle a ir al baño, como sentarse en la mesa de aprendizaje contigo, seguir instrucciones de un paso y aprender a lavarse las manos con ayuda. No recomiendo intentar enseñar a ir al baño a un niño de 3 años cuyo nivel de desarrollo sea de 1 año o menos.

Puede que tu hijo de 4 o 5 años tenga pocas habilidades lingüísticas y todavía se comporte como si tuviera 18 meses. Por eso, a medida que tu hijo crezca, aprender a ir al baño puede y debe ser una prioridad. De todas formas, yo recomiendo trabajar en asociar la mesa y el material de aprendizaje temprano comentados a lo largo del libro antes de enseñarle a ir al baño de forma intensiva, pese a que creas que el tiempo es crucial. He visto que si un niño no va corriendo alegremente a la mesa de aprendizaje tampoco tendrá ganas de ir al baño y puede que se resista a hacerlo. De nuevo, antes de seguir, es importante que aprendas a enseñarle y determinar el tipo de refuerzo que necesita.

Será de ayuda si le interesa el baño y el retrete y si al menos coopera con algunas habilidades de cuidado personal, como lavarse las manos y vestirse. ¿Se aleja o se esconde para hacer sus necesidades? Eso significa que es consciente de cuándo va a hacer mayores o menores en lugar de limitarse a hacérselo encima, como hacen los bebés. También resulta útil saber si hace sus necesidades de forma regular y si no ensucia el pañal por la noche.

Incluso si tu hijo tiene menos de 3 años, y que aprenda a ir al baño no está oficialmente en tu plan, puede ser útil prepararlo para esa etapa ya a los 12 o 18 meses sentándolo en el orinal un par de veces al día unos minutos con un refuerzo favorito. De esta forma, cuando empieces a formarlo de verdad, estará desensibilizado al baño y asociará sentarse en un orinal pequeño con cosas buenas.

Si tu hijo tiene menos de 2 años, no recomiendo que esperes que haga pipí o caca en el orinal ni que pases de pañales normales a los de cintura elástica ni ropa interior. Pero acostumbrarlo al orinal hará que enseñarle a hacer sus necesidades sea mucho más fácil cuando llegue el momento.

Cuando tu hijo tenga ciertas habilidades lingüísticas, sobre todo el mando, y sea capaz de seguir instrucciones sencillas durante el tiempo en la mesa de aprendizaje, recomiendo añadir aprender a ir al baño a tu plan.

La lista de control del Dr. Mark Sundberg te ayudará a determinar si las habilidades para ir al baño de tu hijo están retrasadas y lo cerca que están de hitos típicos mientras trabajas en enseñarle a evacuar el intestino y hacer sus necesidades en el orinal.

Como puedes ver, los niños con desarrollo típico primero hacen pipí en el orinal. Las deposiciones y el entrenamiento nocturno suelen llegar más tarde.

IR AL BAÑO – HABILIDADES DE PREPARACIÓN- ALREDEDOR DE LOS 24 MESES

___ Responde al refuerzo
___ Sigue instrucciones sencillas
___ Parece incómodo cuando tiene el pañal sucio
___ Está seco durante 2 horas seguidas
___ Las deposiciones son predecibles y regulares
___ Se baja los pantalones
___ Se sube los pantalones (con ayuda)
___ Puede estar quieto durante 2 minutos seguidos

IR AL BAÑO – ALREDEDOR DE LOS 36 MESES

___ Ha aprendido una palabra, signo o *pecs* (sistema de comunicación por imágenes) para LAVABO, como orinal, pis o el signo de lavabo
___ Produce un mando para usar el lavabo
___ Se desabrocha los botones normales o a presión o se baja la cremallera de los pantalones
___ Se sienta en el retrete
___ Orina en el retrete
___ Se limpia después de orinar (niñas)
___ Defeca en el váter
___ Se limpia después de defecar (con ayuda)
___ Se sube la ropa interior
___ Se sube los pantalones
___ Se sube la cremallera o se abrocha los botones a presión o normales (con ayuda)
___ Tira de la cadena
___ Se lava las manos (con ayuda)
___ Se seca las manos

IR AL BAÑO – ALREDEDOR DE LOS 48 MESES

___ Apunta al váter mientras está de pie (niños)
___ Se limpia (las niñas, de delante a atrás)
___ Se abre la cremallera de delante
___ Se desabrocha los botones de delante
___ Se desabrocha los botones a presión de delante
___ Se lava y seca las manos como parte de la rutina para ir al baño
___ Entrenamiento nocturno (aún puede tener accidentes)

TU SISTEMA DE DATOS DE EVALUACIÓN

Puedes usar el formulario de evaluación para aprender a ir al baño TAA («Da la vuelta al autismo») disponible en TurnAutismAround.com para hacer un seguimiento de lo que ocurre cada vez que intentas enseñarle esa habilidad. Apunta el día y la hora de cada micción (pipí) y defecación (caca) y si lo hizo en un pañal normal o con cintura elástica, en la ropa interior o en un váter u orinal. Cuando ya lleve ropa interior, quizás puedas dejar de apuntar tantos datos y escribir solo los accidentes que se den dentro del sistema de datos de calendario que comentamos anteriormente en el libro.

En general, todos tenemos patrones, y saber cuál es el de tu hijo te puede ayudar a evaluar y ajustar tus intervenciones. Por ejemplo, lo más habitual es que la gente haga sus necesidades poco después de levantarse por la mañana y en los 30 minutos después de una comida. Este puede ser o no el caso de tu hijo, sobre todo si tiene problemas digestivos o para comer. Sin embargo, si hace caca normalmente después de comer, querrás aprovechar este hecho cuando pases de enseñarle a orinar a enseñarle a defecar.

Los niños deben defecar una o dos veces al día. Si normalmente tiene más o menos que eso, quizás quieras evaluar su dieta o llevarlo al médico por si hay algún problema médico. También recomiendo un libro del urólogo pediátrico Dr. Steve Hodges titulado *It's No Accident*. Descubrió que el 90 por ciento de los niños con desarrollo típico que iban a su clínica porque se hacían pis en la cama en realidad tenían estreñimiento crónico e impactación fecal debido a su dieta. La impactación fecal y contener las deposiciones también puede provocar accidentes durante el día. Estos problemas pueden ser aún más habituales en niños con retrasos, porque a menudo se niegan a comer alimentos con fibra suficiente, como fruta y verdura.

El único inconveniente del libro del Dr. Hodges es que recomienda un laxante que muchos padres han dicho que es problemático. Evidentemente, debes hacer que evalúen a tu hijo y consultar al médico antes de darle cualquier suplemento o medicación.

CREA TU PLAN PARA QUE APRENDA A IR AL BAÑO SOLO

Cuando añadas esta habilidad al plan, asegúrate de que vais a estar mucho en casa durante dos semanas como mínimo, y trabaja estas habilidades con tu hijo. Los tres meses siguientes no deben incluir ningún gran cambio en la vida de tu familia, como ir a una escuela nueva, someterse a una intervención quirúrgica, tener un hermano o mudarse de casa.

Cuando elabores el plan para que aprenda a ir al baño, quizás tengas que empezar con la asociación del orinal y/o el cuarto de baño.

ASOCIACIÓN DE ORINAL Y CUARTO DE BAÑO

El primer objetivo es asociar el cuarto de baño y el original con un refuerzo positivo y hacer que el entorno sea calmante y acogedor al máximo. Quizás tengas que desensibilizar poco a poco la aversión que tenga tu hijo a ese cuarto. Hablaremos más de la desensibilización en el siguiente capítulo pero, de momento, veremos algunas complicaciones concretas. En general, los baños son pequeños, son espacios cerrados con objetos duros y suele haber sonidos de eco. También suena un ruido fuerte cuando se tira de la cadena. Si tu hijo odia el cuarto de baño querrás que aprenda a sentirse cómodo allí para que puedas pasarlo del orinal al váter normal y, al final, a cuartos de baño que no sean el de casa.

La desensibilización puede implicar hacer que se siente totalmente vestido en el váter con un refuerzo fuerte como una *tablet*. Después, puedes pasar poco a poco a que se siente en el asiento llevando solo el pañal y, luego, a sentarse sin el pañal. A lo largo de este proceso, poco a poco y de forma sistemática volverás a asociar el cuarto de baño y la rutina de ir al baño. Tu objetivo es que él se alegre de correr al lavabo (o que al menos vaya sin oponer resistencia).

LAS PALABRAS QUE USAS

Elige las palabras que vas a utilizar (por ejemplo, orinal/váter, pipí/orina o caca/defecación). Escribe tus opciones en el plan. Sé constante para que tu hijo no se confunda y asegúrate de que cuando alguien lo acompañe al baño use las mismas palabras y siga el plan.

EL HORARIO

Crea un horario y decide la frecuencia con la que llevarás a tu hijo al orinal. Recomiendo que al principio se siente en el orinal una o dos veces en una hora (pon un temporizador para intervalos de 30 o 60 minutos). Cuando suene el temporizador, dile «es hora de ir al orinal» o «es hora de ir al lavabo» (la opción que hayas elegido). Después, fija un temporizador para cinco minutos cuando ya esté en el orinal. Ofrécele un *prompt* para que diga o señale «orinal», eso hará que se prepare para pedir ir al baño cuando tenga la necesidad. Haz que se siente en el orinal con un juguete, aparato electrónico o libro favorito durante esos 5 minutos, si es posible.

MATERIALES Y REFORZADORES

Si tu hijo es pequeño necesitarás un orinal. Recomiendo uno que tenga una protección contra salpicaduras incorporado y que no sea desmontable, porque esos suelen ser engorrosos. Uno de mis clientes jóvenes no paraba de orinarse encima del orinal y en el suelo, así que sus padres le compraron un anillo reductor que le permitía sentarse en el retrete normal, y les fue bien. Quizás en ese caso también necesites un taburete o un escalón para que tu hijo descanse los pies y eleve las rodillas. Un taburete puede resultar útil si tu hijo está acostumbrado a estar de pie o ponerse en cuclillas para hacer una deposición mientras aún lleva pañal.

Después de empezar a entrenarlo, lo mejor es que el niño pase a llevar pañales que se pueda subir y bajar solo. Los que cambian de color cuando el niño orina son útiles porque sabes fácilmente cuándo está mojado. En general, los analistas de comportamiento recomiendan pasar directamente a la ropa interior pero, como madre, enfermera y analista de comportamiento especializada en enseñar a ir al baño durante décadas, normalmente recomiendo un enfoque más gradual. Los pañales con cintura elástica evitan grandes desastres y la posible vergüenza para ti o para el niño. Evidentemente, si pasas a la ropa interior siempre puedes evitar desastres poniendo un pañal con cintura elástica por encima.

Necesitarás un temporizador para seguir tu horario y hacer un seguimiento de los minutos que tu hijo se sienta en el retrete. Guarda el horario y las hojas de datos en un sitio que encuentres enseguida, preferentemente en un portapapeles durante las dos semanas, y pon un bolígrafo o lápiz para tenerlo todo a mano.

También necesitarás refuerzos para aumentar cualquier habilidad. Selecciona reforzadores que utilizarás en el cuarto de baño y con el orinal en función de lo que has aprendido sobre las preferencias de tu hijo. Selecciona un par de estos objetos favoritos y guárdalos para que los use solamente cuando vaya al baño. Sugiero guardar una «bolsa de orinal» de reforzadores que tu hijo pueda elegir después de un tiempo exitoso en el baño.

Asegúrate de que los reforzadores sean tangibles e inmediatamente motivantes para tu hijo, y que estén bajo tu control. En general, los niños no responden enseguida a pegatinas o promesas de que les van a dar caramelos, aunque sea al cabo de unos minutos. Un simple «¡Genial!» o «¡Buen trabajo!» es poco probable que sea suficiente. Hay padres que han visto que usar una *tablet* para que el niño la mire mientras está sentado en el orinal funciona bien. Después, usa un reforzador extra por hacer pipí en el orinal, como pompas de jabón o unos caramelos. No pienses si el reforzador ha funcionado en función de si tu hijo sonríe o se ríe. La única forma de saberlo es si da como resultado el comportamiento deseado.

Aquí tienes otros reforzadores posibles además de una *tablet*, pompas de jabón y unos caramelos:

1. Medio vaso de zumo, una pieza de fruta o un polo de hielo. Si son reforzadores para tu hijo son opciones excelentes, porque las puedes usar para aumentar su ingesta de líquidos. (Aprenderás más sobre el consumo de líquidos dentro de un momento.)

2. Vídeos y libros para aprender a ir al baño. Algunos incluyen un muñeco y su propio orinal pequeño. Estos recursos pueden resultar

útiles para mostrar a tu hijo lo que ocurre en el cuarto de baño. También puedes utilizar tus propios muñecos o animales de peluche para mostrárselo, así como libros.

3. Hay *apps* para móvil que son fantásticas para niños y que tienen ciertas capacidades de lenguaje receptivo. Algunas *apps* incluso te permiten introducir el nombre del niño, crear una imagen que se parezca a él con el nombre en la camiseta y dejar que mire la imagen completando con éxito el proceso de ir al baño solo paso a paso.

4. Si tienes un niño mayor que él que esté dispuesto a sentarse en el orinal y enseñarle cómo funciona puedes hacerle fotos o vídeos para que los vea el niño que debe aprender a ir al baño. (Evidentemente, ten cuidado para que no se vean las partes íntimas en dichas fotos o vídeos.)

5. Sé creativa. Había un niño al que le encantaban los paraguas y le funcionó que su padre hiciera girar un paraguas pequeño en el baño como refuerzo por hacer pipí.

INTERVENCIONES PARA APRENDER A IR AL BAÑO

Si tu hijo es muy pequeño y no está listo para un programa oficial para aprender a ir al baño, recomiendo colocarlo en el orinal por la mañana y justo antes de acostarse para que se acostumbre a sentarse ahí y para ver si hace pipí.

Además, cámbiale los pañales con más frecuencia para mantenerlo lo más seco posible, de esta forma se acostumbrará a estar seco y empezará a sentirse incómodo con un pañal húmedo. Si es lo bastante mayor y tiene las habilidades lingüísticas para entenderlo, puedes enseñarle la diferencia entre húmedo y mojado mostrándole un papel de cocina húmedo y otro seco. Después, cuando le cambies el pañal húmedo, di: «Estás muy húmedo». Eso le ayuda a darse cuenta de cuándo está mojado y a asociarlo al orinal. No sonrías, ni te rías, ni bromees mientras le cambias el pañal.

Mírale el pañal cada hora o cada 2 horas para comprobar que no esté mojado o manchado. Si no sabes si lo moja o está seco durante ese tiempo, empieza a cambiarle el pañal o comprobar su estado con esa frecuencia.

Dale más líquidos para tener más práctica en el orinal y para que el niño sea más consciente en caso de accidente. (Ten en cuenta que solo lo considero un accidente si el niño se hace pipí o caca en la ropa interior, no si lleva un pañal normal o de cintura elástica.)

Recomiendo entre un cuarto y medio vaso de agua u otra bebida por hora para un consumo regular de entre 8 y 10 vasos de agua al día. Asegúrate de que sea constante a lo largo del día y que no beba mucho líquido de golpe. Beber más de 8 o 10 vasos al día podría ser poco sano. Tampoco es recomendable que el consumo excesivo de líquidos llegue a formar parte de su rutina.

Los niños deben aprender a sentarse en el váter incluso para orinar. Si no, cuando pases a las defecaciones, te costará hacer que se siente. Cuando ya domine cómo defecar le puedes enseñar a estar de pie para hacer pipí.

A tu hijo quizás le guste verte tirar el pipí de su orinal al váter grande y tirar de la cadena, así se prepara para cuando él pase al retrete normal. Si deja una deposición en un pañal normal o de cintura elástica que no esté líquida, lleva al niño al baño para que te pueda ver cómo la tiras en el váter. Di «la caca (o la palabra que hayas elegido) va al orinal. Tira de la cadena. ¡Adiós, caca!». Esto le enseñará dónde se supone que van el pipí y la caca.

Al principio solo ofrecerás refuerzos a tu hijo cuando se siente e intente hacer pipí o caca. Después, cuando se siente y haga pipí, le darás más refuerzo. Si se sienta y hace caca debe conseguir más refuerzo. Es lo que denominamos «refuerzo diferencial», y significa que damos más refuerzo para tareas más difíciles. Es una estrategia potente para enseñar cualquier habilidad a los niños.

Hasta que tu hijo esté completamente entrenado es buena idea dejarle pañales normales o de cintura elástica para dormir. Cuando lleve ropa interior de día puedes optar por poner un pañal de cintura elástica o pantalones impermeables encima, para impedir desastres accidentales. Los fluidos corporales pueden contener bacterias peligrosas, así que es mejor evitar que haya desastres por la casa. Uno de mis clientes tenía un forro de cortina barato bajo la silla de su hija para evitar un gran desastre en caso de accidente. Pero hacer que tu hijo lleve ropa interior durante las horas en las que está despierto le hará reconocer la incomodidad de estar mojado y le animará a pedir ir al baño. Si tu hijo se resiste a llevar ropa interior, intenta encontrar un diseño en el que aparezcan sus personajes favoritos.

No castigues a tu hijo si tiene un accidente o no hace pipí o caca en el orinal. Si asocia el baño con negatividad solo conseguirás retrasar su entrenamiento y prolongar el tiempo antes de lograr el objetivo.

Refuerza cualquier comportamiento nuevo en vez de mantener refuerzos por la perfección. Si tu hijo va al baño con el pañal para hacer sus necesidades después de haber tendido a esconderse detrás del sofá por una deposición en el pañal podrías recompensar su comportamiento, porque ha dado un paso en la dirección correcta.

FOMENTA LA INDEPENDENCIA

Fomenta que tu hijo sea el máximo de independente a la hora de subirse y bajarse los pantalones, limpiarse y lavarse las manos. Si lleva pantalones usa los que tienen cintura elástica, porque los botones normales o a presión, las cremalleras y los cinturones son más difíciles de maniobrar para los niños pequeños. Asegúrate de que la cinta elástica no esté demasiado apretada, para que pueda subirse y bajarse los pantalones con facilidad. Si están demasiado apretados no podrá lograr este hito.

A medida que tu hijo lo logre, ve eliminando progresivamente el horario de ir al baño. Si su horario marca que se siente en la taza cada 30 minutos durante tres días sin accidentes en su ropa interior, podrías cambiar el horario a cada hora más o menos. A medida que tenga más éxitos y se quede seco entre horarios programados en el orinal, reduce el horario a cada hora y media y, después, a cada dos horas. No pases de dos horas y continúa dándole fluidos extra, aunque tenga algún que otro accidente, hasta que sea capaz de iniciar la necesidad de ir al baño y lo use bien y con pocos accidentes.

Cuando ya pida ir al baño con palabras, el signo o una imagen, quizás puedes retirar completamente el horario o reducirlo significativamente a cada tres o cuatro horas. Proporciona refuerzo por usar el váter de forma independiente o por pedir ir al baño, y elimina progresivamente el refuerzo cuando pida ir solo sistemáticamente.

¿Y si tu hijo ha dejado de tener accidentes pero no ha pasado a pedir ir al baño? No querrás que el horario ni los avisos constantes se conviertan en una costumbre (salvo los avisos antes de acostarse o de salir de paseo). Para ser independientes, los niños deben reconocer las urgencias de la vejiga y el vientre para poder empezar a ir al baño solos.

Para ayudar a que inicie la acción solo intenta lo siguiente: antes de entrar en el baño o de que se siente en el original, páralo un momento y dile «¿Dónde tienes que ir?», y si es necesario dale un *prompt* para que diga «baño» u «orinal».

Por supuesto, si usas un orinal, con el tiempo tendrás que pasar a tu hijo al váter normal.

INTERVENCIONES PARA ENTRENAR LAS DEPOSICIONES Y LA LIMPIEZA

Como a veces se dejan de usar pañales después de aprender a hacer pipí, la preparación para controlar las deposiciones es un problema más complicado. Lo mejor es asegurarse de que el refuerzo sea muy elevado cuando haga deposiciones en el retrete. Por eso, si continúa habiendo accidentes con las deposiciones después de que sepa ir al baño solo, asegúrate de que obtenga suficiente refuerzo con sus objetos preferidos.

Quizás empiece a tener movimientos intestinales justo cuando está en el orinal. Si es así, proporciona refuerzo extra y felicítalo.

Si tu hijo se resiste a aprender a hacer deposiciones después de haber aprendido a hacer pipí solo, asegúrate de aumentar más el refuerzo. Si pide un pañal porque sabe que va a hacer una deposición, dile algo como «De acuerdo, te doy un pañal. Primero, siéntate cinco minutos en el orinal. Voy a poner el temporizador. Aquí tienes la *tablet*. Después te doy un pañal». O le podrías decir que tiene que quedarse en el cuarto de baño con el pañal puesto. «El único sitio en el que puedes hacer caca es el cuarto de baño». Haz que se siente en el retrete o se siente en cuclillas encima mientras hace caca en el pañal. De este modo, asociará el lavabo con hacer deposiciones.

Limpiarse también puede resultar difícil de enseñar. Como madre y profesional de este campo, sé que normalmente es un gran problema. Asegúrate de enseñarle a limpiarse al principio del proceso para ir al baño solo, y muéstrale todos los pasos. Aquí tienes una forma de explicarle el proceso:

- Coge cinco o seis cuadros de papel higiénico y haz un bulto/dóblalos.
- Límpiate de delante hacia atrás.
- Mira el papel para ver si está limpio.
- Tira el papel sucio en el váter.
- Repite hasta que el papel esté limpio.
- Tira de la cadena y lávate las manos.

Por supuesto, hasta que pueda hacerlo solo, guíale las manos para que coja el papel, se limpie, tire de la cadena y se lave las manos. Ten paciencia. Tienes que saber que es difícil enseñar el concepto «limpia hasta que esté limpio» a niños pequeños o más grandes con problemas de comprensión, porque son conceptos lingüísticos abstractos. Una solución si tu hijo no puede discriminar cuándo ya está limpio es proponer una rutina que haga que tire del papel higiénico hasta la rodilla, lo corte, lo doble y se limpie mientras cuenta hasta tres antes de repetir el proceso de nuevo. De este modo, será capaz de ser independiente durante la rutina para ir al baño y estará lo «suficientemente limpio» hasta la hora de bañarse.

Puedes ayudar a tu hijo a aprender habilidades relacionadas con limpiarse, como tirar del papel higiénico y doblarlo practicando partes del proceso de limpieza mientras está totalmente vestido y sentado en el orinal.

La mayoría de los expertos recomiendan que las niñas se limpien de delante hacia atrás para evitar que la bacteria *E. coli* entre en la vagina o en la uretra. Los niños no tienen la misma preocupación física, así que quizás para ellos sea más fácil limpiarse a través de las piernas y volver a la parte de delante.

INTERVENCIONES PARA LAVARSE LAS MANOS

Lavarse las manos es una habilidad realmente importante que debes enseñar a tu hijo antes de que aprenda a ir al baño. Es una habilidad aún más importante mientras aprende a ir al baño solo, así que debes hacer que siempre forme parte de la rutina para ir al baño.

Si tu hijo aún no ha aprendido a lavarse las manos solo puedes crear un plan y enseñarle. Un taburete o escalón lo ayudará a llegar al lavamanos. Le puedes guiar las manos poniéndote a su espalda a través del proceso. Evalúa su capacidad de hacer cada paso y, cuando se vuelva más competente, guíale las manos cada vez menos.

Divide la tarea en pasos, pero no te pares y empieces cada paso. Debes enseñarla en una acción fluida. Mientras recitas las instrucciones, usa las mínimas palabras posibles, por ejemplo:

- Súbete las mangas.
- Abre el grifo.
- Mójate las manos.
- Ponte jabón.
- Frótate las manos.
- Lávate las manos bajo el agua.
- Cierra el grifo.
- Sécate las manos.

El control de la temperatura puede ser la parte más difícil del proceso, así que puede que tu hijo necesite que lo ayudes precisamente con ese punto. Tal como comentamos en el capítulo sobre seguridad, también puedes ajustar la temperatura en el calentador de agua caliente o instalar un grifo antiquemaduras para evitar que se pueda quemar.

Usa el mismo tipo de jabón (pastilla o gel) y, por coherencia, ponlo en el mismo sitio en el lavamanos. Si tu hijo se resiste a los *prompts* físicos para lavarse las manos quizás sea mejor mostrarle cada paso. También puedes usar un vídeo que haga las funciones de modelo, como vimos en el capítulo 9, y hacer un vídeo de ti misma lavándote las manos, animándolo a imitarte.

Ten presente que si tu hijo va a la guardería o a parvulitos quizás necesite más indicaciones allí para lavarse las manos, porque la rutina y la ubicación del lavamanos y el jabón serán distintos.

ACCIDENTES DE PREPARACIÓN Y POSPREPARACIÓN DURANTE LA NOCHE

Pasar toda la noche limpio y seco es muy complicado para muchos niños pequeños. A medida que avanzas en la preparación para ir al baño durante el día, continúa poniéndole pañales normales o con cintura elástica por la noche. Si se despierta seco 5 o más noches seguidas, intenta ponerle ropa interior por la noche. Recuerda que puede haber algún accidente, sobre todo al principio.

Si se sigue haciendo pipí en la cama quizás puedas reducir o eliminar líquidos 2 horas antes de acostarse. Si tiene sed durante ese tiempo, permítele que solo tome sorbos de agua.

Si se despierta por la noche llévalo al baño, y llévalo también inmediatamente después de que se levante por la mañana. También ayuda mantener una hora regular para acostarse y levantarse, incluso los fines de semana.

Incluso después de que tu hijo haya aprendido a controlar la orina y las deposiciones, puede haber algún que otro accidente de noche o de día.

Primero, descarta que se deba a algún problema médico o a cambios en la dieta o en la medicación. Después dale más refuerzo y continúa conservando datos para poder evaluar la causa del problema.

No es raro que ocurran accidentes cuando el niño está de repente en un entorno nuevo, como parvulitos o el campamento de verano. Su horario desaparece y no está acostumbrado al cuarto de baño del entorno nuevo. Asegúrate de que tendrá la oportunidad de pedir ir al baño en el sitio al que vaya y mantén las líneas de comunicación abiertas, sobre todo durante las transiciones a nuevos entornos o cuidadores.

Ir al baño es un comportamiento como cualquier otro. Haz un plan que se base en la edad de tu hijo, su nivel de capacidad y necesidades en todas las áreas. Cuando empieces o vuelvas a empezar a enseñarle a ir al baño, mantén la positividad y sé paciente. Si sigues tu plan y apuntas datos, pronto empezarás a ver el éxito.

En este capítulo hemos comentado la necesidad de desensibilizar el cuarto de baño o el orinal para los niños que lo encuentran repulsivo. En el siguiente capítulo exploraremos cómo desensibilizar las visitas al médico y al dentista y cómo conseguir que se tomen los medicamentos, se bañen o se corten el pelo sin problemas de comportamiento.

13

Cómo desensibilizar las visitas al médico, al dentista y al peluquero

Mi cliente Max, de 2 años, que hemos mencionado varias veces, nunca fue diagnosticado con autismo. Sin embargo, cuando empecé a trabajar con él, era un niño que pegaba a su madre y gritaba y lloraba durante todo el día. Luchaba aún más cuando su madre lo llevaba a una tienda o a algún sitio de la comunidad.

La familia tenía un evento formal al poco tiempo, por lo que decidieron que Max tenía que cortarse el pelo. Su madre me pidió que fuera a asesorarlos.

Su madre nos llevó hasta la peluquería más cercana sin haber pedido hora ni haber encontrado un sitio que atendiera a niños (esos fueron nuestros dos primeros errores). Max empezó a llorar en cuanto entramos, y acabamos con el estilista más novato, que parecía un ciervo delante de unos faros. Max seguía chillando, llorando y retorciéndose, por lo que el estilista no pudo hacer un buen trabajo. Fue una experiencia horrible para todos.

Las visitas a peluqueros, médicos y dentistas pueden ser tan estresantes que incluso los padres de niños con desarrollo típico a veces las posponen. Como los niños con retrasos en el desarrollo o autismo tienden a tener problemas sensoriales y de comunicación, suelen tener más dificultades en esas situaciones. Por suerte, hay formas para desensibilizar esas experiencias.

La palabra «desensibilización» puede imponer, pero solo es un término bonito que significa asociar o volver a asociar un lugar, actividad o persona con refuerzo para que el niño esté tranquilo y cómodo al estar en una situación que previamente le causaba aversión. Es crucial que ofrezcas a tu hijo muchas oportunidades de practicar en un entorno cómodo las habilidades que necesitará para una visita al médico o a la peluquería o de otro tipo. De hecho, cualquier actividad, como bañarse o jugar con el Señor Patata, también puede llegar a ser repulsiva y no «estar asociada». Por eso, las técnicas que comentaremos en este capítulo funcionarán en distintas situaciones.

Los problemas sensoriales se pueden manifestar de varias formas. Algunos niños con autismo o retrasos reaccionan de forma exagerada a los estímulos visuales, como una aversión a las luces brillantes, mientras que otros lo hacen frente al sonido y les molesta el ruido. Lucas creció llevando auriculares canceladores de sonido porque los ruidos fuertes eran un problema para él. Si al niño no le gustan los auriculares, sus padres tienen que asociar los auriculares con un vídeo u otra cosa que le guste.

Algunos niños reaccionan exageradamente al tacto y les molestan las etiquetas de la ropa y todo lo que no sean tejidos suaves. Otros tienen problemas con la temperatura, los sabores, las texturas y los colores de la comida.

Sea cual sea el problema de tu hijo, llevar ropa especial, ponerse cascos todo el día y tener una dieta gravemente limitante de por vida no es el objetivo. Lo que quieres es ayudar a tu hijo a tolerar más *inputs* sensoriales típicos a los que se enfrentará todos los días.

De todas formas, no recomiendo intentar desensibilizar a un niño a todos los tipos de visita al mismo tiempo. Sin embargo, después de haber desensibilizado un tipo de procedimiento, el niño suele tener menos aversión al siguiente.

Además de diferencias sensoriales, nuestros niños con retraso también tienen déficits lingüísticos y a menudo no entienden por qué tienen que bañarse, revisarse los oídos o lavarse los dientes. No saben si algo va a ser doloroso y no saben decir a los adultos que tienen miedo. A muchos niños no les va bien el refuerzo postergado ni les importa la pegatina o la piruleta que les dan al final de una visita.

A falta de las técnicas que aprenderás en este capítulo, padres y médicos tradicionalmente se han limitado a sujetar a los niños pequeños para que aguantaran métodos médicos como la exploración de oídos y la administración de medicamentos. Esto hace que los niños se sientan atacados, por eso a menudo contraatacan. Además, provoca que tengan mucha reticencia a esas visitas, por lo que las rabietas pueden extenderse a cuando les cortan las uñas o les ponen gotas en los ojos. En este momento considero que contener a los niños es poco ético, y no lo recomiendo salvo en caso de emergencia.

También conozco a padres que han experimentado tal trauma que intentan cortar el pelo al niño o hacer alguna otra actividad que le produzca aversión mientras duerme. Antes de ser analista de comportamiento y de conocer estas estrategias, incluso intenté cortar las uñas a Lucas mientras estaba dormido. Lo entiendo. Sin embargo, en general, estos métodos no se pueden llevar a cabo en ese momento. Por suerte, aprender estas estrategias de desensibilización para reasociar el momento del baño, las aversiones a determinadas comidas, el corte de uñas y de pelo (todas se pueden practicar en casa con frecuencia) pueden conducir a tolerar procedimientos difíciles. También pueden mejorar el habla y reducir las rabietas.

Los niños que puedan pedir que el agua de la bañera esté más caliente o decir tranquilamente que prefieren que el peluquero no use la máquina de cortar el pelo alrededor de las orejas mientras lo atienden será más feliz, tendrá mejor comunicación y menos problemas de comportamiento.

Por lo tanto, no recomiendo llevar a cabo ninguna tarea mientras el niño está durmiendo ni agarrarlo con ningún método, a menos que sea una emergencia absoluta. Cuando esta estrategia continúa, con el tiempo, los padres acaban con un niño más mayor que necesita a 3 o 4 personas para contenerlo, con lo que todo el mundo puede resultar herido. ¡Por eso es tan importante que aprendas estos métodos de desensibilización ahora!

TU EVALUACIÓN Y TU PLAN

Casi has llegado al final del libro, así que espero que sepas que el primer paso para aumentar o reducir cualquier comportamiento es la evaluación.

Evaluar un acto, método, objeto o situación que provocan aversión a tu hijo te ayudará a averiguar qué es lo que causa el problema de comportamiento, es decir, qué partes concretas le resultan intolerables. Por ejemplo, durante la visita al médico, ¿tu hijo se asusta al llegar a la consulta o está bien hasta que le miden y le pesan? ¿O quizás la rabieta empieza cuando el médico entra en la consulta o cuando tu hijo ve el estetoscopio?

Si hace tiempo desde su última visita al médico o al dentista tendrás que refrescar la memoria para recordar cuándo suele empezar el problema de comportamiento. Debes identificar los sitios y los pasos dentro del método que desencadenaron el problema de comportamiento de tu hijo, y los momentos en los que ocurrió y cómo fue.

A continuación, crea un análisis de tareas. Debes detallar los pasos de cada método médico o no médico, como cortarse el pelo, bañarse o ir a la consulta del médico o el dentista. Usarás este desglose para evaluar mejor las partes de la actividad que son más problemáticas. Durante la fase de evaluación, quizás quieras determinar el lugar en el que tu hijo tiene aversión a actos o actividades, y las personas que suelen aparecer en esos momentos. También puedes utilizar el análisis de tareas para sesiones de práctica de planificación y desensibilización. (Puedes encontrar todos los formularios electrónicos en TurnAutismAround.com.)

Como no puedes abordar todos los eventos a los que tu hijo tiene aversión al mismo tiempo, elige el que te estrese más. Recuerda que cuando cojas el tranquillo a estos pasos de desensibilización puedes aplicarlos a muchas situaciones para todos tus hijos durante el resto de tu vida. Veamos un ejemplo de análisis de tareas, evaluación, plan e intervención con los cortes de pelo.

CÓMO MEJORAR LOS CORTES DE PELO

La mayoría de los niños tienen que ir a la barbería o a la peluquería con mucha más frecuencia que al médico o el dentista. Por lo tanto, supone un gran problema que les cueste afrontar esta situación. Tu hijo puede tener aversión a todo tipo de cosas en ese establecimiento: a las tijeras, a lo cerca que está de él la persona que le corta el pelo, a que le rocíen con agua, a la capa de plástico o al pelo que pica y que le cae por la nuca.

Antes de crear el plan para cuando visite la barbería o la peluquería, rellena un análisis de tareas de los pasos que tu hijo tendrá que hacer para cortarse el pelo sin problemas:

- El niño entra en el establecimiento.
- Se sienta en la silla.
- Le ponen la capa.
- Le rocían el pelo con agua.
- Le cortan el pelo con las tijeras.
- Le cortan el pelo de la nuca y los lados con una maquinilla de cortar eléctrica.
- Le cepillan la cara y el cuello con un cepillo.
- Le quitan la capa.
- El niño espera mientras el padre o la madre paga.
- El niño sale del establecimiento.
- El niño recibe un refuerzo de preferencia alta.

Cuando hayas detallado estos pasos tendrás que decidir dónde practicarás las sesiones de corte de pelo en casa y quién hará el corte de pelo de mentira. Por ejemplo, el niño entra en la cocina, que se supone que es la peluquería, y se sienta en una silla en concreto. Después le pones una bata, le mojas el pelo rociándoselo con agua templada y usas tijeras de juguete o un cortaúñas para fingir que le cortas el pelo.

Tu objetivo debe ser conseguir que esté sentado durante el corte de pelo sin gritar ni llorar. Pero si le cuesta tolerar la bata, el objetivo inicial podría ser simplemente que aguante llevarla unos minutos más durante cada sesión práctica.

Puede que sea necesario trabajar los pasos despacio. Por ejemplo, haces que se siente en la silla para practicar el corte de pelo y que tolere la capa o toalla de mentira que le pones. Después, cuando haga estos dos pasos en el análisis de tareas, ofrécele un refuerzo, como ver un vídeo corto o comer algo que le gusta. Después puedes enseñarle tijeras para niños o que no corten nada, o puedes practicar rociarle agua en la cabeza. Quizás debas parar después de solo dos pasos hasta el día siguiente, cuando ya esté listo para esos dos pasos y un tercero.

Uno de mis amigos tiene un salón de peluquería y me dijo que el agua a temperatura ambiente en una botella de spray es de unos 21 grados centígrados, mientras que la temperatura corporal suele ser de unos 37. Puede resultar demasiado fría y sobresaltar a algunos niños, como fue el caso de Lucas. Por eso, parte de nuestro procedimiento para el corte de pelo de Lucas es rellenar la botella con agua dulce y templada antes de rociársela por la cabeza, cosa que tolera mucho mejor.

La clave es ir despacio, hacer que sea divertido y parar cuando logres algo. Por supuesto, si tu hijo necesita un procedimiento médico inmediatamente o en un futuro próximo no serás capaz de dar todos los pasos tan despacio. Sin embargo, tendrás mayor probabilidad de éxito si puedes dedicar tiempo a prepararlo poco a poco.

Si vas demasiado lejos y tu hijo llora, asegúrate de no acabar la sesión con lloros, porque eso implicaría un refuerzo negativo. Puede que tengas que usar el método «Sh, etiquetar y dar» comentado en el capítulo 6 para que deje de llorar antes de volver a completar los pasos fáciles.

Cuando llegues al punto en el que se puede estar sentado durante todo el análisis de tareas en casa sin problemas, sugiero encontrar una peluquería agradable con los niños en la que estén dispuestos a trabajar contigo de esta forma. Por supuesto, cuando encuentres un salón en el que estéis cómodos es importante seguir yendo al mismo. Ir a una peluquería sin cita ni plan como hicimos nosotras en el caso de Max no fue buena idea. Además, puede que tengas que asegurarte de que lo atienda siempre el mismo peluquero. También resulta útil coger hora cuando esté menos concurrido, para que haya el menor número de estímulos sensoriales posible.

Algunos niños necesitan muchas práctica de desensibilización, posiblemente incluso visitar el salón varias veces sin que le corten el pelo. Quizás tenga que practicar entrar en el establecimiento y estar en la zona de espera varias veces, volver a casa y recibir refuerzo. Después puedes intentar que se siente en una silla de la peluquería y que le rocíen el pelo con agua. Pregunta a los propietarios del establecimiento si te dejarían llevar objetos de casa para hacer una sesión de práctica mientras el estilista os observa o bien os ayuda.

Una técnica que funciona bien para algunos niños con habilidades lingüísticas receptivas es hacer fotos de la peluquería, así se las puedes enseñar antes de ir. En nuestro caso hicimos un álbum de fotos para Lucas en el que su hermano Spencer hacía de modelo. Le enseñamos el libro y le dijimos: «Tú entrarás. Michelle estará allí. Te sentarás en la silla. Después te pondrán una capa. Michelle te rociará agua templada en el pelo. Luego te cortará el pelo».

También hay libros comerciales que describen los pasos de un corte de pelo. Otra opción es usar como modelo un vídeo en el que un hermano, familiar o amigo con desarrollo típico aparezca yendo a la misma peluquería y cortándose el pelo. También puedes buscar vídeos en YouTube para preparar a los niños para todo tipo de actividades como radiografías, extracciones de sangre o visitas al médico.

Al final de cada sesión de práctica, y sobre todo después de que tu hijo haya conseguido ir a la peluquería, ofrécele un buen refuerzo justo después. Si le gusta ir al parque o comer una comida especial, asocia ese refuerzo con el hecho de haberse cortado el pelo.

Recuerda apuntar los datos relativos a problemas de comportamiento en tablas ABC y/o en el sistema de calendario de tu hijo, para así documentar el progreso o los contratiempos con tus sesiones de práctica. En el caso de un niño que tenía problemas médicos graves además de autismo, clasificamos su comportamiento en la consulta del médico en una escala de 1 a 10, en la que 10 era excelente, y documentamos el tipo de médico. Su clasificación de comportamiento mejoró notablemente con el tiempo.

CÓMO ENSEÑAR A TU HIJO A TOMAR MEDICACIÓN

¿Y si tu hijo tiene que tomar medicamentos? Cuando Lucas era un bebé podíamos ponerle los medicamentos líquidos con sabores directamente en la boca, y como era una cantidad pequeña en un gotero, normalmente lo tomaba sin problemas. Pero con el tiempo, el volumen de medicamento líquido que teníamos que darle al ser mayor era más difícil de administrar.

Como Lucas era muy quisquilloso con la comida y pesaba poco cuando fue diagnosticado a los 3 años, los médicos recomendaron que le diéramos multivitaminas y suplementos todos los días. A veces, cuando estaba enfermo, también teníamos que darle antibióticos u otros medicamentos.

Hay padres que mezclan la medicina con el zumo, pero a Lucas nunca le han gustado los zumos. Y era imposible disimular el sabor de las vitaminas o el medicamento en el agua. Además, usar zumo es problemático, porque el niño puede tardar mucho en acabarse el vaso entero y entonces puede que no se cumplan los tiempos de la dosificación. Las pastillas trituradas a veces se quedan en el fondo del vaso, con lo cual es imposible saber cuánta cantidad ha ingerido tu hijo realmente.

Por ese motivo, con Lucas, intentamos triturar pastillas y ponerlas en el puré de manzana para ir dándoselo todo a cucharadas. Después de cada cucharada le dábamos uno de sus refuerzos comestibles preferidos y, luego, otra cucharada de puré con vitamina o medicamento. Pero como a veces no sabía bien, Lucas no quería comérselo.

Cuando cumplió los 5 años pedí consejo a otra analista de comportamiento. Como triturar las pastillas hacía que el puré oliera y supiera mal, me dijo que nuestro único remedio era enseñar a Lucas a tragar pastillas.

Normalmente, una pastilla para niños pequeños es bastante pequeña, así que puedes intentar esconderla en una de sus comidas blandas preferidas, como el puré de manzana, y dársela con una cucharada para que se la trague. Eso nos funcionaba con Lucas, ya que se tragaba la pastilla con el puré de manzana y no lo notaba.

Si tu hijo no tiene problemas para tragar un poco de agua de un vaso sin tapa puedes empezar dándole un grano de arroz, pasta de cebada o la judía más pequeña que puedas encontrar, para que practique la deglución. (No recomiendo usar pastillas pequeñas de menta ni caramelos, porque tienen un sabor fuerte que puede hacer que el niño mastique.) Puedes intentar hacer de modelo (o ponerle un vídeo) cogiendo el grano de arroz o la judía después de decir «Mira, ¡mamá se va a tomar un buen trago de agua!» y que tu hijo siga tu ejemplo. Después, coge un grano de arroz y di «Mira, ¡mamá pone este grano de arroz en la lengua!», y, a continuación, trago de agua. Después, el niño tiene que imitarte y tú le ofreces un refuerzo.

Por supuesto, si tu hijo tiene algún problema médico grave, dificultades para deglutir o problemas de comportamiento relacionados con la administración de medicamentos, busca ayuda profesional. Tal y como se ha detallado a lo largo de este libro, toda la información que proporciono es solo de carácter informativo y no debe considerarse asesoramiento médico.

LAS VISITAS AL DENTISTA Y AL MÉDICO

Desensibilizar las visitas al dentista y al médico o métodos médicos más invasivos, como tolerar la administración de gotas en el ojo o extracciones de sangre, puede resultar más difícil que ir la a peluquería. A menudo no puedes dejar que tu hijo vea un vídeo durante una exploración, y no siempre puedes predecir lo que ocurrirá en una visita al médico, ni puedes llevar siempre a tu hijo a la consulta del médico para practicar. Algunos métodos también implican dolor o incomodidad. En la medida de lo posible, crea un análisis de tareas y practica para cada visita al médico o al dentista. Por ejemplo, si tu hijo tiene que hacerse un examen de oídos, podrías encontrar un otoscopio de juguete o uno de verdad que no sea caro para hacer un examen de práctica en casa.

A menos que la visita sea una emergencia, tu hijo no debería llorar. Dicho esto, las extracciones de sangre y las inyecciones hacen llorar incluso a niños con desarrollo típico, o sea que es difícil desensibilizar a los niños pequeños completamente de esos tipos de experiencia.

Las visitas al dentista pueden ser especialmente problemáticas para niños con autismo o retrasos, y como esos exámenes solo se dan una o dos veces al año, es difícil trabajar esta habilidad. Si tu hijo ya ha ido al dentista, empieza la evaluación recordando todo lo que puedas sobre lo que pasó la última vez. ¿Se molestó durante el trayecto, cuando vio la consulta, cuando entrasteis, cuando reclinaron la silla en la que estaba sentado, cuando apareció el dentista o cuando le pusieron el espejo pequeño en la boca?

Si a tu hijo ya le cuesta cepillarse los dientes, tendrás que empezar desensibilizándolo a esa actividad. ¿Es más sensible al cepillo o a la pasta de dientes? Podrías cambiar de pasta dentífrica o dejarle que pruebe un poquitín hasta que se acostumbre. Quizás tengas que empezar acercándole el cepillo y haciendo un movimiento de cepillado fuera de la boca. Cuando pongas el cepillo dentro, puede que al principio solo consigas cepillar un par de dientes.

Independientemente de lo que logres, recuerda dar un refuerzo fuerte después de cada sesión de práctica y seguir intentando aumentar la cantidad de tiempo que tolerará el cepillo en la boca.

También podrías mostrarle cómo te lavas tú los dientes o probar la estrategia de usar un libro o un vídeo para que vea a otra persona lavándoselos.

Cuando estés listo para desensibilizar a tu hijo para lo que pase en la consulta del dentista, recomiendo encarecidamente comprar un *pack* dental con un espejo pequeño y escoger un instrumento para eliminar sarro *online* o en la farmacia local. Por supuesto, no vas a rasparle los dientes de verdad, sino que se los tocarás y rozarás con el instrumento cuando ya lo tolere (asegúrate de que no esté afilado). Yo lo hice con Lucas. Se sentó en el sillón reclinable de la sala de estar y dije: «¡Vamos a practicar ir al dentista!». Incliné el sillón hacia atrás y le puse un trapo de cocina a modo de babero dental.

Cuando tu hijo esté desensibilizado frente a la experiencia dental en casa, pregunta al dentista si puedes coger hora y llevarlo para que se siente en una de las sillas de examen de la consulta mientras realizas una sesión práctica con él. De nuevo, te recomiendo que cojas hora cuando haya menos gente.

Nota al margen: por mi experiencia como enfermera titulada, madre de autista y defensora de niños, si le tienen que hacer un empaste recomiendo que el dentista de tu hijo use los rellenos de *composite* blanco. Los plateados contienen mercurio, por lo que los blancos son más sanos para niños y adultos.

Ten presente que hay niños y adultos con autismo y discapacidad intelectual que no pueden tolerar el trabajo dental invasivo. Lucas todavía va a un dentista pediátrico (que también está especializado en adultos con necesidades especiales) y necesita anestesia para cualquier cosa salvo un examen dental muy breve de los dientes.

Continúa evaluando el éxito o fracaso de tus estrategias. Después haz una reevaluación para hacer ajustes en tu plan.

CONSEJOS GENERALES PARA ASOCIAR O VOLVER A ASOCIAR CUALQUIER COSA

Espero que la información sobre el análisis de tareas te haya resultado útil. De todas formas, quizás aún te cueste desensibilizar actividades menores a lo largo del día. Durante los veinte últimos años he visto que mi hijo y casi todos mis clientes y participantes *online* tienen problemas en algún momento con cortarse las uñas, comer comida nueva, beber con vasos distintos, acostumbrarse a camas distintas o cambiar de canguro. Hay niños que, de repente, detestan bañarse o aborrecen juguetes o materiales como el Señor Patata. Aunque haya dado consejos para asociar a lo largo del libro, he pensado que podría serte útil ver cómo reasociar el momento del baño o cualquier actividad que de repente provoque que tu hijo llore o tenga otros problemas de comportamiento.

Elena (que apareció en los capítulos 8 y 9) solo tenía 26 meses cuando su madre Michelle empezó a comentar en nuestra comunidad *online* que, de golpe, se ponía a gritar durante el baño. Michelle estaba estresada, así que bañó con una esponja a Elena varios días. Le pregunté si había pasado algo que hubiera podido hacer que cogiera aversión a la bañera. ¿El agua estaba demasiado caliente? ¿Elena fue a una piscina y la salpicaron? ¿La sujetaron para examinarle los oídos en la consulta del médico? Y resultó que Michelle dijo que habían sujetado a Elena la semana antes para sedarla antes de una resonancia magnética. Hasta que yo se lo señalé, no se dio cuenta de que algo como una coacción física para un procedimiento médico en el hospital podría provocar que el baño llegara a ser problemático.

Unas semanas más tarde, después de seguir los consejos de nuestra comunidad *online*, ¡Michelle había dado un giro radical a la situación y Elena quería bañarse! «Ni siquiera espera a que yo le llene la bañera antes de meterse. Y cuando hemos acabado, dice "jugar más" porque no quiere salir de la bañera!», nos dijo Michelle.

Estas son las estrategias que empleó Michelle para reasociar el momento del baño:

- Jugar con juguetes favoritos en la bañera sin agua, con la ropa puesta y, después, poco a poco, quitándose prendas.

- Recoger y pensar en comprar juguetes de bañera nuevos (caña de pescar con peces magnéticos, ceras de baño, baño de burbujas, vasos para verter agua, etc.).

- Llenar la bañera con agua templada y animar al niño a que se quede fuera de la bañera y toque el agua para jugar con los juguetes.

- Animar al niño a que meta los pies en el agua unos segundos y permitirle/ayudarle los siguientes días a salir con seguridad de la bañera siempre que quiera.

- Poco a poco, a medida que el niño se queda períodos más largos y juega con juguetes, echarle agua en los pies y en la barriga y usar una esponja para lavarlo.

- Animarlo a sentarse en la bañera (puede suceder de forma natural cuando el niño juegue con los juguetes de la bañera).

El proceso no fue perfecto, y Michelle dijo que hubo algún problema de comportamiento como gimoteos. Elena dijo «no» cuando su madre la presionó demasiado deprisa. Sin embargo, para problemas de comportamiento menores, Michelle solo daba un paso atrás y decía cosas como «No tenemos que sentarnos en la bañera hoy, lo volveremos a intentar mañana». O bien ofrecía una elección a Elena, como «¿Mamá tiene que lavarte los brazos o los pies primero?».

Espero que esta información sobre desensibilización y asociar te ayude a evitar y solucionar situaciones de aversión actuales y las que puedan surgir más adelante. Si tuvieras que elegir los puntos más importantes de este capítulo, recuerda estos dos: (1) No sujetes a tu hijo ni permitas que los profesionales lo hagan, salvo en caso de emergencia. (2) Cualquier persona, lugar, objeto, método o actividad puede ser asociado o reasociado con tiempo, práctica y paciencia.

Ha llegado la hora de pasar al último capítulo, en el que abordaré cómo encontrar profesionales, escuelas y servicios que puedan formar parte de la solución. También comentaremos cómo ponerse cómodo en el «asiento del capitán» para poder defender a tu hijo y a toda tu familia de por vida. Y resumiré los cuatro pasos clave del enfoque «Da la vuelta al autismo» que puedes adoptar ahora mismo para que te ayuden a ti y a tu hijo a seguir haciendo grandes progresos en los años venideros.

14

Conviértete en la mejor profesora y defensora de tu hijo de por vida

¡Me alegra mucho que hayas llegado al último capítulo! Espero que ya empieces a estar menos preocupada y que confíes más en que puedes dar la vuelta al autismo.

Tanto si te has leído el libro de un tirón como si te has tomado tu tiempo, sospecho que ya eres otra persona. Las preguntas que quizás te planteabas al principio del libro, como «¿Mi hijo es simplemente testarudo o ha empezado a hablar más tarde de lo normal?» o «¿Esto es una señal de TDAH o autismo?» quizás ya no parezcan tan importantes.

De hecho, la pregunta más importante de la primera página del libro es esta: «¿Puedo hacer algo para ayudar a mi hijo, sea cual sea el diagnóstico?».

¡Y ahora sabes que puedes hacer muchas cosas!

Pero puede que tengas otro problema. Quizás te sientas desconcertada por tanta información o intentes implantar demasiadas estrategias. Es probable que sientas mucha presión por haber sido nombrada la «capitana del barco».

No puedes resolver todos los problemas sola y tienes que cuidarte a ti misma y a toda tu familia mientras llevas el timón y navegas por aguas turbulentas. Y sabes que el tiempo apremia. Así pues, ¿cómo llegar a todo?

CONSIGUE LA AYUDA QUE NECESITAS

Puedes y debes usar el enfoque «Da la vuelta al autismo» a lo largo del día (y la noche) para ayudar a tu hijo a aprender nuevas habilidades. Sin embargo, a menos que tu hijo solo tenga un retraso leve y coja las cosas rápido, lo más probable es que necesites ayuda.

Aunque este libro y mis programas *online* animen a los padres a empezar a interactuar con sus niños en sesiones de 15 minutos al día, los estudios muestran que los niños pequeños que tienen autismo necesitan como mínimo 20 horas por semana de programación ABA intensiva, mientras que algunos niños pueden necesitar hasta 40 horas por semana.

Incluso si las sesiones de terapia de tu hijo no son ideales ahora mismo, respira hondo e intenta mejorar la situación. Los profesionales de la vida de tu hijo ahora o en el futuro son buenas personas, muchos con años de formación y experiencia. Igual que tú, quieren que tu hijo tenga éxito. Colabora con ellos y explícales de qué forma el enfoque «Da la vuelta al autismo» está ayudando a tu hijo.

Algunos profesionales de la salud, profesionales del autismo e incluso miembros de la familia y amigos quizás te avisen de que tu hijo tiene un «funcionamiento demasiado alto» o «demasiado bajo» o es «demasiado mayor» o «demasiado pequeño» para beneficiarse del ABA y el enfoque TAA («Da la vuelta al autismo»). Pero eso no es cierto. Mientras tu hijo no tenga competencia conversacional completa y tenga problemas en cualquier área se puede beneficiar de ambas cosas.

Antes siempre recomendaba servicios ABA y de logopedia para todos los niños con retrasos. Pensaba que la terapia de cualquier tipo realizada por un profesional siempre era mejor que no tener ninguna terapia. Sin embargo, durante los últimos años, después de trabajar directamente con cientos de niños y formar a miles de familias y profesionales de más de 80 países, he cambiado de opinión.

Por ejemplo, Sarah se unió a mi programa *online* para ayudar a su hijo de 2 años, Connor, al que acababan de diagnosticar autismo, y estaba en una lista de espera para terapia ABA intensiva. Al cabo de dos semanas,

Connor estaba encantado con el tiempo en la mesa y dijo su primera palabra, «manzana».

Al cabo de unos meses, la familia de Connor llegó al principio de la lista para la terapia ABA de cuatro horas al día. Tenían muchas ganas de acelerar el aprendizaje del niño, pero los analistas BCBA de la empresa ABA los avisaron de que al principio habría muchas lágrimas porque le exigirían que se sentara delante de la mesa para «trabajar». Además, el analista BCBA no estaba interesado en evaluar los formularios TAA («Da la vuelta al autismo») ni los vídeos del increíble progreso de Connor en solo dos meses.

Sarah siguió animando al analista BCBA a ver los vídeos del antes y el después que había grabado de Connor. Trabajó con el analista BCBA para utilizar las actividades y el material de aprendizaje temprano a los que estaba acostumbrado Connor para que no llorara durante el tiempo en la mesa. Su persistencia dio sus frutos y pudo ayudar al personal a aprender e incorporar las estrategias TAA («Da la vuelta al autismo») que habían tenido tanto éxito.

Sin embargo, muchas familias no encuentran a profesionales que estén dispuestos a colaborar, al menos no directamente. Y hay padres como Kelsey y muchos otros que tienen que descartar profesionales, entornos o programas cuando queda claro que no resultan de ayuda.

En consecuencia, ahora creo que *no tener terapia es mejor que una mala terapia.* Por lo tanto, si al principio te cuesta encontrar la ayuda que necesitas, te puedes consolar, porque ahora sabes cómo enseñar a tu hijo y hacer que participe en las actividades. De este modo, nunca tendrás que recurrir a «no hacer terapia». Y mientras trabajas con tu hijo en casa, puedes dedicar tiempo a encontrar a los profesionales adecuados que te permitirán seguir siendo la capitana del barco y un miembro importante del equipo de tu hijo.

Además de los profesionales, probablemente necesitarás a otras personas que no lo sean que puedan mantener a tu hijo el máximo de seguro y participativo. Aunque parezca una tarea gigantesca, todos los niños (sobre todo los que tienen autismo) necesitan participar en algo la mayoría de las horas en las que están despiertos, y eso equivale a aproximadamente 100 horas por semana. Por supuesto, no lo puedes hacer sola. Cuando mis hijos eran pequeños contraté a «Mommy's helpers» y canguros durante varios años. Proporcionaban un cuidado extra para Lucas y Spencer mientras yo trabajaba como analista de comportamiento, hacía el doctorado y escribía mi primer libro. También conseguí la ayuda de mi marido, mis padres, mi hermana y mis amigos.

Debido a las normas de mi seguro que financiaba el programa de Lucas, alguien tenía que estar en casa mientras él recibía 40 horas por semana de terapia ABA en el sótano. Una vez que yo tenía una cita, mi padre cuidó a Spencer en el piso de arriba mientras Lucas estaba en la sesión de terapia. Cuando volví a casa, mi padre dijo en broma que era casi como si yo estuviera en «arresto domiciliario». Sé que a veces da esa sensación.

Por lo tanto, si puedes conseguir ayuda de familia y amigos y/o si tienes los medios para contratar a alguien que te ayude, recomiendo firmemente todas estas opciones. Pero incluso si puedes permitirte lo mejor de lo mejor, igualmente tendrás que aprender a abogar por servicios de calidad y seguir siendo una gran parte del programa de tu hijo.

ALTO Y BAJO FUNCIONAMIENTO

Las etiquetas de alto y bajo funcionamiento normalmente son demasiado subjetivas para resultar útiles. Imaginemos que eres un profesor con seis o siete niños con autismo en la clase y te piden que agrupes a tus estudiantes según su funcionamiento. Te costaría muchísimo hacerlo. ¿Los evalúas en función de los problemas de comportamiento? ¿O del aspecto académico y lingüístico? ¿O de las capacidades sociales?

He observado a padres y a profesionales que, comprensiblemente, quieren reducir los problemas de un niño diciendo que tiene «alto funcionamiento». Sin embargo, cuanto más típico parezca tu hijo, más probable será que tengas que defenderlo en el sistema sanitario y en el escolar, porque puede parecer que no necesita servicios. Por eso, aunque sea tentador que etiqueten a tu hijo como de «alto funcionamiento», es poco probable que eso cambie sus necesidades.

Aunque muchos niños etiquetados así con el tiempo sean incluidos en entornos escolares generales y puedan ser de un funcionamiento lo suficientemente elevado para aprender a conducir, ir a la universidad y quizás casarse, el autismo de alto funcionamiento también puede implicar condiciones concomitantes como un mayor índice de ansiedad, depresión y otros problemas.

Con «bajo funcionamiento» normalmente la gente se refiere a niños que también tienen una discapacidad intelectual y hablan poco o nada. Sin embargo, hay todo un espectro entre ir a la universidad y conducir un coche y necesitar apoyo y supervisión constantes. Hay niños etiquetados como de alto funcionamiento totalmente conversacionales, pero que no pueden mantener un trabajo estable debido a la ansiedad o la depresión. Otros descritos como de bajo funcionamiento obtienen un trabajo remunerado y son felices, y viven con una ayuda menor.

El quid de la cuestión es proporcionar a tu hijo tanta enseñanza y terapia como puedas sin tener en cuenta si sus retrasos o su diagnóstico de autismo es grave o leve. Sin suficiente intervención, los niños con retraso leve o diagnóstico de autismo leve pueden acabar con más problemas a largo plazo que niños con retrasos o diagnóstico graves. Nunca sentirás que has dado demasiada intervención a tu hijo, pero puede que algún día llegues a la conclusión de que no le has dado suficiente.

LA DEFENSA DE POR VIDA

La defensa de una causa es una habilidad para toda la vida. Incluso para mi hijo con desarrollo típico, Spencer, nunca he dejado de aprender cómo enseñarle y defenderle mejor. Con los años he descubierto que no existe eso de «ser solo padres» y que ser el mejor padre o madre que puedes ser implica adoptar también los papeles de maestro y defensor.

Igual que en el caso de Sarah, abogar para que ABA y otros utilicen el enfoque TAA («Da la vuelta al autismo») puede que sea el siguiente escollo en tu camino. Quizás tengas suerte y nunca tengas que defender que tu hijo reciba los servicios y la educación que necesitas; sin embargo, es bastante probable que debas hacerlo.

La dura realidad es que, incluso dos décadas después de entrar de golpe en el mundo del autismo, la mayor parte de los niños pequeños con retrasos y signos tempranos de autismo siguen sin recibir servicios lo suficientemente pronto como para lograr un cambio notable. Muy pocas organizaciones proporcionan una programación ABA de calidad en casa o en clínicas y escuelas. Ese fue uno de los motivos principales por los que me apasionó tanto escribir este libro.

¿Qué hacer si no encuentras un analista BCBA u otro profesional del autismo en tu área o encuentras uno que no sea receptivo al enfoque «Da la vuelta al autismo»? Si se trata de un analista BCBA, docente, logopeda, terapeuta ocupacional o administrador poco receptivo, recomiendo que le muestres tu evaluación, plan, muestra de lengua y vídeos de lo que has logrado trabajando con tu hijo en casa. Si pueden ver datos y pruebas en vídeo de lo que has logrado es posible que cambien de opinión.

Quizás tengas que colaborar con el centro de parvulitos, la compañía aseguradora y/o el distrito escolar para desarrollar el tipo de programas que tu hijo (y otros niños con retrasos y autismo) necesitan. Sin duda, te verás de repente fuera de tu zona de confort, pero el futuro de tu hijo está en juego.

Sin importar en qué lugar del mundo vivas, cualquier agencia u organización que financie la terapia de tu hijo necesitará un punto de referencia y datos actuales, un plan y unos objetivos. Además, tendrán que hacer un seguimiento del progreso. Y tú deberías hacer lo mismo, aunque estés enseñando a tu hijo tú misma en casa.

Debe ser una prioridad para ti mantener un registro organizado y meticuloso de las necesidades, las evaluaciones, las intervenciones, el progreso y los servicios de tu hijo hasta la fecha. Los puedes guardar en un carpesano organizado por apartados. Estos documentos serán tu mejor arma si tienes que defender tu causa. La información que contiene es importante, pero, además, mostrará a quien vea tu buena organización que eres seria.

También tendrás que reunirte con personas para comentar las intervenciones y la educación de tu hijo (y deberías querer hacerlo). Si es posible, te recomiendo que te acompañe alguien para apoyarte en cada reunión. Si te encuentras con la oposición de un grupo de personas, agradecerás tener a alguien allí que esté de tu parte. Además, si tu acompañante toma notas durante la reunión, te ayudará a hacer un seguimiento del tema.

Pero recuerda: *defender tu causa no debe ser sinónimo de luchar*. No es «nosotros contra ellos». Todo el mundo debe trabajar unido para garantizar que cada niño logre su máximo potencial. Tampoco es una cuestión de opiniones, sino que el quid de la cuestión es conseguir que tu hijo llegue al siguiente nivel en función de sus necesidades y sus puntos fuertes, los datos recopilados sobre su progreso y las prioridades de tu familia.

En algunos casos, quizás necesites una evaluación independiente o alguien de fuera del equipo actual que pueda mediar en la situación. Puede que vean mejor dónde radica el verdadero desacuerdo y cómo puedes retomar el buen camino.

Por supuesto, también hay abogados profesionales. Te recomiendo que recurras a uno si es una opción para ti. Yo encontré uno gratuito en una asociación de salud mental de mi área, pero puedes contratar a un abogado que te pueda ayudar si dispones de recursos económicos. Otra posibilidad es que haya talleres de apoyo en tu zona o en internet en los que puedas obtener más información.

Mientras tanto, consigue todo el apoyo que puedas de amigos, miembros de la familia extendida y profesionales con ideas afines a las tuyas. Aprende a pedir ayuda, aunque solo sea para comunicar tus frustraciones y preocupaciones. Si alguien cuestiona tus métodos, pídele que lea este libro.

También resulta útil buscar un grupo *online* o local de apoyo para padres de niños con autismo o retrasos. Serán una fuente de apoyo y recursos emocionales. Puedes aprender mucho de otros padres que puede que se hayan enfrentado a algunos problemas antes que tú, sobre todo los relacionados con la defensa en tu área concreta.

De todas formas, no existe un momento claro en el que puedas dejar de defender a tu hijo porque haya llegado a un «siguiente nivel» determinado. Tienes que ir paso a paso y confiar en tus capacidades para hacer lo que sea necesario. Ahora estás armada con mucha información que te ayudará durante el camino para defender a tu hijo.

LOS CUATRO PASOS DEL ENFOQUE «DA LA VUELTA A AUTISMO»

El enfoque «Da la vuelta al autismo» incluye cuatro pasos, independientemente del problema o del área de que se trate. Por lo tanto, si quieres enseñarle a hablar, reducir sus lloros, enseñarle a dormir en su propia cama o hacer que las visitas al médico sean más fáciles, seguirás el mismo proceso. Este es un resumen de los cuatro pasos principales:

1. **Evaluación.** El primer paso para resolver cualquier problema es la evaluación, y el formulario de evaluación TAA («Da la vuelta al autismo») es el mejor lugar para empezar. También se puede utilizar para la reevaluación. Sé que he insistido mucho en este punto a lo largo del libro, pero empezar con la evaluación es realmente importante. También puedes utilizar evaluaciones e informes médicos y terapéuticos recientes y otras evaluaciones que hemos mostrado en este libro. Después de finalizar y revisar las evaluaciones, el siguiente paso es comparar los niveles de tu hijo con hitos típicos para determinar cualquier laguna en su desarrollo. (Recuerda mirar las copias electrónicas de todos los formularios y recursos en TurnAutismAround.com.)

   Tú o los profesionales del equipo de tu hijo puede que no penséis que debes rellenar la evaluación de una página, sobre todo si ya tienes docenas de páginas para documentar su desarrollo. Sin embargo, antes de que tú o cualquier profesional pueda implantar el enfoque TAA («Da la vuelta al autismo»), es importante que tengas una página en la que consigas una visión general rápida de los puntos fuertes y las necesidades de tu hijo en varias áreas. Esta herramienta de evaluación te da una visión instantánea de posibles problemas como adicción al chupete, problemas para dormir e incapacidad para usar palabras de forma funcional, entre otras muchas áreas de desarrollo. No es posible implantar de forma efectiva el enfoque «Da la vuelta al autismo» sin este paso.

Si te preocupa algún problema médico o alguna brecha en el desarrollo de tu hijo, por favor, habla con su médico. Quizás también debas obtener la evaluación de un logopeda, pediatra de desarrollo u otro profesional de la salud. Por desgracia, esto puede implicar entrar en listas de espera y usar algunas de las estrategias de defensa de tu hijo que hemos comentado.

2. **Planificación.** El siguiente paso es completar o actualizar el formulario de planificación TAA («Da la vuelta al autismo») comentado en el capítulo 5. Asegúrate de que cualquier plan u objetivo de intervención temprana o ABA que ya estén en marcha se basen en la evaluación TAA. Es bastante habitual ver una desconexión entre la evaluación y el plan. Por ejemplo, alguien del personal de una clínica ABA podría decir que usan un programa de comportamiento verbal de tipo ABA y completan la evaluación VB-MAPP para conseguir la autorización del seguro para los servicios. Pero su plan y objetivos incluyen una concentración fuerte en la mejora del contacto visual, el aumento de la extensión del enunciado y el trabajo con objetivos de lenguaje abstracto que son demasiado difíciles. Así que asegúrate de que el plan y los objetivos TAA («Da la vuelta al autismo») se basen en la evaluación TAA.

3. **Enseñanza.** Es importante que tu hijo interactúe al máximo a lo largo del día. Sé positiva y dedica el 95 por ciento del tiempo a

evitar los problemas de comportamiento. Usa el plan y los objetivos TAA para seleccionar en lo que quieras trabajar y el material y las actividades que utilizarás.

4. **Evaluación del progreso.** Recopila datos sobre lo que enseñas a tu hijo y sobre su progreso. Modifica tus sesiones de enseñanza diaria en función de los datos recopilados. También te recomiendo que actualices los formularios de evaluación y planificación de forma regular. Cuanto más avance tu hijo, con más frecuencia tendrás que actualizar estos formularios, quizás incluso cada ciertos meses. Utiliza el sistema de datos de calendario que comentamos en el capítulo 6 para controlar problemas médicos y de comportamiento y mantén datos ABC para hacer un seguimiento de los problemas de comportamiento principales para poder analizar cómo prevenirlos.

LA FELICIDAD DE TU HIJO Y LA DE TU FAMILIA SON LO PRIMORDIAL

Los niños con autismo o signos de autismo rara vez consiguen los servicios de intervención de comportamiento temprano que necesitan. Lo habitual es que reciban entre una y tres horas de tratamientos eclécticos por semana durante el tiempo más crítico de su desarrollo. A medida que el número de diagnósticos aumenta, las agencias de intervención temprana y los sistemas escolares se tensionan por intentar cubrir las complejas y variadas necesidades de niños con retrasos y autismo. Por eso tú, como madre, tienes que aprender todo lo que puedas y defender a tu hijo. Nadie lo conoce tan bien como tú y nadie tiene más motivación que tú por ver cómo prospera.

Nuestros niños simplemente no pueden esperar. Como dije en el capítulo 1, el quid de la cuestión es que adelantarse a los comportamientos difíciles, y ponerse al día en habilidades lingüísticas y sociales es mucho más importante que el diagnóstico. No te puedes permitir el lujo de negarte a ver la realidad (como hice yo) ni jugar a esperar.

Dicho esto, te pido que no sucumbas a los lamentos. Es fácil desesperar cuando piensas que has cometido errores. No es el momento de culparte a ti misma por escuchar a los que te decían que «fueras paciente» mientras esperabas pasivamente en cola mientras tu hijo retrocedía más. No ayuda estar enfadada con el médico de tu hijo o el logopeda que te dieron una tranquilidad falsa y dijeron que no había retraso cuando tu hijo era un niño pequeño. Y no es útil pensar en el proveedor de ABA que te dijo hace un año o dos que el guionado «solo era una parte» del autismo.

Creo que los capítulos que has leído en este libro te han mostrado que a pesar de lo que ya hayas pasado o lo que te hayan dicho, puedes revertir algunos de los signos tempranos de autismo. Puedes enseñar a tu hijo a comunicarse, enseñarle a ir al baño, conseguir que duerma en su propia cama toda la noche, lograr que tome las comidas con la familia y llevarlo al médico o a que le corten el pelo sin importar si recibe o no un diagnóstico de autismo.

De todas formas, si tu hijo ya tiene un diagnóstico o lo tiene en un futuro, recuerda que nadie tiene una bola de cristal para saber cómo le irán las cosas. Es imposible de predecir, por ejemplo, cómo va a estar un niño de 2 años a los 8 o 18. Lo que sí que podemos predecir es que tú puedes mejorar la calidad de vida de tu hijo con intervenciones tempranas e intensivas.

Hace veinte años pensaba que podría arreglarlo todo rápido y volver a hacer vida «normal». Para mí, la recuperación de Lucas era algo blanco y negro, y fantaseaba con hacer una fiesta de recuperación para él en algún momento. Pero aprendí que nadie tiene una vida «normal». Y es evidente que la «perfección» no existe.

Tu hijo solo tiene una vida, igual que tú y que los demás miembros de la familia. Será una maratón, y no un sprint. Suelo decir que será más parecida a una maratón en una montaña rusa con giros y vueltas inesperados, así que recuerda cuidar también de ti misma.

Quizás no me creas todavía, pero cuando entres en el papel de capitán para empezar a dar la vuelta al autismo (o a los signos de autismo) no solo cambiarás a mejor la vida de tu hijo, sino también la tuya.

Este no es el tipo de libro que quieres prestar o regalar a alguien, porque es probable que tengas que releer capítulos o apartados a medida que tu hijo aprenda y crezca. Lo que has leído puede haberte ayudado a salir de un agujero en el que habías caído o subir la montaña. Espero que ahora te dé menos miedo porque ves cielos despejados más adelante.

De todas formas, leer este libro nunca será suficiente. Tendrás que continuar subiendo la montaña y seguir aprendiendo de por vida. Y yo seguiré estando aquí a tu lado para guiarte. Mi misión es «Dar la vuelta al autismo» para millones de familias de todo el mundo.

A lo largo de la ascensión que Lucas; su hermano típico, Spencer, y el resto de mi familia hemos hecho, mi objetivo para mis dos hijos no ha variado. Y ese objetivo es que ambos estén a salvo, sean independientes y felices al máximo y que alcancen todo su potencial. Es mi objetivo y mi mayor esperanza para tus hijos también.

GLOSARIO

Análisis conductual aplicado (ABA, por sus siglas en inglés). Ciencia de cambiar el comportamiento significativo socialmente; programas conductuales para niños con autismo para aumentar sus habilidades lingüísticas y de aprendizaje y reducir los problemas de comportamiento.

Asociar. Proceso continuo que consiste en usar los reforzadores ya establecidos del niño (las cosas que le gustan) para que las personas nuevas, las tareas y materiales difíciles y los entornos desconocidos sean reforzadores más positivos.

Atención conjunta. Habilidad social importante que significa concentrarse en el mismo elemento o actividad con conciencia de que esa atención se está compartiendo.

Autismo o TEA: trastorno del espectro autista. Trastorno de desarrollo con discapacidad en las habilidades lingüísticas y de comunicación social que incluye intereses repetitivos o restringidos. El término «espectro» cuando hablamos de un trastorno se refiere a que hay un amplio abanico de síntomas y de niveles de gravedad.

BCBA o BCBA-D. Analista de comportamiento certificado por un consejo que cumple los requisitos de formación y experiencia y ha superado un examen de certificación. Un BCBA tiene como mínimo un máster y un BCBA-D, un doctorado.

Conducta autolesiva. Problema de comportamiento en el que un niño se hace daño a sí mismo, por ejemplo, golpeándose la cabeza con el puño repetidamente o arañándose el cuerpo. Esta conducta exige una consulta inmediata con un profesional de la salud.

Control ecoico. Capacidad de conseguir que un niño repita palabras o frases sin que haya un objeto o imagen presente. Por ejemplo, un niño dice «pelota» cuando tú le indicas «di "pelota"».

Control múltiple. Combinación de dos o más operantes (mandos, tactos y/o ecoicas) para mejorar el aprendizaje. El control múltiple se utiliza ampliamente en las actividades de aprendizaje temprano dentro del enfoque «Da la vuelta al autismo» de forma que si un niño dice una palabra, es parte mando, parte tacto y parte ecoica.

Desensibilización. Asociar o volver a asociar un marco, actividad o persona con refuerzo para que el niño esté tranquilo y cómodo cuando se enfrente a una situación que previamente le resultaba aversiva.

Discriminación condicional. Capacidad para discriminar entre cosas parecidas, como diferenciar el papel del WC de las toallitas de papel o responder preguntas en las que se pregunta por el «quién» o el «dónde».

Ecoica. Repetición de algo que ha dicho otra persona. Puede ser de forma inmediata o diferida. Es una de las cuatro operantes verbales elementales definidas por el Dr. B. F. Skinner en *Conducta verbal*.

Ecolalia diferida. Repetición de palabras o frases oídas en el pasado que se utilizan como si fueran un guion. También se denomina *guionado* o *stimming*.

Ensayo de transferencia. Proceso por el que un *prompt* se va haciendo más gradual o por el que se transfiere una habilidad de una operante a otra. Por ejemplo, pasar de la identificación receptiva de una parte del cuerpo al tacto de esa misma parte.

Enseñanza sin error. Estrategia de enseñanza para garantizar que un niño siempre dé la respuesta correcta. Se evitan todos los errores proporcionando un *prompt* inmediatamente después de que se dé una instrucción o se haga una pregunta.

Generalización. Realizar una habilidad en condiciones diferentes de forma distinta con materiales distintos o una persona diferente y continuar mostrando esa habilidad con el tiempo. Por ejemplo, después de aprender a etiquetar una imagen de un gato, el niño dirá «gato» al ver un gato vivo.

Guionado. Repetición de palabras o frases de películas sin comprender su significado. También se denomina *ecolalia diferida*.

Habilidad de imitación. Copiar o imitar el comportamiento y los movimientos de otra persona.

Habilidades de emparejamiento. Capacidad para hacer corresponder elementos o imágenes idénticos o similares.

Hiperlexia. Capacidad para leer letras y palabras a un nivel más avanzado de lo que se esperaría por su edad cronológica o nivel lingüístico funcional; fascinación intensa por las letras y los números.

Intraverbal. Llenar los espacios en blanco o responder preguntas abiertas. Responder al comportamiento verbal de otra persona sin estímulos visuales ni de otra clase. Es una de las cuatro operantes verbales básicas definidas por el Dr. B. F. Skinner en *Conducta verbal*.

Lenguaje expresivo. Uso de gestos, palabras y frases para comunicar deseos y necesidades y, con el tiempo, pensamientos e ideas con los demás.

Está formado por las cuatro operantes verbales elementales (mando, tacto, ecoica e intraverbal).

Lenguaje receptivo. Capacidad para comprender el lenguaje hablado.

Logopeda. Profesional de la salud con formación para evaluar y tratar a personas con trastornos de habla, lenguaje, comunicación, deglución o audición.

Mando. Solicitud de un elemento, acción, atención o información. La motivación es el antecedente de un mando y la consecuencia es el refuerzo directo, lo que hace que el mando sea la más importante de las cuatro operantes verbales básicas definidas por el Dr. B. F. Skinner en *Conducta verbal*.

M-CHAT: Lista de verificación modificada para el autismo en niños pequeños. Herramienta de detección de desarrollo para niños de entre 16 y 30 meses. Está diseñada para ayudar a identificar a niños que puedan beneficiarse de evaluaciones de desarrollo y de autismo adicionales.

Modelado con vídeo. Estrategia basada en pruebas en la que se graba un vídeo de alguien que sirve como modelo del comportamiento que quieres que se aumente.

Operante. Conducta definida en términos de su antecedente y su consecuencia. Por ejemplo, el antecedente de un mando es la motivación, y la consecuencia de pedir un elemento es recibir el elemento solicitado. Las cuatro operantes verbales básicas son mando, tacto, ecoica e intraverbal.

Palabras repentinas o *pop out*. Palabras que un niño dice de vez en cuando pero que no dirá si se lo piden.

Pica. Trastorno médico potencialmente mortal por el que un niño come elementos no comestibles como jabón, tierra, piedras o excrementos. La pica implica consultar de forma inmediata con un profesional de la salud.

Prompt. Indicación o pista para ayudar al niño a dar la respuesta correcta. Existen varios tipos de *prompt*: físico (ayudas al niño a que se mueva con un movimiento suave), gestual (señalas el área), imitativo (te tocas la cabeza mientras dices «tocar cabeza») y verbal (añades palabras para aclarar o dar un recordatorio).

Refuerzo/reforzador. Comida, juguete o bien objeto, acción o atención (como una felicitación), que aumenta la probabilidad de que un comportamiento se incremente en el futuro.

Regresión. Pérdida de habilidades o lenguaje que los niños con autismo o retrasos tenían previamente.

TDAH: trastorno por déficit de atención e hiperactividad. Trastorno de desarrollo neurológico, normalmente caracterizado por falta de atención o hiperactividad y comportamiento impulsivo que interfiere con el aprendizaje o el desarrollo.

TO: terapia ocupacional. Tipo de terapia que ayuda a la persona con habilidades motoras implicadas en la vida diaria, la regulación de disfunciones en el procesamiento sensorial y el trabajo en equipo para hacer actividades cotidianas tales como comer, asearse, vestirse y aprender a ir al baño.

Skinner, B. F. Fundador del análisis experimental de la conducta y autor del libro *Conducta verbal* (1957).

STAT: herramienta de detección de autismo en bebés y niños pequeños. Herramienta de detección interactiva desarrollada por la Dra. Wendy Stone que incluye un conjunto de 12 actividades que miden las habilidades de comunicación social y el riesgo de autismo de un niño.

Stimming. Comportamiento de autoestimulación que suele implicar movimientos repetitivos (hacer aleteos con las manos, mecerse, etc.), ruidos (también denominado *stimming verbal*), o repetición de frases de películas o cosas oídas en el pasado (también conocido como «guionado»).

Tacto. Designar o nombrar un objeto, imagen, adjetivo, ubicación, olor, sabor, ruido o sentimiento. Es una de las cuatro operantes verbales básicas definidas por el Dr. B. F. Skinner en *Conducta verbal*.

VB-MAPP: evaluación y programa de ubicación curricular de los hitos de la conducta verbal. Programa y evaluación profundos que desarrolló el Dr. Mark Sundberg a partir del análisis del comportamiento verbal de B. F. Skinner descrito en el libro *Conducta verbal*.

BIBLIOGRAFÍA

Asociación Estadounidense de Psiquiatría, *Diagnostic and Statistical Manual of Mental Disorders*, 5.ª edición: DSM-5, American Psychiatric Publishing, Washington, DC, 2013.

Barbera, Mary, *The Verbal Behavior Approach: How to Teach Children with Autism and Related Disorders*, Jessica Kingsley, Londres, 2007.

Hodges, Steve J., M. D., *It's No Accident: Breakthrough Solutions to Your Child's Wetting, Constipation, UTIs, and Other Potty Problems*, Lyons Press, Guilford, CT, 2012.

Maurice, Catherine, *Let Me Hear Your Voice: A Family's Triumph Over Autism*, Knopf, Nueva York, 1993.

Skinner, B. F., *Conducta verbal*, Trillas, México, 1981.

Sundberg, Mark L., *VB-MAPP: Evaluación y Programa de Ubicación Curricular de los Hitos de la Conducta Verbal*, Aba España, 2021.

Williams, Keith E. y Laura J. Seiverling, *Broccoli Boot Camp: Basic Training for Parents of Selective Eaters*, Woodbine House, Bethesda, MD, 2018.

Williams, Keith E. y Richard M. Fox, *Treating Eating Problems of Children with Autism Spectrum Disorders and Developmental Disabilities*, Pro-Ed, Austin, 2007.

Wirth, Kristen, *How to Get Your Child to Go to Sleep and Stay Asleep*, FriesenPress, Victoria, Canadá, 2014.

AGRADECIMIENTOS

No tenía previsto escribir otro libro porque pasé los últimos años haciendo crecer mis cursos y mi comunidad *online* con participantes de más de 80 países. Pero como los miembros de mi curso para niños pequeños me informaban de su increíble avance (al cabo de días o semanas en algunos casos), sabía que tenía que escribir este libro y conseguir que mi enfoque «Da la vuelta al autismo» (*Turn Autism Auround*)™ viera la luz lo antes posible.

Estoy agradecida a todos los padres que confiaron en mí para que ayudara a sus hijos (*online* o en persona) mientras desarrollaba mi enfoque paso a paso. Me siento especialmente agradecida a las madres que me dieron permiso para utilizar sus historias para ayudar a otras personas. Quizás parezca un tópico decir «Aprendí tanto de ellos como ellos de mí», pero estoy realmente convencida de que nuestros caminos estaban destinados a cruzarse. Estoy eternamente agradecida a todos los padres y profesionales que me apoyaron desde el principio.

A las personas que apoyaron tempranamente este libro, incluido mi mentor de marketing *online* Jeff Walker, que me empoderó para que pensara en millones y no en miles, y en un cerebro mágico de Durango que plantó la semilla para que yo escribiera un segundo libro. Jeff y los miembros de Launch Club y otros autores, Ann Sheybani, Walt Hampton, Irina Lee y Oonagh Duncan me impulsaron hacia delante en el proceso de propuesta de libro usando su don y sus conexiones únicos.

Gracias a la Dra. Temple Grandin por haber accedido a escribir ese hermoso prólogo y a Melanie Votaw, ¡que me ayudó a escribir el libro y llegar a la línea de meta!

Para las lectoras de los borradores del libro Kara Renninger, Kathy Henry, Marie Lynch, Rachel Smith, Kelsey General y Jenna Pethick: ¡vuestro feedback fue excepcional!

A mi agente Lucinda Blumenfeld, que creyó en mi libro y vio la enorme necesidad de que mi enfoque saliera a la luz. Asimismo, deseo agradecer a mi editora Melody Guy y a Reid Tracy, a Patty Gift y al resto del equipo de Hay House que hayan hecho que el proceso de publicación sea lo más fácil posible.

Por último, me gustaría dar las gracias a mi marido, Charles, y a mis hijos Lucas y Spencer, por haberme animado a que me dedicara a mi pasión y por haber estado a mi lado en todo momento.

ACERCA DE LA AUTORA

Mary Lynch Barbera, Ph.D., enfermera titulada, BCBA-D, «cayó» en el mundo del autismo a finales de la década de 1990 cuando su primer hijo, Lucas, empezó a mostrar señales de autismo. Durante los últimos veinte años, Mary ha pasado de ser una madre abrumada y confundida a ser analista de comportamiento certificada de nivel doctorado (BCBA-D) y autora de *The Verbal Behavior Approach: How to Teach Children with Autism and Related Disorders*. Mary es oradora, podcaster y creadora de cursos *online*, y ha sido galardonada con premios internacionales. Su misión es ayudar a padres y profesionales a dar la vuelta al autismo (o a las señales del autismo) de millones de niños de todo el mundo.

Sitios web: MaryBarbera.com y TurnAutismAround.com

Ecosistema digital

Floqq
Complementa tu lectura con un curso o webinar y sigue aprendiendo.
Floqq.com

Amabook
Accede a la compra de todas nuestras novedades en diferentes formatos: papel, digital, audiolibro y/o suscripción.
www.amabook.com

Redes sociales
Sigue toda nuestra actividad. Facebook, Twitter, YouTube, Instagram.